JN411953

생각하는 힘, 글쓰기

임택균·김영철·이채영·최천집

생각하는 힘, 글쓰기

임택균 · 김영철 · 이채영 · 최천집

동국대학교출판부

머리글

현대사회는 우리에게 글쓰기 능력을 요구한다. 일생동안 대학 생활, 직장, 일상생활 가운데 끊임없이 글을 써야 하는 상황에 마주하게 된다. 문자나 이메일부터 시작하여 자기소개서, 보고서, 학술 논문에 이르기까지 목적과 장르도 다양하다. 특히 지식과 정보가 활발하게 교류되는 현대 사회에서 자신의 생각과 의견을 정확하게 표현하는 능력은 결국 자신의 역량을 인정받도록 돕는 강력한 도구이다.

오랫동안 글쓰기를 가르쳐 온 경험에 비추어 볼 때 많은 학생들이 '글쓰기'를 간결하고 명료한 표현과 아름다운 표현, 그리고 정확한 어문규범의 문제로 단순히 생각한다. 즉, 맞춤법을 틀리지 않고 문법에 맞는 세련된 표현이 좋은 글의 조건이라고 여기는 경향이 있다. 이러한 인식은 글쓰기 교육에서 오랫동안 강조되어 온 기술적 측면을 반영하는 것이기도 하다.

그러나 생각해 보자. 만약 글쓰기가 단지 정확한 표현, 아름다운 문장 구성, 어문규범의 준수만 관계 있다면, 생성형 AI가 글을 대신 써주는 오늘날 글쓰기를 더 이상 배울 필요가 없어진다. 실제로 인공지능 기술의 발전은 이미 완성도 높은 문장을 빠르게 생성해 낼 수준에 도달하였다. 그럼에도 우리가 여전히 글쓰기를 배우고 연습해야 하는 이유는 무엇일까?

우리가 글쓰기를 배우는 이유는 사회에서의 실용적인 필요와 요구 때문만이 아니다. 좋은 글을 쓰기 위해 필요한 것도 단순히 간결하고 명료한 표현, 아름다운 표현과 정확한 어문규범만이 아니다. 글쓰기를 배우는 보다 근본적인 이유는 우리의 사고력을 개발하는 데 있다. 즉 글쓰기의 본질은 우리가 세상을 이해하고 자신의 생각을 발견하는 지적 행위인 것이다.

글을 쓰는 순간, 우리의 머릿속 모호한 생각들이 언어라는 구체적인 형태로 실현된다. 산만하게 조각나 있던 경험과 아이디어들이 연결되어 하나의 의미 있는 이야기로 조직된다. 불완전하고 혼란스러운 생각들은 논리적으로 정제되고 체계화된다. 글을 쓸 때 우리는 자신을 더 잘 알게 되고, 세상을 더 깊이 있게 이해하게 된다. 이는 단순한 작문의 기술 습득이 아니라 자기 발견과 성장의 과정이다. 글쓰기의 진정한 가치는 바로 여기에 있다.

좋은 글을 쓰기 위해 무엇보다 필요한 것은 바로 명확한 사고력이다. 동시에 글쓰기는 우리의 생각을 형성하고 사고를 단련하는 가장 강력한 수단이다. 따라서 글쓰기를 배우는 진짜 목적은 단순히 표현 기술을 습득하는 것이 아니라, 사고력을 키우는 과정에 있다. 깊이 있는 글은 깊이 있는 사고에서 비롯되고, 효과적인 의사전달과 상대방의 마음을 움직이는 소통도 결국 명확한 사고력에 근거한다. 그리고 이를 통해 개인적 만족은 물론 사회와의 건강한 상호작용이 가능해진다.

이 책은 이러한 인식하에서 글쓰기의 기술적 측면을 넘어 사고력을 개발하는 데 초점을 맞추어 집필하였다. 단순히 글을 무턱대고 많이 쓴다고 사고력이 저절로 향상되지는 않는다. 글을 쓰는 지금 어떤 점에 주목해야 하고, 어떤 생각에 집중해야 하며, 어떤 과정을 거쳐야 하는지를 알고 체계적으로 글을 쓰는 것이 필요하다. 이 책은 글쓰기의 단계별 절차와 그 단계에서 필요한 사고의 과정을 명확하게 제시하여 독자가 의도적으로 자신의 사고력을 발전시킬 수 있도록 구성되었다.

제1부 표현적 글쓰기에서는 자신의 생각과 경험을 효과적으로 표현하는 능력을 기른다. 자기소개서를 중심으로 계획하기, 내용 생성하기, 개요 작성하기, 초고쓰기, 고쳐쓰기의 다섯 단계별로 생각을 정리하고 표현하는 구체적인 방법을 다룬다. 이를 통해 자신이 누구인지 어떤 역량을 가졌는지를 다양한 관점에서 성찰하고 표현하는 능력을 높이고, 나아가 자신의 정체성을 찾고 그것을 독자에게 설득력 있게 전달하는 과정을 통해 자기 이해와 소통 능력을 동시에 향상시킬 수 있도록 구성하였다.

제2부 학술적 글쓰기에서는 정보와 논리를 바탕으로 객관적이고 체계적인 글을 작성하는 능력을 기른다. 보고서 작성을 중심으로 주제 이해, 자료 수집 및 분석, 내용의 논리적 조직, 초고쓰기, 편집하기의 과정을 다룬다. 이 과정에서 단순한 사실 나열이 아닌 분석과 해석을 통해 주장의 근거를 명확하게 제시하는 방법을 익힌다. 나아가 이를 통해 학술적 글쓰기에 필요한 비판적 사고, 증거 기반의 논증, 체계적인 자료 관리 능력을 향상시킬 수 있도록 구성하였다.

제3부 글쓰기의 과정과 생성형 인공지능(AI)에서는 글쓰기의 전체 사고 과정을 통합적으로 이해하고, 인공지능을 활용한 글쓰기에서 초점을 맞추어야 할 사고력과 윤리에 대해 배운다. 먼저 글쓰기의 각 단

계별 특성과 이를 통합적으로 관리하기 위한 사고는 무엇인지 정리하고, 그리고 생성형 AI의 특징에 비추어 글쓰기의 과정별로 활용 방안과 한계를 비판적으로 검토한다. 다음으로 생성형 AI와 글쓰기 윤리, 인용 방법 등을 다룸으로써 인간의 사고력과 창의성, 윤리의식을 활용하여 AI와 인간이 협력하는 글쓰기의 미래상을 모색할 수 있도록 구성하였다.

각 장은 〈핵심이론〉, 〈연습활동〉, 〈참고자료〉로 일관성 있게 구성되어 있다. 〈핵심이론〉에서는 글쓰기의 단계별로 기본이 되는 이론과 개념, 정보를 제시하였다. 〈연습활동〉에서는 핵심이론에서 배운 지식과 정보를 실제 예문과 사례를 통해 직접 연습하고 적용해 봄으로써 이해한 바를 내면화하도록 유도하였다. 〈참고자료〉는 해당 장의 주제와 관련하여 더 알아볼 심화 정보와 학술적 근거를 제공하여 학습의 폭과 깊이를 확장할 수 있도록 구성하였다.

이 책을 통해 독자들은 체계적으로 글을 완성하는 데 필요한 사고를 단계별로 직접 경험하게 될 것이다. 무엇보다 글쓰기의 다양한 이론과 전략을 실제 글과 연결하고, 자신의 글쓰기 과정에 적용해 보는 계기가 될 것이다. 글쓰기에 필요한 지식은 실천성이 강해 이론을 머리로 이해하는 것만으로 충분하지 않다. 실제 각 단계에서 무엇을 생각해야 하고 어떻게 행동해야 하는지를 체험적으로 익혀야 비로소 학습한 지식이 글쓰기 능력과 통합된다. 이 같은 연습과 성찰의 과정을 통해 글쓰기가 더 이상 수행해야 하는 과제가 아닌 자신을 표현하고 성장시키는 즐거운 활동이 될 수 있을 것이다.

‘내 생각은 무엇인가’라는 질문을 항상 마음에 두고 이 책의 각 장을 함께하길 바란다. 이 물음은 글을 쓰는 모든 상황에서 돌아와야 할 원점이자 가장 근본적인 질문이다. 그 과정에서 여러분은 단지 글 쓰는 법을 배우는 것을 넘어 생각을 정리하고 다듬으며 깊이 있게 성찰하는 사고하는 존재로서 자신을 다시 발견하게 될 것이다.

이 책을 통해 여러분이 스스로의 생각을 체계적으로 조직하고 끊임없이 발전시키며, 다양한 형태의 글쓰기를 통해 다른 사람과 원활하고 효과적으로 소통할 수 있는 역량 있는 사람이 되기를 진심으로 기대한다.

끝으로 책 출간에 도움을 준 동국대학교 출판문화원 박기련 대표에게 감사를 전한다.

2025년 12월

금장대 자락에서

목 차

제1부

표현적 글쓰기

- 1장 자기소개서의 이해
- 2장 계획하기
- 3장 내용 생성하기
- 4장 개요 작성하기
- 5장 초고쓰기
- 6장 고쳐쓰기

1장

자기소개서의 이해

I. 핵심 이론

1. 자기 표현적 글쓰기

(1) 자기 표현적 글쓰기란?

자기 표현적 글쓰기는 자신의 생각, 감정, 경험을 자유로운 형식으로 표현하는 글이다. 개인의 내면세계를 성찰하고, 독자가 이를 통해 공감과 이해를 얻는 깊이 있는 소통을 이루는 데 목적이 있다.[1] 이러한 글쓰기는 개인이 감정과 생각을 정리하고, 삶의 의미를 발견하는 데 도움을 주며, 궁극적으로 자아 정체성 형성과 성찰에 큰 영향을 미친다.[2·3]

자기 표현적 글쓰기의 주요 효과는 다음과 같이 정리할 수 있다. 첫째, 자기 이해와 성찰이다. 필자는 글을 통해 자신의 감정과 경험을 성찰하고, 자아 정체성을 형성하는 데 도움을 받을 수 있다. 둘째, 소통과 공감이다. 독자와 감정적이고 깊은 수준에서 소통하며, 독자가 필자의 경험을 이해하고 공감할 수 있는 기회를 제공한다.[4] 셋째, 치료적 효과이다. 자기 표현적 글쓰기는 스트레스, 불안, 우울증 등의 심리적 문제를 완화하는 데 도움을 준다. 이는 감정 해방과 현재 겪는 문제에 대한 통찰을 제공하기도 한다.[5]

자기 표현적 글쓰기는 형식이나 구조가 자유로운 편에 속하며, 주된 내용은 개인의 감정과 경험을 중심으로 구성된다. 자신의 감정을 솔직하게 드러내고 묘사하는 것은 독자가 감정적으로 공감하고 필자의 내면 세계를 깊이 있게 이해하는 데 도움을 주며, 자신의 삶에서 겪은 경험을 바탕으로 작성하는 것은 독자에게 생생한 이야기를 전달하는 데 도움을 준다.

(2) 자기 표현적 글쓰기의 유형

자기표현적 글쓰기의 구체적인 유형은 자기소개서, 자기 관찰 에세이, 자서전, 회고록, 일기 등이 있다.

① 자기소개서

주로 대학 입시나 취업 시 특정 기관에 자기의 능력과 경험을 소개하는 데 사용된다. 다른 자기 표현적 글에 비해 구조화된 형식과 제약이 있는 편이고, 자신의 강점과 목표를 명확히 전달하는 것이 중요하다. 일반적으로 성장 과정, 성격의 장단점, 지원 동기, 입사 후 포부 등에 대한 정보를 중심으로 작성하며, 이에 대한 설득력 있는 근거를 제시하여 자신을 어필하는 것이 필요하다.

② 자기 관찰 에세이

일정 기간 동안 자신의 행동, 감정, 사고방식을 의도적으로 관찰하고, 이를 바탕으로 자신에 대한 이해를 심화시키는 글이다. 단순히 특정 경험이나 사건을 회상하는 데 그치지 않고, 반복적이거나 특징적인 행동 양상, 정서적 반응, 생각의 흐름 등을 기록하고 분석함으로써 자기 자신에 대해 객관적인 시선을 유지한다. 수집된 자기 관찰의 자료를 근거로 하여 내면의 변화나 경향을 성찰하고, 이를 통해 얻은 통찰과 깨달음을 서술하는 것이 핵심이다.

③ 자서전

자신의 삶 전체를 돌아보며, 인생의 중요한 사건과 경험을 연대순으로 기록하는 글이다. 인생 전반의 이야기를 다루는데, 개인적인 경험과 사회적 배경을 함께 조명하며, 주요 사건, 경험, 업적 등을 포함하고 종종 교훈적인 메시지를 담는다.

④ 회고록

특정 시기나 사건에 초점을 맞추어 그 경험과 의미를 반성적으로 기록한 글이다. 자서전과 달리 인생 전체가 아닌 특정 시기나 사건에 집중한다. 특정 사건이나 경험을 하는 가운데 겪는 개인적인 감정과 생각을 솔직하게 드러내며, 이를 통해 얻은 깨달음이나 내면의 성장을 깊이 있게 성찰하는 내용이 주를 이룬다.

⑤ 일기

매일의 일상적인 경험과 생각, 감정을 자유롭게 기록하여, 개인적인 성찰과 기억 보존에 중점을 두는 글이다. 형식에 구애받지 않고 솔직하고 즉흥적인 표현을 활용하여 자신의 감정을 표현하며, 개인적인 성찰과 반성을 통해 자기 이해를 높이는 데 도움이 된다.

2. 자기소개서

살다보면 자신의 삶을 요약해야 할 때가 있다. 이력서와 자기소개서를 써야 할 때다. 이력서는 보통 정해진 서식에 맞추어 쓴다. 이름, 생년월일, 성(性), 출생지, 본적, 키, 몸무게, 가족 관계, 학력, 경력, 외국어 구사 능력, 자격증 보유 현황, 교우 관계, 포상 기록과 전과 기록, 정당이나 사회단체 활동 경력, 해외 체류 경험 등을 적고 잘 나온 사진을 붙인다.

이력서에 어떤 사실을 적을지 결정하는 것은 쓰는 사람이 아니라 읽는 사람이다. 이력서 서식은 철저히 그것을 받는 사람의 요구를 반영한다. 읽는 사람이 쓴 사람에 대해 알고 싶은 사항을 적도록 서식을 만들었다. 누가 이력서를 읽는가? 정부, 기업, 정당, 대학교, 단체에서 권력을 행사하는 사람들이다. 쓰는 사람이 밝히기 싫은 정보까지도 이력서 서식에 따라 기재해야 한다. 어떤 정보를 일부러 누락하거나 거짓 정보를 적어 넣을 수 있지만 일이 잘못되면 책임을 져야 한다.

반면, 이력서와 달리 자기소개서는 채워 넣어야 할 구체적인 서식이 없다. 그래서 쓰는 사람이 원하는 대로 쓸 수 있다. 그렇다고 해서 자기소개서가 새로운 것을 창작하는 것은 아니다. 인생을 텍스트로 삼아 핵심을 요약하는 것이다. 자신이 누구이며 어떻게 살았는지, 잘하는 게 무엇이며 어떻게 살고 싶은지, 모든 정보를 아는 것은 그 사람 자신뿐이다. 그런 면에서 지원 서류에 넣을 자기소개서를 대필시키거나 남의 것을 베껴 적는 것은 지극히 어리석은 짓이다.

자기소개서는 자기 자신, 살아온 이력, 살아갈 계획에 관한 정보의 요약이다. 인생을 요약할 때에는 목표를 의식해야 한다. 대학교수는 공부 잘할 사람을 찾는다. 기업의 인사담당자는 회사에 도움이 될 사람을 뽑는다. 객관적으로 확인할 수 있는 정보는 이력서와 부속서류를 보면 된다. 그렇다면 굳이 대학교나 기업이 자기소개서를 요구하는 이유는 무엇일까? 자기소개서를 받는 것은 이력서만 보아서는 알기 어려운 인간적인 특성을 알아보기 위해서이다.

우리는 인간적 미덕을 가진 사람을 좋게 본다. 솔직하고, 정직하고, 성실하고, 긍정적이고, 창의성과 열정이 있고, 남을 배려하고, 인내심과 도전 정신이 있는 사람을 훌륭하다고 한다. 자기소개서는 자신이 그러한 사람에 부합하다는 것을 잘 드러내도록 써야 한다. 그러한 기준에서 이력서에 적은 객관적 사실을 해석하고 자신의 인생을 요약하여 기술해야 한다.

대입원서를 내는 학생이라면 자신이 공부하기를 원하며 공부를 잘하는 사람이라는 것이 잘 드러날 수 있도록 그것을 뒷받침하는 사실을 중심으로 인생을 요약해야 한다. 기업 입사원서를 내는 사람이라면 자신이 이 회사의 발전에 크게 기여할 수 있는 사람이라는 믿음과 그 믿음의 근거를 제공하는 사실을 중심으로 인생을 요약해야 한다.[6]

II. 예시

1. 자기소개서

나는 어렸을 때부터 조약돌 같은 사람이었다. 오랫동안 물살에 씻겨 크기가 자잘하고 모양이 동굴동글해진 돌을 이르는 '조약돌'은 나와 닮은 면이 참 많다. 친구들에게 나는 부탁을 잘 들어주는 친절한 아이였고, 부모님께는 말씀을 잘 따르는 착한 딸이었으며, 선생님들께는 공부도 착실히 하고 친구들에게 모범을 보이는 성실한 학생이었다. 착하다고 해서 내 것 다 빼서 내어줄 만큼 무른 것은 아니고, 학업과 학급 일에 욕심도 많아 전교 부회장과 학급 반장도 해보는 등 내 것도 잘 챙기는 학생이었다. 모양이 둥글고 겉보기에 맨질맨질해서 부드러워 보이지만, 속은 꽉 차서 단단한 조약돌이 이런 나와 참 닮았다.

먼저 나는 둥글둥글한 사람이다. 동그란 얼굴과 살짝 처진 큰 눈 때문에 평범하면서도 부드러운 인상이라는 말을 친구들에게 듣곤 했다. 그 덕에 편안한 느낌을 줘서 처음 만난 사람들도 다가오는 것을 쉽게 느끼는 것 같다. 성격도 온순한 편인데, 사람을 사귈 때 있어 '적어도 적을 만들지는 말자.'라는 뚜렷한 생각을 가지고 있다. 친구들과의 갈등은 거의 없는 편이지만, 있더라도 내가 잘못한 것은 없는지 생각하고 먼저 화해를 시도하는 편이다. 이러한 성격 덕에 많은 사람들과 두루 친하게 지낼 수 있었다.

다음으로 나는 맨질맨질한 사람이다. 겉으로 보기에 모가 나지 않아 매끈한 조약돌을 보면, 거친 물살에 깎이고 강바닥에 뒹굴었던 모진 과거를 상상하게 된다. 나는 초등학교 선생님이 되기 위해 3년 반 동안 교육대학교를 다녔는데, 각자 다른 성격과 개성을 가진 어린 아이들을 가르치기 위해서는 다양한 경험이 필요하다고 생각했다. 타학교 연합 봉사 동아리에 들어가 나와 다른 꿈으로 뜨거운 가슴을 가진 친구들과 생각을 나누었다. 또, 일 년 동안은 오스트리아로 교환학생을 가서 살아 숨 쉬는 유럽 교육 현장에서 배우고 색다른 외국 문화를 접해 본 경험도 있다.

나는 단단한 사람이 되고 싶다. 남에게 잘 맞춰 주는 것도 좋지만, 때로는 내 자신을 보호하기 위해 뚜렷한 주관과 확고한 소신을 갖는 것이 필요하다는 것을 다양한 경험을 통해 깨달았다. 과거 1년간의 교환학생 시절에 고집이 센 두 친구의 갈등 사이에서 휘둘리고 상처를 받았던 경험이 있었다. 이 경험은 담임선생님이 되겠다는 꿈에 회의감을 들게 했지만, 오히려 이를 계기로 자신을 보호할 수 있는 뚜렷한 주관이 필요함을 절감하게 되었다. 그 이후 다양한 분야의 책을 읽으며 타인의 사고방식을 이해하고 나만의 기준을 세우는 데 집중했다. 그 과정에서 모든 것이 자존감에서 비롯된다는 깨달음을 얻어 중국어 공부와 요가 등 나를 위한 투자를 원칙으로 삼아 꾸준히 실천하고 있다.

나는 '외유내강'의 조약돌 같은 사람이 되고 싶다. 초등학교 때 말이 느려서 답답하다는 엄마의 말씀을 듣고, 말이 빠르고 외향적인 친구를 무조건 닮아보려고 한 적이 있다. 그러나 오랜 시간 동안 형성된 나의 말버릇은 마음대로 쉽게 바뀌지 않았고, 마치 맞지 않은 옷을 입은 것처럼 어색했다. 나와 어울리지 않는다고 느껴 수일 내에 금방 다시 돌아왔던 것 같다. 교환학생 때 친구들과의 일로 힘들어하고 자신감이 많이 없어졌을 때 한 친구가 내게 해준 말이 있다. 너의 장점이 빛을 발할 때가 있으니 너무 자책하지 말고 그것을 지키라는 것이었다. 그 친구의 조언처럼 내 자신을 인정하고 가지고 있는 것을 발전시켜야겠다는 생각이 들었다. 부드러운 인상 덕에 사람들과 쉽게 친해질 수 있으며 때로는 뚜렷한 기준으로 나 자신을 지킬 줄 아는, 나는 '외유내강'의 조약돌 같은 사람이 되고 싶다.[7]

2. 자기 관찰 에세이

(가) 지난 3주 동안 나는 의도적으로 내 미루기 습관을 관찰했다. 매일 밤 9시, 해야 할 일을 미룬 횟수와 그때의 감정을 기록했다. 발견한 특징은 내가 과제를 미룰 때마다 "나중에 더 집중해서 하자"고 합리화했다는 점이다. SNS를 보거나 방 정리를 하며 회피했다. 하지만 곰곰이 생각해 보니 실

제로는 불안감이 배경에 깔려 있었음을 확인할 수 있었다. 그래서 미루는 순간의 감정을 더 자세히 들여다봤다. 매번 미룰 때마다 "잘못하면 어쩌지?"라는 생각이 반복되었으며, 완벽하게 해야 한다는 압박감이 시작을 방해한다는 걸 발견했다. 이후 작은 단위로 나누어 시작하는 실험을 했다. 15분만 하자고 다짐하면 실제로 시작할 수 있었고, 한번 시작하면 지속되는 경우가 많았다. 이 관찰과 경험을 통해 내 미루기의 본질이 완벽주의에서 오는 두려움임을 깨달았다. 그리고 이제는 "완벽하지 않아도 시작하기"가 내 새로운 원칙이 되었다.

(나) 최근 2주 동안 나는 언제, 왜 화가 나는지를 세심하게 기록해 보았다. 화가 날 때마다 시간, 장소, 상황, 그리고 그 순간의 생각을 적었다. 놀랍게도 패턴이 보였다. 화요일과 목요일 오후 3시경에 가장 자주 화가 났다. 이유를 분석해 보니 그 시간이 내가 가장 배고픈 시간이었다. 점심을 늦게 먹거나 거르는 날이 많았기 때문이다. 또 다른 발견은 내가 화를 낼 때 항상 "왜 나만"이라는 말로 시작한다는 것이었다. 이는 내 안의 피해 의식이 분노로 전환되는 순간이었다. 이 관찰을 통해 나는 내 감정의 뿌리가 생리적 욕구와 인지적 편향에 있음을 깨달았다. 이제 화가 날 때마다 "배고프지 않나? 편견에 사로잡혀 있지 않나?" 스스로에게 묻는다.

3. 자서전

1. 나의 출생과 어린 시절(1956~1968)

나의 아버지는 경찰공무원이셨다. 근무지가 전국으로 흩어져 있기에 형제들이 태어난 곳이 모두 다르다. 나는 1956년 아버지가 충주경철서장 재직 시 4남 2녀 중 5번째로 태어났다. 산모가 아이를 씻겨준 사진만 있을 뿐 어린 시절에 대한 기억은 없다. 아버지는 일제 시절 양정고교와 일본 중앙대학을 다닌 것으로 보아 할아버지의 재산은 상당했고 자녀에 대한 교육열이 높았다. 1944년 한국의 전체 인구는 2천5백만 명으로 대학·전문대학을 나온 비율이 0.2퍼센트에 불과한 것을 보면 아버지는 분명 인텔리였다. 13세 이상 인구의 77%가 한글을 모르는 암흑의 시대였다. 어머니는 고향이 순천임에도 언니를 따라가서 부산여고를 다녔다. 아버지의 소원은 소박했다. '가족의 건강과 화목'이다.

초등학교 4학년 때 당시 중학교 시험 경쟁이 심했다. 삼선초등학교에서 영훈초등학교로 전학을 했다. … (후략)

2. 청소년기(1969~1975)

중학교 3학년 때 어머님께서 갑자기 수술하는 바람에 졸업식에도 참석하지 못했다. 중학교 때 남 앞에 나서는 것을 좋아했는지 학생회 간부를 지냈고 후배들의 학생회장 선거에 후원 연설도 맡아 주곤 했다. 서울사대부고는 남녀공학이라는 말에 솔깃하여 사대부고에 입학하게 된다. 고교시절에 반장, 부반장을 몇 차례 하며 학생회 총무부장으로 활동을 했다. … (후략)[8]

4. 회고록

아마도 서너 살 때쯤의 일인 듯하다. 세상에 태어나 얻은 최초의 기억 속에서 나는 골목길 한구석에 쪼그리고 앉아 있다. 좁다랗고 긴 골목은 어두운데, 어린 나는 무언가에 홀려 미동도 않고 몰두해 있다. 고사리밥 같은 손끝으로 하나하나 줍는 것은 액세서리의 재료로 흔히 사용하는 값싼 작은 구슬들. 골목 안 어느 집에서 가내 구슬 공장을 운영하고 있었던 게다. 주워서 무엇을 하겠다는 작정도 없이 나는 흙바닥에 버려져 흩어진 그 구슬들에 오오래 열광했다. 반짝반짝 빛나는, 아주 작고 부질없고 어쩐지 슬픈 유년의 기억.

나는 아픈 아이였다. 몸보다 마음이 아팠고, 마음이 아파서 몸이 아팠다. 그래서 동화처럼 아름답고 솜사탕처럼 달콤하고 부드러운 유년의 이야기는 아무래도 쓸 수가 없다. 내가 아픈 아이였음을 스스로 이해하고 인정하게 된 기간도 얼마 되지 않는다. 이전까지는 도무지 내가 왜 삶을 견디고 이겨내지 못하는지 알 수 없어 끊임없이 부대꼈다. 얼마든지 행복할 수 있는 상황 속에서도 나는 행복하지 못했고, 얼마든지 누릴 수 있는 조건조차 흔연히 누리지 못했다. … (후략)[9]

5. 일기

(가)

• 날짜: 2024. 7. 7.

• 제목: 불안, 좌절, 안도

오늘은 학교에서 프리젠테이션이 있어서 아침부터 불안감을 많이 느꼈다. 가슴이 뛰고 집중할 수 없었다. 발표를 하는 동안 나는 실수를 했고, 좌절감과 당혹감이 나를 덮쳤다. 하지만 발표가 끝난 후 교수님이 나의 노력을 칭찬해 주셨고, 그 덕분에 나는 안도감도 들었고 어느 정도 뿌듯해졌다. 잘해야 한다는 부담감 때문에 불안감이 촉발됐다. 좌절감은 내 실수로 인해 발생했는데, 나는 그것에 대해 매우 비판적인 경향이 있다. 긍정적인 피드백으로 안도감을 느꼈으며, 이는 상황을 보다 균형 잡힌 방식으로 보는 데 도움이 되었다.

다음번에는 더 철저하게 준비해서 좀 더 자신감을 가질 수 있을 것이다. 프레젠테이션 중에 실수를 하면 심호흡을 하며 완벽하지 않아도 괜찮다는 점을 스스로 상기할 수 있을 것이다. 교수님의 이해와 지지에 감사드린다. 실수를 해도 괜찮다는 것과 그것이 내 전체 성과를 규정하지 않는다는 것을 깨닫게 해 주었다.[10]

(나)

1942년 6월 21일 일요일

내 일기장 키티! 요즈음 우리 반 아이들은 모두 겁을 먹고 있어. 이제 곧 선생님들이 회의를 통해 학생들의 진급 문제를 결정하기 때문이지. 누가

진급하고 누가 낙제할 것이라는 등의 별별 소문이 다 나돌고 있어. 나는 바로 뒷자리의 두 남자아이 때문에 우스워서 견딜 수가 없다. 그 애들은 하루 종일 진급 회의 결과에 대해 용돈을 걸고 내기를 하기 때문이야. … (후략)[11]

III. 연습활동

1. 본문 내용 이해하기

(1) 본문을 읽고 자기표현적 글쓰기의 의미 또는 효과 세 가지를 정리해 보자.

(2) 자기소개서, 자기 관찰 에세이, 자서전, 회고록, 일기의 특징을 정리해 보자.

(3) 이력서와 자기소개서의 공통점과 차이점을 정리해 보자.

2. 자기소개서의 실제를 비교 분석하기

과제 1 아래의 두 글을 비교해 보고, 질문에 답해 보자.

(가) 1993년 5월 18일에 부산에서 아버지와 자애로우신 어머니 밑에서 1남 1녀 중 첫째로 태어나서 자랐습니다. 저희 집은 가훈이 '정직, 근면'이었습니다. 때문에 저는 누구 못지않게 정직하고 근면하다고 자부합니다. 또한 장남으로서 책임감도 강한 편입니다. 98년 ○○ 초등학교를 입학했고, 중학교, 고등학교를 모두 부산에서 다녔으며, 현재까지 살아오고 있습니다.

(나) "여보, 휴대폰 통화료가 100,000원이 뭐예요?" 어머니께서는 웃으시면서 아버지에게 핀잔을 주십니다. 친구들이나 제자들에게 좋은 일이 생기거나 혹은 나쁜 일이 생기면 연락을 하지 않고는 그냥 넘기지 못하는 아버지이십니다. 최근에는 아버지께서도 페이스북과 카카오스토리를 만드시겠다며, 저에게 묻고, 또 물어보십니다. "요새 학생들은 이것으로 의사소통한다더라… 학생들을 가르치는 내가 뒤떨어져서야 되겠니!!"하시며 말입니다. 그런 아버지의 영향을 받아서인지, 저 또한 대인관계의 중요성을 자연스럽게 깨우쳤습니다[12].

두 글 중 어떤 글이 더 잘 쓴 자기소개서라고 생각하는가? 그렇게 생각한 이유에 대해 생각해 보자.

과제 2 다음 두 글을 비교해 보고, 질문에 답해 보자.

(가) 저는 타인에 대한 배려심이 많고, 의리가 있으며, 성실하다는 말을 많이 듣습니다. 학창시절에는 개근을 했으며, 아르바이트 중에도 단 한 번의 결근 없이 근무하여 좋은 평가를 듣기도 했습니다. 또, 제가 해야 한다고 느끼는 일은 무슨 일이 있어도 마무리를 짓는 다부진 면도 있습니다. 다만, 남의 부탁을 잘 거절하지 못한다거나, 한 가지 일에 열중하다 보면 주변을 두루두루 살피지 못하는 면이 있어서 고치려고 노력 중입니다.

(나) 영업 활동에 있어 가장 필요한 것 중의 하나는 '고객의 입장에서' 생각하는 것입니다. 그리고 그 상품과는 별도로 자신이 고객에게 다가갈 수 있는 다양한 방법을 많이 가지고 있어야 한다고 생각합니다. 그러나 모든 분야와 상품에 관심을 갖고 있는 사람은 많지 않은 편입니다.

저는 주위 사람들로부터 '팔방미인'이라는 말을 들을 정도로 다양한 취미와 특기 그리고 관심사를 가지고 있습니다. 농구, 배구를 포함한 각종 스포츠와 스키, 등산 등의 레저 활동과 더불어 바둑, 기타, 피아노 연주, 비디오 게임, 요리 등이 제 취미이자 특기입니다. 또한, 이러한 다양한 분야에 대한 관심사 덕분에 처음 만난 사람과도 자연스런 대화를 이끌어갈 수 있는 남다른 재주를 갖고 있습니다. 활동적이고 적극적인 데다 솔직하고 소탈한 성격 덕분에 대인관계도 원만한 편이며 한번 만든 인연을 계속 이어나가기 위해 노력하는 편입니다[13].

두 글 중 어떤 글이 더 잘 쓴 자기소개서라고 생각하는가? 그렇게 생각한 이유에 대해 말해 보자.

과제 3 다음 두 글을 비교해 보고, 질문에 답해 보자.

(가) 귀사에서 경력과 경험을 쌓아 인정받고 필요한 재원으로 성장하고 싶습니다. 또한 나의 능력을 키워줄 수 있을 거 같아서입니다. 그만큼의 노력과 각오도 되어 있습니다. 비록 지금은 자격증 하나 없지만 회사를 위해 나를 위해 자격증을 취득하는 결과를 얻을 것입니다.

(나) 제가 이 회사를 지원하게 된 동기는 이 회사의 이름 중 '눈높이'라는 단어가 제 마음에 깊이 와 닿았기 때문입니다. 눈높이 대교는 우리나라 교육시장에서 아이들의 시선에서 생각하여 소비자에게 감동과 만족을 전하는 회사라고 생각합니다. 저는 교육의 성공이 아직 경험하지 못한 학습자에게 이해와 깨달음을 이끌어 내는 데 있다고 봅니다. 그런 점에서 학생들의 입장을 먼저 고려하는 회사의 슬로건 '눈높이'는 교육에서 가장 중요한 가치와 방향을 제시한다고 생각합니다. 이는 제가 일을 할 때 중요하게 여기는 부분과 일치하기에, 저는 '눈높이 대교'에 지원하게 되었습니다[14].

두 글 중 어떤 글이 더 잘 쓴 자기소개서라고 생각하는가? 그렇게 생각한 이유에 대해 생각해 보자.

과제 4 다음 두 글을 비교해 보고, 질문에 답해 보자.

(가) 앞으로 여러 가지 어려운 일을 만나게 될 것이며, 망설이거나 당황하는 일은 많겠지만 하려는 의지와 노력만 있다면 무슨 일이건 못할 리 없다는 자신감을 가지고 있습니다. 또한 주어진 상황에서 최선을 다하는 자세로 생활하는 것이며 능력에 따라 평가받는 직장인으로 자아실현의 장을 가꾸고 싶습니다. 또한 생활하며 부족하다고 느끼는 부분은 조직을 위해서 늘 배우고 탐구하는 자세로 보충해 나갈 것입니다.

(나) 우리나라의 정치, 경제, 문화 흐름의 중심지로 변화와 발전을 거듭해 온 귀사의 사훈처럼 최상의 서비스를 제공하는 최고의 인재로 최선의 경영을 해나가는데 이바지하고 싶습니다. 호텔리어의 최우선 과제는 항상 고객의 요구와 기대가 완벽하게 충족되어 다시 방문하고 싶게 만드는 것이라고 생각합니다. 그러기 위해서 고객의 눈높이에 맞춘 서비스 정신과 차별화된 서비스를 제공할 수 있는 프로페셔널리즘이 필요하다고 생각합니다. 이 점을 깊이 새기고 귀사가 추구하는 서비스 정신을 바탕으로 고객에게 최고의 만족감을 선사하기 위해 늘 노력할 것입니다[15].

두 글 중 어떤 글이 더 잘 쓴 자기소개서라고 생각하는가? 그렇게 생각한 이유에 대해 생각해 보자.

IV. 참고자료

1. 일반적 자기소개서의 작성 요령

보편적으로 자기소개서에는 성장 과정, 성격의 장단점, 지원 동기, 장래희망 및 포부 등의 항목이 포함된다. 자기소개서의 기본 항목의 작성 요령을 소개하면 다음과 같다.

(1) 성장 과정

자기소개서의 성장 과정에는 현재의 자신에게 영향을 준 어린 시절의 경험을 담는다. 대개 언제, 어디서 태어났는지로 시작하고 여기에 어린 시절의 기억들을 추가하는 경우가 대부분이다. 그냥 기억나는 내용들을 단순히 나열하기보다는 어린 시절과 학창 시절에 있었던 많은 일들 중에서 그 당시 나의 모습이나 성격을 잘 드러내는 가정환경, 학교생활 등을 중심으로 구체적으로 작성하는 것이 좋다.

한편, 자기소개서의 서두에 해당하는 이 부분을 독창적이고 재미있게 쓰는 것은 읽는 사람의 흥미를 끌 수 있다. 자신을 부각시킬 수 있는 에피소드, 가족에 얽힌 이야기, 인생에 있어서 전환점이 될 만한 사건 등을 중심으로 작성한다. 이 사건들이 자신에게 어떤 의미가 있으며 어떤 영향을 주었는지를 구체적으로 적는다. 이러한 일을 통해 자신의 장점이나 특성을 잘 드러낼 수 있으면 좋다. 또한 어려운 순간을 극복한 경험이나 힘든 결정을 내린 상황을 조리 있게 정리하는 것도 한 요령이 될 수 있다.

(2) 성격의 장단점

성격의 장점에 적극적, 긍정적, 명랑, 활발 등과 같이 생활기록부의 의견란처럼 추상적이고 천편일률적인 단어는 독자에게 신뢰성을 주지 못한다. 자신의 성격을 언급할 때는 교우 관계, 가족 관계 등을 중심으로 구체적으로 표현하는 것이 좋다. 또한 자신의 장점을 사례를 들어 구체적으로 서술하는 것이 좋다. 자신의 장점이 지원하는 단체에 얼마나 잘 부합하는지를 설명할 수 있으면 금상첨화다.

그리고 자신의 단점은 무조건 쓰지 않는 것보다 개선의 의지를 곁들여 표현하는 것이 솔직하고 발전적인 이미지를 심어줄 수 있어 더 효과적이다. 이를 위해서는 자신의 단점을 짧게 언급하되, 이를 극복한 과정이나 그것을 극복하기 위한 자신의 노력을 함께 서술하는 것이 필요하다. 이런 태도는 긍정적이며 노력하는 자세를 돋보이게 할 수 있다. 그러나 자기를 지나치게 자랑하는 것은 피해야 한다.

(3) 지원 동기

지원 동기를 작성할 때는 지원한 단체에 대해서 최소한의 정보라도 수집하는 것이 좋다. 지원한 단체의 정보는 전화를 걸어 직접 물어보거나, 인터넷을 통해 정보를 수집할 수 있다. 지원하는 단체가 무엇을 목표하고 있고, 무슨 일을 하는지를 파악해야 내가 왜 이 단체에 들어가고 싶은지가 분명해지고, 단체에 들어가기 위해 어떤 준비와 노력을 해 왔는지를 구체적으로 작성할 수 있다.

예를 들어 기업에 지원하는 경우, 지원하려는 기업의 사훈, 경영 이념, 기업 문화, 주력 사업, 최근 중점 추진 사업, 계획 중인 사업, 동종

업계의 최근 동향, 그리고 입사 후에 담당하게 될 업무에 관한 사전 정보 등을 바탕으로 지원 동기를 쓴다. 전공과 연결지어 지원 동기를 구체적으로 서술하면 좋다[16].

(4) 장래희망 및 포부

자신의 장래희망을 '열심히' 또는 '꾸준히' 등과 같이 막연하게 표현하기보다 가급적이면 지원한 단체에 들어갔다는 가정하에서 기술하는 것이 좋다. 이렇게 하면 지원하는 단체와의 유대감이 잘 형성되어 장래희망 및 포부를 작성하기 쉽다.

장래희망은 대학의 전공과 지원 동기 등과 함께 일관성을 유지하는 것이 좋다. 단체의 업무와 관련지어 자신의 희망이나 포부를 밝히는 것이 더욱 설득력을 높일 수 있기 때문이다. 또한, 단체에 들어간 후의 목표와 자기 계발을 위해 어떠한 계획이나 각오로 일에 임할 것인지를 구체적으로 적는 것이 좋다. 이와 같이 단체에 들어간 후 성취하려는 목표나 포부를 잘 표현하기 위해서는 지원하는 단체에 대한 면밀한 조사가 필요하다.

2. 실무 맞춤형 자기소개서의 작성 요령

많은 회사에서는 기본 항목 이외에도 지원자에게 요구하는 구체적 내용을 질문 형식으로 제시하는 경우가 많다. 다음은 국내 한 회사에서 지원자에게 요구하는 자기소개서 양식이다.

〈목표〉

1. 자신의 인생에서 가장 도전적인 목표를 세우고 성취해 낸 구체적인 경험, 자신의 행동, 결과 등을 기술해 주십시오.
   - 언제, 어디서, 어떤 목표를, 어떤 과정을 통해 설정하게 되었습니까?
   - 어떤 점에서 그것이 가장 도전적인 목표라고 할 수 있습니까?
   - 그 목표를 성취하기 위해 실제로 당신이 취한 행동은 어떤 것이었습니까? 그 행동의 결과는 어떠했습니까?

〈창의성〉

2. 다양한 관점으로 현상을 바라보고 창의적인 발상을 통해 문제를 개선하거나 해결한 경험을 골라 구체적인 상황, 자신의 행동, 결과 등을 기술해 주십시오.
   - 언제, 어디서, 어떤 문제의식을 가지게 되었습니까?
   - 당신이 낸 아이디어는 어떤 것이었습니까? 그것은 어떤 점에서 창의적이라고 생각합니까?
   - 그 아이디어를 현실화하기 위해 당신이 취한 행동은 어떤 것이었습니까? 그 행동의 결과는 어떠했습니까?

〈팀워크〉

3. 다른 사람들과의 팀워크를 통해 자신이 속한 단체나 조직이 더 나아지도록 기여한 경험을 골라 구체적인 상황, 자신의 행동, 결과 등을 기술해 주십시오.
   - 그 단체나 조직의 목적, 구성원의 수, 그 안에서 당신의 위치나 역할을 간략하게 기술해 주십시오.
   - 팀워크를 이루는데 어려운 점은 무엇이었습니까? 팀워크를 향상시키기 위해 구체적으로 당신이 취한 행동은 어떤 것이었습니까?
   - 당신의 기여를 통해 그 단체나 조직의 어떤 면이 어떻게 나아졌습니까?

〈지원 동기〉

4. ○○회사에 지원한 동기와 희망 직무를 선택한 이유를 기술해 주십시오.

위와 같이 기업에 지원하는 자기소개서를 쓸 때는 문항이나 조건에서 요구하는 바가 무엇인지를 명확히 파악하는 것이 중요하다. 예를 들어, 위의 질문에서 회사가 지원자에게 요구하는 바를 고려한 〈작성 요령〉은 다음과 같다.

(1) 목표

이것은 지원자가 얼마나 도전 정신이 있고 성취 능력이 있는지를 묻는 문항이다. 이에 대해 쓸 때 목표를 분명하게 설정하고, 자기의 장점이 구체적으로 드러날 수 있도록 작성한다. 자신이 왜 이런 목표를 설정하였고, 그것은 어떤 점에서 가장 도전적인 목표이며, 그 목표를 달성하기 위해 구체적으로 어떤 행동을 취했으며, 어떤 결과를 성취했는지가 잘 드러나게 서술한다.

(2) 창의성

이 문항은 지원자가 얼마나 창의적인지, 이를 실현할 추진력은 얼마나 있는지, 아이디어가 실현될 가능성은 얼마나 있는지를 묻고 있다. 결국 창의적 발상 능력과 문제 해결 능력을 보고자 하는 것이다. 자신이 겪은 일 중에서 어렵거나 곤란했던 상황을 기술하고, 어떤 창의적 발상을 통해 문제를 해결했는지를 구체적으로 드러나게 쓴다.

(3) 팀워크

이 문항은 지원자가 조직 생활에 잘 융화되는 사람인지, 갈등을 해결하는 능력이 있는 사람인지 확인하려는 것이다. 동아리 활동 혹은 사회단체 활동 경험 중에 적절한 경우를 선택해 문제의 발단, 전개 과정, 자신의 노력, 그 결과가 잘 드러나게 서술해야 한다. 이때 문제 해결 과정에서 팀워크와 관련하여 자신이 어떤 노력을 기울였는지에 초점을 맞추어 서술한다.

(4) 지원 동기

지원 동기를 쓸 때는 희망하는 업무나 부서도 함께 서술하는 것이 좋다. 이를 위해서는 지원한 회사에 대해 충분히 조사할 필요가 있다. 회사에서 구체적으로 하고 싶은 일이 있다는 것은 그만큼 회사에 대해 잘 알고 있다는 것을 의미하기 때문이다. 회사 입장에서 보면 이런 사람은 회사에 도움을 줄 인재일 가능성이 높다. 회사의 정책이나 사업 분야와 관련하여 자신이 어떤 일을 하고 싶고 할 수 있는지를 기술하면 좋은 인상을 줄 수 있다[17].

2장

계획하기

I. 핵심 이론

1. 계획하기의 개념

계획하기는 글의 설계도를 만드는 것이다. 글쓰기 과정의 시작이다. 글쓰기의 과정은 글을 잘 쓰는 사람들이 공통적으로 취하는 전략을 단계별로 정리한 것이다. 요리할 때나 여행 갈 때에도 미리 계획하는 것처럼, 글을 쓸 때도 계획하기로 시작한다. 예를 들어 요리할 때의 과정은 다음과 같다. ① 상차림의 목적이나 먹을 사람에 따라 메뉴를 정하고 ② 필요한 재료를 모아 다듬은 다음 ③ 조리의 순서와 방법, 즉 레시피를 결정하고 ④ 조리를 하여 그릇에 담아서 상을 차린다. 이 중 ①의 과정이 계획하기 단계에 해당한다.

자기소개서 작성의 계획하기 단계는 실제 작성에 들어가기 전, 자신만의 역량과 경험을 체계적으로 정리하고, 목적에 맞는 전략을 세우는 중요한 준비 과정이다. 다음과 같은 과정으로 계획하면 좋다. ① 자기소개서 작성의 목적을 명확하게 정한다. 예를 들어 취업을 위한 것이면 지원 동기와 직무를 명확히 결정한다. ② 지원하려는 회사의 조직, 비전, 주요 업무를 파악한다. 최근 프로젝트나 산업 동향, 회사의 주요 사업 방향까지 구체적으로 조사해 지원 동기의 설득력을 높인다. ③ 자신만의 경험이나 역량을 체계적으로 정리 및 분류한다. 이는 회사의 직무와 자신의 연결 고리를 명확히 하는 것이다. 이를 위해 자신의 학습, 인턴, 동아리, 프로젝트 경험 등 직무와 연관된 역량과 성과들을 목록으로 나열하고, 각 경험이 해당 직무에 어떻게 연결되는지를 생각하여 정리하면 좋다.

2. 주제 정하기

하나의 주제에 관한 글을 완성하기 위해서는 일정한 절차가 필요하다. 우선 어떠한 내용을 주제로 하여 글을 쓸 것인가를 결정해야 한다. 글의 성격이나 방향을 제시하고 일관된 절차 아래 발전시키는 지침이 곧 주제다. 주제가 정해져야 필요한 자료를 모을 수 있고 생각을 발전시킬 수 있기 때문에 적절한 주제 선정이 글의 성패를 좌우한다고 해도 과언이 아니다.

주제는 글의 중심 내용, 글에 담긴 중심 내용이다. 주제는 글쓴이의 중심 생각과 대체로 일치한다. 예를 들어 대학의 기여입학제도 시행 등에 대해 찬성 혹은 반대하는 글을 쓴다면 찬성 혹은 반대의 내용이 글의 주제가 된다. 주장하는 글에서 주제는 글쓴이가 주장하는 내용이다. 어떤 문제의 원인을 밝혀서 해결책을 제시하는 글이라면 그 해결

책의 내용이 글의 주제다.

주제는 나의 생각을 담아 내가 쓸 수 있는 것으로 정해야 한다. 주제는 글의 중심 내용이므로 글을 쓰는 사람의 견해가 온전히 담기고 글을 쓴 목적이 분명하게 제시되어야 한다. 즉 글쓴이의 의도와 목적이 독자에게 정확하게 전달되어야 한다. 그런 점에서 글을 쓰는 것은 주제를 구체적으로 표현하는 과정이다. 따라서 주제를 정하는 것은 글쓰기의 출발이며 글을 쓰는 행위는 주제를 실제로 구현하는 과정이다. 내가 주체가 되어 내가 쓸 수 있는 주제여야 한다. 내 글을 선택한 독자의 기대에 부응하는 주제여야 한다. 소통을 위해 공동체의 가치와 특징 등을 고려하여 주제를 정하는 것도 성공적인 글쓰기에서 빠뜨릴 수 없는 덕목이다. 주제를 정할 때는 다음의 몇 가지를 점검해야 한다. 예를 들면 ① 내 생각을 담고 있는가? ② 내가 쓸 수 있는 내용인가? ③ 독자의 기대를 충족하는가? ④ 공동의 선, 즉 사회에 선한 영향력을 부여할 수 있는가? ⑤ 계획한 글의 분량에 맞는 내용인가? 등이 있다.

주제는 상황에 따라서 정해져 있는 경우가 많다. 그러나 이 때 제시된 광범위한 주제를 한정하고 글의 목적과 독자에 맞게 구체화시키는 것은 자신의 몫이다. '대학 생활'을 주제로 글을 쓴다고 가정해 보자. 대학 생활의 내용은 학업, 동아리 활동, 친교, 연애, 아르바이트 등과 같이 광범위하다. 이 중 어느 하나에 초점을 맞추는 것이 바람직하다. 광범위한 영역을 모두 다루는 것은 실제로 불가능하다.

3. 목적과 독자 고려하기

계획하기 단계에서 주제와 함께 고려해야 할 것은 글을 쓰는 목적과 독자다. 설명을 위한 글인지 설득을 위한 글인지 등 그 의도를 분명히 할 필요가 있다. 이는 의도에 따라서 글쓰기 전략이 달라지기 때문이다. 또한 독자도 중요하다. 글의 수준과 형태를 읽을 사람에 맞춰야 하기 때문이다. 옷을 살 때도 고등학생인 동생이 입을 옷인지, 등산용 옷인지에 따라서 선택이 달라진다. '옷을 산다'는 것은 구체적인 조건이 결정되었을 때 '실행'할 수 있다. 이런 이치는 글쓰기에도 동일하게 적용할 수 있다. 같은 주제라도 목적과 독자에 맞춰 글의 장르를 선택하고, 독자에게 적합한 내용으로 구성한다. 이처럼 글쓰기를 계획하는 단계에서는 주제와 함께 목적과 독자의 특성을 고려한다.

글을 쓰는 목적에 따라 글의 종류와 형식이 달라진다. 단순히 정보를 전달하기 위한 글이라면 어떤 사실이나 개념을 정확하게 설명하는 것으로도 충분하다. 하지만 설득하기 위한 글이라면 치밀한 논증 방법을 고려해야 한다. 정서를 표현하는 데 중점을 두는 문학적인 글의 경우 묘사나 서사 등의 방법도 많이 사용된다. 예를 들어 정보 전달을 위한 글에는 각종 조사보고서가 있다. 설득을 위한 글에는 신문 사설이나 제안서, 기획서 등이 있다. 정서 표현을 위한 글에는 시나 소설, 수필 등이 있다.

독자를 정확히 분석해야지 유용한 글을 쓸 수 있다. 모든 것이 수요자 중심으로 변화하고 있다. 사업을 구상할 때도 고객의 요구가 중요하다. 아무리 좋은 사업 구상이라도 고객 분석을 제대로 하지 못하면 그 사업은 실패한다. 글쓰기도 마찬가지다. 독자를 분명히 해야 한다. 독자가 주제에 대해 얼마나 알고 있으며 무엇을 알고자 하는지 고려해야 한다. 예를 들어 취업을 위한 자기소개서는 독자인 채용자의 요구와 관심사를 정확하게 파악하여 작성한 것이다.

4. 주제문

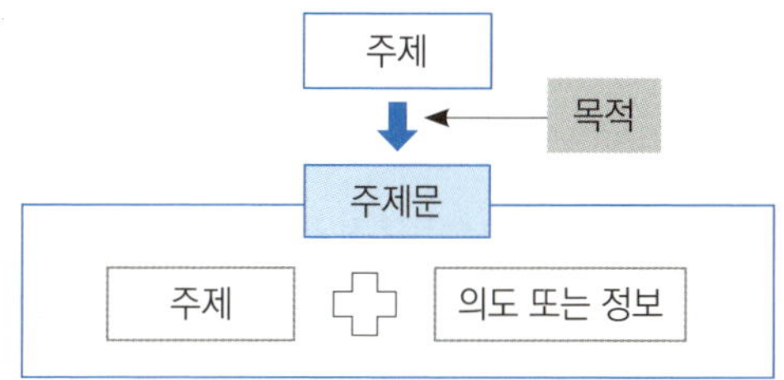

(1) 소재(화제)와 주제

글의 주제는 글쓴이의 관점에서 소재(화제)를 구체화하고 심화시킨 것이다. 자신의 관점에서 말하고자 하는 중심 생각 혹은 중심 내용이다. 소재는 글쓴이의 관심을 뜻한다. 하지만 관심이 그대로 글쓴이가 쓰고자 하는 주제는 아니다. 주제가 되기 위해서는 목적과 독자 등을 고려하여 문제의식의 범위를 줄여야 한다. 즉 글의 분량이나 성격 그리고 그 글을 다룰 수 있는 글쓴이의 능력 등을 고려하여 정한 것이 주제다. 이를 주제 선정 혹은 주제의 구체화라고 한다.

주제는 구체적이고 명확할수록 좋은 글로 발전시킬 수 있다. 구체적이고 명확한 주제를 선정하기 위해서는 주제를 한정할 필요가 있다. 단순히 알고 있거나 흥미를 느낄 뿐이던 막연한 주제를 한정하고 구체화하여 명확한 주제로 정리해야 한다. 예를 들어 '대학'이 글의 소재(화제)라고 한다면 '대학의 역할'은 주제가 될 수 있다. 소재(화제)의 범위를 좁혀 주제를 정하는 것은 소재(화제)의 광범위한 의미와 모호함을 줄이고 구체화해 글의 내용을 결정하는 것이다.

(2) 가주제와 참주제, 주제문

글의 내용이 글의 내용이 복잡하거나 대중의 선호도 조사 등에서와 같이 결과가 나오기까지 구체적인 내용을 알 수 없는 경우에는 결론을 미리 정하고 글을 쓸 수가 없다. 이런 경우에는 '대중의 정치의식', '대학생들의 글쓰기 효능감' 등으로 잠정적인 주제를 잡는데 이를 '가주제'라 한다. 설문조사나 자료 검토 등을 통해서 글의 내용이 결정되면 구체적이고 명확한 주제를 정할 수 있다. 이를 '참주제'라 하고, 글의 주제를 뜻한다. 참주제가 바로 주제인 것이다. 그리고 참주제를 한 문장으로 나타낸 것이 '주제문'이다.

주제문은 글쓴이의 중심 생각을 더 정확하게 표현하기 위하여 주제를 하나의 완성된 평서형 문장으로 작성한 것이다. 좋은 주제문에는 글쓴이가 쓰고자 하는 글의 핵심 내용과 글을 쓴 목적 그리고 독자가 반영되어 있어야 한다. 글을 쓰는 것은 주제를 구체적으로 표현하는 과정이다. 대부분의 경우에 완성된 원고가 아무리 긴 글이라고 해도 출발은 하나의 문장으로 된 주제문이다. 그런 점에서 글을 쓰는 행위는 주제문을 확장하고 그것을 구체화함으로써 필자의 의도를 구현하는 과정이다. 주제문에 글을 쓰는 목적과 독자의 특성이 반영되어야 하는 이유도 여기에 있다. 예를 들어 '대학의 역할'이라는 주제를 '대학의 역할은 취업을 준비하는 위한 것이 아니라 학문을 연구하는 것이어야 한다.'라는 주제문으로 작성하면 글쓴이의 생각이 더 분명하게 전달된다.

핵심 사항

1. 주제문은 완결된 형태의 평서형 문장 하나로 쓴다.
2. 주제문은 글의 중심 내용이 구체적으로 드러나게 쓴다.
3. 주제문은 확보한 자료를 충분히 활용할 수 있게 쓴다.
4. 가주제와 참주제 작성 과정은 생략해도 된다.

II. 연습활동

1. 주제 정하기, 소재(가주제)와 주제(참주제)

(1) 글의 소재(화제)와 주제는 다르다. 소재에 목적과 독자를 고려하면서 구체화해 가면 글의 주제가 된다. 다음 [예시 1]을 참조하여 글의 소재를 주제로 만들어 보자.

예시 1

소재	→	주제
사랑	→	부모님의 사랑
부모님의 사랑	→	자식을 위한 희생

소재	→	주제
성장	→	나의 성장 환경
나의 성장 환경	→	무엇이든 나누고 함께 행동하는 가정환경

연습활동 1 자기소개서 작성을 위한 주제 정하기

소재	→	주제
나의 성장 환경	→	
나의 성격	→	
나의 학창 시절	→	
나의 장래 계획	→	

(2) 좋은 주제는 소재를 구체화하는 단계를 거치면서 정해진다. 적어도 3번의 단계를 거쳐야 좋은 주제가 정해진다. 다음 [예시 2]를 참조하여 소재를 구체화하고 주제로 만들어보자. 구체화란 큰 개념(유개념)에서 작은 개념(종개념)으로 범위를 좁히는 작업으로 생각하면 된다.

예시 2

자기소개서	→	나의 성장 환경	→	화목한 가정 환경	→	친구 같은 부모님

연습활동 2

나의 가족	→		→		→	
나의 성격	→		→		→	
나의 학창시절	→		→		→	
나의 장래 계획	→		→		→	

(3) 다음 [예시 3]은 글의 소재를 주제로 만들고, 그 주제를 주제문으로 작성한 것이다. [예시 3]을 참조하여 소재를 주제로 그리고 주제문으로 만들어 보자.

예시 3

소재	사랑
주제	부모님의 사랑을 많이 받고 성장한 나
주제문	부모님의 사랑을 듬뿍 받고 성장한 나는 나와 세상을 사랑하는 힘이 있다.

연습활동 3-1

소재	나의 성격
주제	
주제문	

연습활동 3-2

소재	나의 학창 시절
주제	
주제문	

연습활동 3-3

소재	나의 장래 계획
주제	
주제문	

연습활동 3-4 주어진 조건과 상황 맥락을 고려하여 자신을 어필할 수 있는 장점 5가지를 적어보자.

연습활동 3-5 독자의 요구, 관심을 고려하여 적절한 장점 3개를 구체화하여 주제문을 작성해 보자.

(4) 주제를 정할 때는 아래의 [연습활동 4]의 체크리스트 항목을 점검해야 한다.

연습활동 4 각자 아래의 빈칸에 생각하는 주제를 적고, 체크리스트 점수를 확인하여 주제를 평가해 보자.

글의 장르	주제	체크리스트	평가 점수 (매우 그런 경우를 5점, 매우 그렇지 않은 경우를 1점 기준으로 평가)
설명하는 글		① 정보를 구체저으로 전달할 수 있는 주제인가?	5 / 4 / 3 / 2 / 1
		② 내가 쓸 수 있는 내용인가?	5 / 4 / 3 / 2 / 1
		③ 독자의 기대를 충족하는가?	5 / 4 / 3 / 2 / 1
		④ 공동의 선, 즉 사회에 선한 영향력을 부여할 수 있는가?	5 / 4 / 3 / 2 / 1
		⑤ 글의 분량에 맞는 내용인가?	5 / 4 / 3 / 2 / 1
주장하는 글		① 내 의견을 논리적으로 전달할 수 있는 주제인가?	5 / 4 / 3 / 2 / 1
		② 내가 쓸 수 있는 내용인가?	5 / 4 / 3 / 2 / 1
		③ 독자의 기대를 충족하는가?	5 / 4 / 3 / 2 / 1
		④ 공동의 선, 즉 사회에 선한 영향력을 부여할 수 있는가?	5 / 4 / 3 / 2 / 1
		⑤ 글의 분량에 맞는 내용인가?	5 / 4 / 3 / 2 / 1

(5) 주장하는 글의 주제문과 설명하는 글의 주제문은 다르다.

주장하는 글은 글쓴이의 생각을 논리적으로 전달하는 것이 핵심이다. 하지만 설명하는 글은 사실, 즉 내용을 정확하게 전달하는 것이 핵심이다. 좋은 주제문에는 글의 중심 내용인 주제와 글의 목적 그리고 독자가 포함되어 있어야 한다. 또한 주제문은 평서형 문장으로 작성한다. 예를 들어 주장하는 글의 주제문을 작성한다고 가정하자. 대학의 역할은 취업을 준비하는 위한 것이 아니라 학문을 연구하는 것이어야 한다.'라는 주제문으로 작성하면 '글의 주제인 대학의 역할'과 '학문을 연구하는 곳임을 인식시키고자 하는 목적' 그리고 '대학을 취업의 수단으로 생각하는 독자'가 잘 드러난다.

연습활동 5 주장하는 글의 주제문과 설명하는 글의 주제문이 다르다는 점을 고려하면서 [연습활동 4]에서 정한 주제들을 주제문으로 완성해 보자.

(글의) 장르	주제
주장하는 글	
설명하는 글	

(글의) 장르	주제	주제문
주장하는 글		
설명하는 글		

2. 목적과 독자 고려하기

목적과 독자를 고려해야 유용한 글이 된다. 설명을 위한 글인지 설득을 위한 글인지 등 그 의도를 분명히 할 필요가 있다. 이는 의도에 따라서 글쓰기 전략이 달라지기 때문이다. 또한 독자도 중요하다. 글의 수준과 형태를 읽을 사람에 맞춰야 하기 때문이다. 독자 맞춤형 글이다.

해솔이가 친구랑 주말에 여행을 가려고 하는 주제로 글을 쓰려고 한다. 다음의 [예시 1-1]은 독자인 부모님께 허락을 구하는 목적의 글이다. 그리고 [예시 1-2]는 독자인 친구 지원이에게 주말에 여행가게 된 것을 자랑하는 목적의 글이다.

예시 1-1

> 부모님께
>
> 이번 주말에 제가 친구랑 여행 계획을 세웠는데 하루 안에 돌아오기가 힘들 것 같아요. 단순한 관광을 위한 여행이 아니라 저에 대해서 생각할 시간을 갖고 싶어 떠나는 여행이에요. 혼자 떠나는 여행은 자신이 없어 친구와 함께 가려고 해요. 이름은 ○○○이고 제가 늘 말씀 드렸던 좋은 친구예요. 숙박 시설은 ○○의 게스트하우스이고, 연락처는 ○○○-○○○○예요. 주인도 거주하고 부모님께서 우려하시는 일이 없도록 예약해 뒀어요. 저를 믿으시고, 저를 찾아 떠나는 여행, 제가 좋아하는 친구와의 예쁜 추억을 남길 수 있게 허락해 주세요.

예시 1-2

> 지원아! 안녕~~
>
> 이번 주말에 ○○랑 여행 가기로 했다~~. 부럽지? 부모님께서 허락하셔서 1박 2일로 다녀오기로 했거든. 네가 그렇게 가자고 했던 여행을 ○○랑 먼저 가게 돼서 미안하긴 한데^^. 그래도 기대되는 마음은 숨겨지지가 않네. 여행 가서 사진 찍어서 실시간 전송해 줄게. 참, 너는 주말에 알바 가지? 항상 열심히 하는 모습 정말 보기 좋아~~. 여행 갔다 오면서 네가 알바하는 카페에 커피 마시러 들를게. 그럼, 그때 봐^^.

연습활동 1 다음의 글은 학생이 '나의 대학 생활'에 대한 경험(사실)에 자신의 '의견(감정)'을 덧붙여 부모님께 쓴 글이다. 독자를 대학 신문을 읽는 교내 구성원으로 바꾸어서 '대학생의 동아리 활동'을 소개하는 '사실' 중심의 글로 다시 써보자.

<나의 대학 생활>

> 엄마, 그동안 여러 일로 조금 늦게 학교에 오게 되어, 다른 여유로운 1학년 친구들과는 달리 시간의 조급함에 쫓겨 다녔잖아요. 학교의 중앙 동아리인 음악 밴드 "○○○" 오디션에 합격하고도 마지막 순간까지 고민하던 제게 제 나이에 즐길 수 있는 모든 걸 느껴봤으면 좋겠다며 적극 추천해 주시던 엄마의 모습이 아직도 생생하네요. 시험 기간과 겹친 공연 날짜와 통학으로 하루하루 지쳐 갈 때도 그 젊음이 부럽다며 다시 힘을 낼 수 있게 도와주셔서 고맙게 생각해요. ○○○의 첫 번째 정기공연이 끝나고 관객석에서 들려오던 박수 소리에, 힘들었던 시간을 보상받은 듯 벅차올랐어요. 늦었단 이유로, 시간이 없다는 말로 좋은 추억을 만들지 못할 뻔 했지만 엄마 덕분에 더 멋진 대학 생활하고 있으니까 염려 마세요. 이제는 두 번째 정기공연을 위해서 매일매일 키보드 연습을 1시간 이상은 꼭 하는 루틴을 지키며 틈틈이 노력하는 게 익숙해졌어요. 늘 감사해요.

<대학생의 동아리 활동 소개>

예시 2 독자를 고려하여 작성해야 글이 유용하다. 당연히 중심 내용인 주제와 글의 목적도 중요하다. 예를 들어 세종대왕에게 볼펜을 설명하는 글을 작성한다고 가정하자. 이 글을 작성하기 위해서는 다음을 고려해야 한다.

① 독자인 세종대왕의 특징을 파악한다.
② 설명할 대상에게 가장 중요한 사실은 무엇인가?
③ 어떤 방법과 순서로 설명할 것인가?

위의 질문에 대해 독자를 고려하는 예를 들면 다음과 같다. ① 세종대왕은 조선시대의 왕이다. 그래서 볼펜을 본 적이 없다. ② 설명할 대상에게 핵심은 볼펜이 필기도구라는 사실이다. 그래서 독자가 살던 시대의 필기도구와 비교하여 설명하면 좋다. ③ 볼펜의 모습 → 볼펜의 용도 → 볼펜의 사용 방법 등을 추가로 설명한다.

<예시 글, 세종대왕에게 볼펜 설명하기>

전하. 볼펜은 붓과 비슷한 필기도구이옵니다. 볼펜은 아주 작은 붓보다도 크기가 작습니다. 길이도 짧습니다. 붓은 동물의 털 부분에 먹을 묻혀 씁니다. 하지만 볼펜은 속이 빈 둥근 막대기 안에 먹과 비슷한 잉크라는 것이 들어 있습니다. 이것이 쓸 때마다 막대기 끝에 자연스럽게 나옵니다. 그래서 먹이 따로 필요하지 않습니다.

연습활동 2 이순신 장군에게 비행기를 설명하는 글을 써 보자.

<이순신 장군에게 비행기 설명하기>

연습활동 3 "나의 꿈은 OOO이다."라는 내용을 취업을 위해 지원한 회사의 면접관에게 설명하는 글을 써 보자.

III. 참고자료

1. 계획하기 단계에서 해결해야 할 문제

계획하기 단계는 필자가 자신이 작성할 글에 대한 내적 표상(internal representation)을 구성하는 행위로 정의된다(Flower & Hayes, 1981: 371).[18] 여기서 내적 표상이란 필자가 쓰기 과정을 통해 실체화할 글의 내용 및 형식 전반에 대해 떠올린 형상을 의미한다. 이는 명시적인 언어로도 표현되지만, 아직 언어화되지 않은 추상적인 이미지의 형태로도 구성될 수 있다. 또한 쓰기 과정이 진행되면서 점차 변화하고 발전한다. 이때 내적 표상이 쓰기 과정을 통해 변화 · 발전한다는 것은 계획하기 단계에서 떠올린 아이디어가 이후 쓰기 과정 전반을 거쳐 점차 구체화될 수 있다는 사실을 뜻한다.

계획하기 과정에서는 글을 쓰기에 앞서 글을 쓰기 위한 다양한 준비를 한다. 그림을 그릴 때 밑그림을 충실하게 잘 그릴수록 그리기 과정이 수월해지고 완성된 그림의 질이 좋아진다. 마찬가지로, 필자가 계획하기 과정에 충분한 시간을 들여 구체적인 계획을 세울수록 쓰기 과정이 좀 더 원활하게 이루어지고 완성된 글의 질도 높아지는 경향이 있다. 일반적으로 능숙한 필자는 계획하기에 충분한 시간을 들이는 반면, 미숙한 필자는 계획 없이 곧바로 글을 시작하여 시행착오를 많이 경험하곤 한다. 그래서 계획하기의 단계는 효과적으로 쓰기를 수행하는데 매우 중요하다.

계획하기 단계에서 필자가 해결할 당면한 문제는 크게 두 가지로 나뉜다. 하나는 필자가 과제를 수행하는 상황 맥락을 분석하는 것이고, 다른 하나는 필자가 쓸 글의 구체적인 화제, 주제, 독자, 목적을 설정하는 것이다.

첫째, "과제 맥락을 분석하는 것"은 필자에게 어떠한 쓰기 과제가 주어졌을 때, 세부적인 계획을 세우기 전에 먼저 해결해야 하는 문제이다. 아무리 참신한 주제를 가지고 구성과 표현이 훌륭한 글을 작성했다고 할지라도, 주어진 맥락에 부합하지 않는다면 좋은 글로 평가받을 수 없기 때문이다. 따라서 필자는 글의 화제, 주제, 독자, 목적 등과 관련된 세부 계획을 수립하기에 앞서, 먼저 과제를 수행하는 상황 맥락을 분석하고 이해할 필요가 있다. 과제 맥락에는 다양한 요인이 있다. 글의 형식과 요구 분량, 마감 기한, 예상 소요 시간, 글의 평가 기준, 필자의 경험 수준 등의 그것이다. 필자는 과제를 수행하기에 앞서 이러한 상황 맥락적 요인들을 꼼꼼하게 분석하고 이해해야 한다.

예 글을 쓸 때의 과제 맥락 분석 사례

- 쓰기 과제의 요구하는 글의 형식은 무엇인가?
- 쓰기 과제의 요구 분량은 얼마나 되는가?
- 쓰기 과제를 언제까지 완성해야 하는가?
- 과제를 수행하는 데 얼마나 시간이 걸릴 것으로 예상하는가?
- 과제를 수행할 때 염두에 두어야 할 특별한 조건이 있는가?
- 이 글을 읽고 평가하는 사람은 누구인가? 그는 어떤 글을 기대할 것으로 예상하는가?
- 과제를 원활히 수행하기 위해 내게 필요한 사항은 무엇인가?(도움받을 수 있는 사람, 자료의 수집 계획 등)

- 그밖에 과제를 수행할 때 문제가 되는 사항이 있는가? 있다면 그 문제를 어떻게 해결할 것인가?

둘째, 주어진 과제를 이해한 다음에는 "세부 계획을 수립하는 것"이 필요하다. 이는 필자가 쓸 글의 구체적인 밑그림을 그리는 것으로, 글의 화제, 주제, 독자, 목적 등을 설정하는 것이다. 이때 글의 화제(topic)는 필자가 글에서 다루는 주된 소재나 제재를 말하고, 주제(theme)는 필자가 글을 통해 독자에게 전달하고자 하는 메시지를 의미한다. 화제가 단어나 어구로 표현된다면, 주제는 화제에 대한 진술이 결합된 문장의 형식으로 표현된다. 또한 글을 읽을 독자가 누구인지 설정하고 독자의 특성을 분석해야 한다. 독자의 나이, 지적 수준, 화제에 대한 흥미 및 친밀도, 주제에 대한 입장 등이 모두 고려 대상이 된다. 마지막으로 글의 목적을 분명히 할 필요가 있다. 정보를 전달하는 데 목적을 둘 것인지, 설득을 하는 데 목적을 둘 것인지, 또는 정서를 표현하거나 친교를 하기 위한 목적으로 쓰는 글인지 생각해야 한다. 어떤 독자를 대상으로 어떤 목적(어떤 메시지의 전달)을 달성할지를 결정하는 것에 따라 글의 내용 및 표현 방식이 달라진다.

예 글을 쓸 때 세부 계획 수립 사례

- 나는 무엇(화제)에 대해 글을 쓰는가?
- 내가 글을 통해 독자에게 전달하고 싶은 메시지(주제)는 무엇인가?
- 내 글의 독자는 누구인가? 그 독자는 어떤 특성을 가졌는가?
- 내가 글을 쓰는 목적은 무엇인가? 독자에게 나는 어떤 역할을 하는가?

3장

내용 생성하기

I. 핵심 이론

1. 내용 생성하기의 개념과 특징

내용 생성하기는 결정한 주제(문)를 전개하는 데 필요한 글감을 찾거나 만드는 과정이다. 주제와 관련한 글감이 많을수록 실제 집필 과정이 쉽고, 글의 내용이 풍부해지고, 글의 표현이 쉬워진다. 글감은 생각하여 생성한 내용(아이디어)을 정리하는 방법을 통해 생성된다. 가장 대표적인 방법은 아이디어를 생성하는 발상 모으기와 생각을 체계적으로 정리하는 생각지도 그리기다.

자기소개서의 내용 생성하기는 자신만의 경험을 설득력 있는 이야기로 녹여내는 과정이다. 이는 곧 자기 삶과 역량을 지원하는 곳이 원하는 인재상에 맞춰 구체적이고 논리적으로 작성하는 것을 뜻한다. 이 과정에서는 단순 경험 나열이 아닌, 목적에 맞게 또는 지원하는 곳이 원하는 인재상과 자신의 경험을 효과적으로 연결해야 한다. 이를 위해 각 경험에 대한 분석적 서술과 구체적 사례 중심으로 본인의 이야기를 '설득력 있게' 풀어내야 한다.

2. 내용 생성하기 방법

(1) 발상 모으기(brain-storming)

좋은 글쓰기에는 발상이 기본이 되며, '발상 모으기'(brain-storming)로 대표된다. 발상 모으기는 두뇌를 뜻하는 브레인(brain)과 폭풍을 뜻하는 스토밍(storming)이 결합된 단어다. '두뇌 속에서 폭풍을 일으킴'을 의미한다. 발상 모으기를 할 때는 최대한 다양한 관점에서 주제나 대상에 대해 생각해야 한다. 그렇지 않으면 아이디어의 양도 늘리기 힘들고 또한 아이디어의 종류도 다양하지 않다. 풍부하게 발상하기 위해서는 일정한 틀에 맞추어진 생각, 관습적 생각 등을 그대로 반복하는 데에서 벗어나야 한다. 주제에 대한 생각의 폭(외연과 내포)을 최대한 넓히는 것도 중요하다. 또한 창의적인 생각이나 독창적인 아이디어를 생성해 내고자 노력하는 것도 매우 중요하다.

발상 모으기는 집단과 개인이 모두 사용할 수 있지만, 주로 집단 발상을 모을 때 자주 쓰인다. 집단의 발상 모으기는 어떤 문제를 해결하거나 팀별 보고서나 토론문 등을 집단이 공동으로 작업할 때 유용하다. 이때 사회자와 기록자를 먼저 정한다. 사회자는 정해진 시간에 여러 명이 집중적으로 최대한 많은 다양한 생각을 끌어낼 수 있도록 진행한다. 기록자는 논의에서 생성되는 모든 생각을 하나도 빠짐없이 기록해야 한다. 참가자들은 떠오른 생각을 자유롭게 말하고, 다른 참가자의 생각을 평가하지 않도록 한다.

발상 모으기에서 가장 중요한 것은 최대한 '많은 양'의 아이디어를 생성하는 것이다. 아이디어의 질보다는 양이다. 빠른 시간에 많은 아이디어를 얻는 것에 역점을 둔 아이디어 발상법이기에 '자유연상법'이라고도 한다. 따라서 아이디어를 생성하고자 할 때는 사고의 폭을 제한하는 어떠한 조건이나 규정, 비판 등에 구애받지 않고 자유롭게 생각하는 것이 매우 중요하다. 한 문단 글쓰기 기준으로 20개 이상의 아이디어를 생성하고 그 아이디어를 토대로 글의 내용을 선정하고 구성하면 좋다. 다음과 같은 네 가지의 규칙을 지키면서 발상 모으기를 하면 많은 아이디어를 생성할 수 있다. ① 떠오르는 생각을 주저 없이 발표한다. ② 생성된 생각을 가능성이나 합리성과 같은 기준으로 비판하거나 평가해서는 안 된다. ③ 어떠한 규제에도 얽매이지 않고 가능한 많은 생각을 자유롭게 생성한다. ④ 이미 생성된 생각으로부터 새로운 제3의 생각을 생성하도록 한다.

(2) 생각지도 그리기(mind-mapping)

'생각지도 그리기'(mind-mapping)는 발상 모으기를 통해 생성된 다양하고 많은 아이디어를 취사선택하여 정리하고 정돈하는 활동이다. 생각지도 그리기는 관련짓기를 통해 자유롭게 떠오른 생각들에 일정한 질서와 체계를 부여하는 것이다. 이러한 질서와 체계를 보면 생성된 생각이 어느 부분에서 부족한지를 알 수 있다. 따라서 좋은 글을 쓰기 위해서는 발상 모으기뿐만 아니라 생각지도 그리기를 통하여 주제와 관련된 것들을 취사선택할 수 있어야 한다. 이는 글쓴이가 생각하는 글감의 분량을 조절하기 위해서도 필요하다.

생각지도 그리기는 발상 모으기를 통해 자유롭게 생성된 생각들을 정리하고 체계화하는 과정이다. 기준에 따라 관련 아이디어를 묶고 선형/비선형으로, 색상별로, 상징별로 구분하여 구성한다. 정리되지 않은 복잡한 아이디어를 빠르고 쉽게 파악할 수 있게 한다. 아이디어 간 관계를 확인하기 좋게 한다. 생각지도 그리기는 다음과 같은 방법으로 진행한다. ① 발상 모으기로 생성한 아이디어들을 펼쳐놓는다. ② 주제(핵심어)를 종이 가운데의 동그라미 안에 적는다. ③ 관련이 깊은 아이디어들을 이어서 바깥쪽으로 가지를 쳐 나간다. ④ 계획한 문단의 개수만큼 방사형으로 묶음을 만든다. ⑤ 각 묶음으로부터 다시 가지 치는 과정을 필요한 만큼 반복한다. ⑥ 결과를 검토하여 글을 쓸 개요를 작성한다.

핵심 사항

'발상하기'는 생각을 일으킨다는 뜻이다. 주제와 관련하여 의미 있는 아이디어를 생성하기 위해서는 사고의 유연성이 필요하다. 기존의 생각을 답습하여 글을 쓰는 것은 글의 유용성을 높이지 못한다. 한마디로 가치가 없는 글이다. 새로운 발상을 끌어내기 위해서는 무엇보다 틀에 박힌 생각이나 고정관념에서 벗어나야 한다. 이를 심리학에서는 '세트(set) 깨기'라고 표현한다. 고정관념 또는 선입견에서 벗어나는 것을 뜻한다. 우리는 일정한 틀에 맞추어 생각하거나 한 가지 관점만을 고수하려는 경향을 가지고 있다. 새로운 방법을 찾기보다는 이미 만들어진 방법을 따를 때 안정감을 느낀다. 이처럼 반복적인 경험이나 습관, 수동적인 학습 태도 등과 같은 기성관념에 길들어 고착된 사고방식을 고정관념이라 부른다.

(3) 기타 내용 생성하기 방법

발상 모으기와 생각지도 그리기 이외의 글감(내용)을 생성하는 방법에는 토론하기와 자료 찾기 그리고 관찰하기 등이 있다. 먼저, 토론하기 방법은 토론하는 과정에서 견해의 차이와 반박하는 근거 등과 같이 글쓴이가 생각하지 못한 내용을 찾아낼 수 있고, 자신의 주장을 정교하게 할 수 있는 장점이 있다. 이는 의견이 다른 논쟁적인 주제와 관련하여 사용하면 효율적이다. 다음으로 자료 찾기 방법은 학술적 혹은 전문적인 주제와 관련된 글의 내용을 마련할 때 가장 효율적이다. 책이나 논문, 신문 기사, 도서관이나 인터넷 검색 등을 통해 다양한 자료를 찾을 수 있다. 이때 모든 자료를 정독하겠다는 생각을 버리고 개요나 서론 정도만 읽고, 필요한 자료는 출처 등을 메모하도록 한다.

마지막으로 관찰하기 방법은 넓은 의미에서 발상하기와 연관된다. 어떤 주제나 대상에 대해 글을 쓰기 전에 대상(주제)을 자세히 살펴보는 것이 필요하다. 글을 쓰려는 데 아무 생각이 나지 않는다면 관찰은 더 효율적이다. 요모조모 입체적으로 뜯어보고, 보이지 않는 부분들도 찬찬히 투시한다. 분명 보지 못했던 것을 새롭게 발견할 수 있다. 보이지 않고 실체가 없는 대상이나 예술 작품에 대한 감상 또는 비평의 주제와 관련된 글쓰기에도 유용하다.

II. 연습활동

1. 주제와 관련한 글감을 생성하는 과정에서는 생각의 폭을 넓혀 다양한 아이디어를 찾는 것이 중요하다. 이왕이면 참신하고도 창의적인 아이디어를 찾으면 더 좋다. 그래야 다른 글과의 차별성이 확보되며, 자연스럽게 글의 가치도 높아진다. 새로운 아이디어를 생성하기 위해서는 무의식적으로 우리의 생각을 둔하게 하는 고정관념이나 편견에서 벗어나고자 하는 노력이 필요하다. 생각을 유연하게 해야 한다.

예시 1 다음은 일상에서 쉽게 발견되는 편견이나 고정관념이다.

① 남자는 감성적이다. 남자는 논리적이다.
② 노인은 보수적이다. 젊은이는 책임감이 없다.
③ 공무원은 안정적이다. 대기업의 회사원은 돈을 많이 번다.
④ A형은 소심하다. O형은 대범하다.
⑤ 서울 사람은 차갑다. 시골 사람은 순박하다.

연습활동 1-1 일상에서 쉽게 발견되는 편견이나 고정관념을 더 찾아보고, 그 편견이나 고정관념이 실제 사실과 부합하는지 생각하여 자기 생각을 간략하게 적어보자.

편견이나 고정관념	자기 생각

연습활동 1-2 나의 편견이나 고정관념은 어떤 것이 있는지 적고, 그렇게 생각하는 이유도 간략하게 적어보자.

나의 편견이나 고정관념	이유

연습활동 1-3 글의 내용을 풍부하게 생성하기 위해서는 생각의 확장이 필요하다. 이를 위해 우리는 고정관념이나 편견 등으로부터 벗어나야 한다. 세상이나 사물을 새롭게 바라보는 눈을 가져야 하며, 다양한 관점에서 바라보도록 해야 한다. 왜냐하면 동일한 대상이나 일도 어떤 관점에서 보느냐에 따라 전혀 다르게 생각될 수 있기 때문이다.

위의 설명을 생각하면서 <흥부전>에 나오는 흥부와 놀부의 성격이나 외모 등에 대하여 아이디어를 생성해 보자. 그리고 흥부와 놀부에 대해 기존의 해석(관점)과 다른 이야기를 500자 내외로 써 보자.

생성된 아이디어	
흥부	
놀부	

2. 주제와 관련하여 좋은 내용을 생성하기 위해서는 많은 양의 아이디어를 찾는 것이 중요하다. 양이 질을 만든다는 유명한 말도 있다. 그렇다고 무한정 아이디어를 생성할 수도 없다. 계획하는 글의 분량에 맞는 적절한 양의 아이디어를 생성해야 한다. 발상 모으기를 할 때는 주제에 대해 떠오르는 생각을 자유롭게 메모하면 된다. 생성된 아이디어 개수가 20개 이상은 되어야 최소한의 내용을 담고 있는 글을 쓸 수 있다. 아이디어를 충분하게 생성하기 위해서는 주제를 다양한 관점에서 생각해야 한다. 또한 주제에 관한 생각의 폭을 넓혀 다양한 생각들을 생성하도록 한다. 주제에 관한 생

각을 시각적인 것에만 한정하지 말고, 주제가 내포하고 있는 다양한 생각들을 생성하도록 한다. 그래야 많은 아이디어를 생성할 수 있으며, 더불어 글의 내용도 풍부해질 수 있다.

예시 2 다음은 '봄'을 주제로 '발상 모으기'를 한 것이다. 발상 모으기를 할 때는 주제에 대해 떠오르는 생각을 자유롭게 메모하면 된다.

주제	봄
생성된 아이디어	생명, 봄의 왈츠, 만물의 소생, 김유정, 보릿고개, 잔인한 계절, 혁명 고음, 고양이, 새싹, 입학식, 축제, 춘추복, 아지랑이, 운동회, 신입생, 개나리, 벚꽃, 라일락, 프리지어, 춘곤증, 나들이, 산책, 소풍

연습활동 2-1 '가을'을 주제로 '발상 모으기'를 해 보자. 아이디어는 20개 이상 생성하도록 한다.

주제	가을
생성된 아이디어	

연습활동 2-2 '청소년기'를 주제로 '발상 모으기'를 해 보자. 아이디어는 20개 이상 생성하도록 한다.

주제	나의 소중한 경험(추억)
생성된 아이디어	

연습활동 2-3 'ㄴ나에게 소중한 것'을 주제로 '발상 모으기'를 해 보자. 아이디어는 20개 이상 생성하도록 한다.

주제	학창 시절의 경험(추억)
생성된 아이디어	

3. '생각지도 그리기'는 생성된 아이디어들을 기준에 따라 연관되는 것들로 분류하는 작업이다. '생각지도 그리기'는 생성된 생각들의 유기적인 관계를 잘 고려하면서 아이디어들을 포함할 수 있는 기준에 따라 모둠을 구성하고, 그 모둠에 적합한 생각들을 취사선택하여 분류한다. 이때 모둠에 포함되지 않는 아이디어들은 버리면 된다. 모둠을 구성하고 취사선택하는 연습을 통해 자유롭게 생성된 생각이 체계적으로 정리된다. 내포나 외연의 크기에 따라 모둠과 모둠의 내용물을 나누도록 한다. 말하자면 내포나 외연이 큰 개념이 내포나 외연이 작은 개념을 포함한다.

예시 3 다음은 '봄'을 주제로 '발상 모으기'를 한 후에, '생각지도 그리기'로 서로 연관되는 것들로 묶은 것이다.

주제	봄
생성된 아이디어	어버이날, 석가탄신일, 어린이날, 스승의 날, 봄바람, 축제, 운동회, 탄생, 생명력, 개나리, 벚꽃, 라일락, 개학, 봄방학, 중간고사, 춘곤증, 평온함, 나들이, 봄놀이, 기념일, 산책, 봄에 피는 꽃

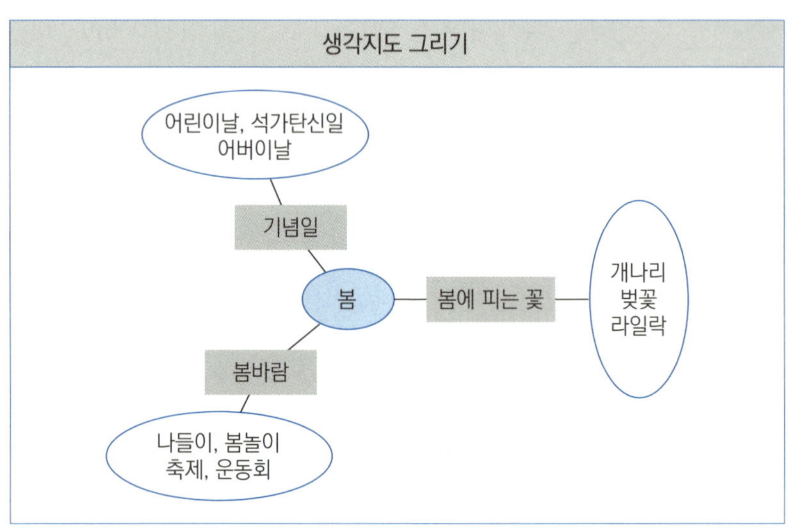

연습활동 3-1 다음은 '바나나'에 대해 '발상 모으기'를 한 내용이다. 이를 바탕으로 생각지도 그리기를 해 보자. 먼저 서로 관련된 내용을 생각하여 묶어보면서 빈칸에 생각지도 그리기를 해 보자.

주제	바나나
생성된 아이디어	과일, 노란색, 휘었음, 부드러움, 달다, 한 덩어리, 더운 지방, 원숭이, 아프리카, 다이어트, 건강, 칼로리, 바나나우유, 치키타, 정글, 마트, 이중인격, 알레르기, 대체 음식, 아이스크림, 미끄러움
〈생각지도 그리기〉	

예시 3-2 ‘인터넷’을 주제로 발상 모으기를 한 후 생각지도 그리기를 한 것이다. 생각지도 그리기를 할 때는 주제에 대한 여러 가지 생각을 체계적으로 도식화할 필요가 있다. 서로 관련된 것끼리 네 개로 묶어, 생각지도 그리기를 하면 다음과 같다.

주제	인터넷
생성된 아이디어	스마트폰, 유튜브, 페이스북, 트위터, 익명성, 정보화, SNS, 댓글, 악플, 네티즌, 마녀사냥, 네티즌 수사대, 게임, 의견 표명, 쇼핑, 정보검색, 자기표현, 블로그, 미니홈피, 중독, 사생활 공개, 사생활 침해, 저작권 침해, 포털 사이트, 아고라, 정보공유, 뉴미디어, 세계화, 폐인, PC방, 쌍방향적 소통, 자유로운 비판의 장, 다운로드, 게시판, 싸이월드, 나꼼수, 구글, 표현의 자유, 카카오톡, 소통의 장, 다음, 네이버, 인터넷 방송
뉴미디어	포털 사이트 – 구글 – 인터넷 방송 – 유튜브
자기표현	미니홈피 – 블로그 – 사생활 공개 – 표현의 자유
토론장	쌍방향적 소통 – SNS – 페이스북 – 트위터
중독	스마트폰 – 카카오톡 – PC방 – 게임 – 쇼핑

위에서 정리한 바를 바탕으로 서로 연관되는 생각들을 연결하고, 그것들을 방사형 지도 모양으로 표현하면 아래의 그림과 같다.

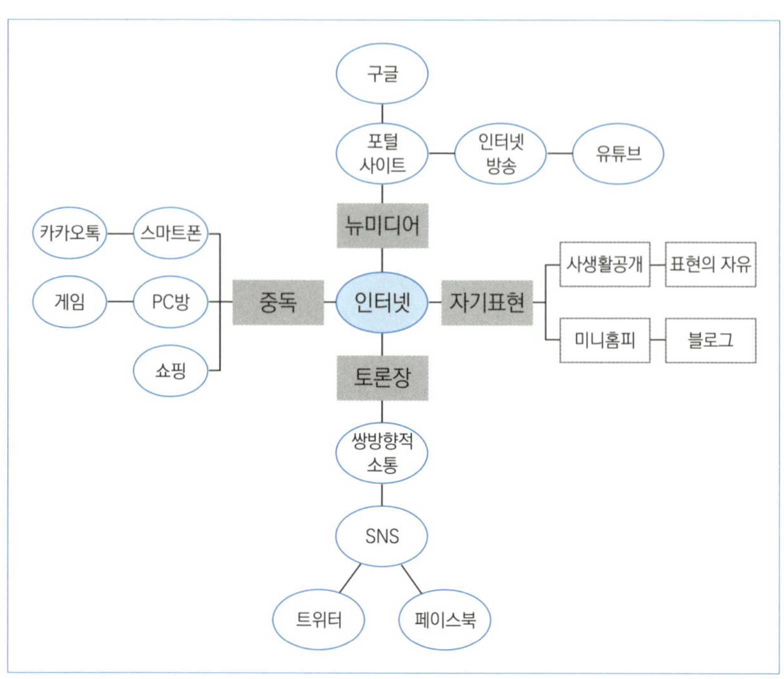

연습활동 3-2 자신이 쓰고 싶은 주제를 하나 골라서 발상 모으기와 생각지도 그리기를 [예시 4]와 같이 다음의 순서에 따라 해 보자.

주제	
생성된 아이디어	

〈생각지도 그리기 준비: 서로 관련된 것끼리 묶기〉	

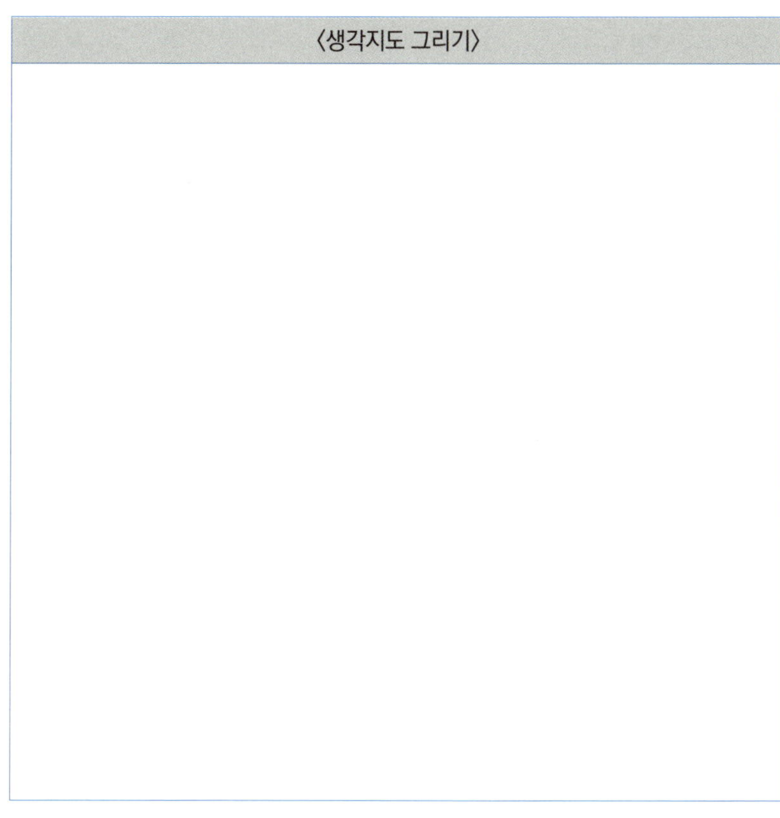
〈생각지도 그리기〉

연습활동 3-3 다음은 '대학'이라는 주제를 발상 모으기와 생각지도 그리기를 한 내용이다. 아래의 생각지도 그리기를 바탕으로 250자 내외의 글을 아래의 원고지에 써 보자.

주제	대학
생성된 아이디어	학점관리, 아르바이트, 봉사활동, 미팅, 진로결정, 교수면담, 상담프로그램, 대학구조, 대학의 사회적 역할, 사회적 리더 양산, 엘리트 집단 배출, 배낭여행, 글로벌 경험, 외국 대학, 유학, 부모님의 자랑, 학력주의, 학벌주의, 대기업, 학문 연구, 로망, 다양한 경험 축적, 청년실업 양산, 연애, MT, 동아리, 대학원 진학, 스펙, 취업의 벽, 축제, 성인 재교육, 취업준비

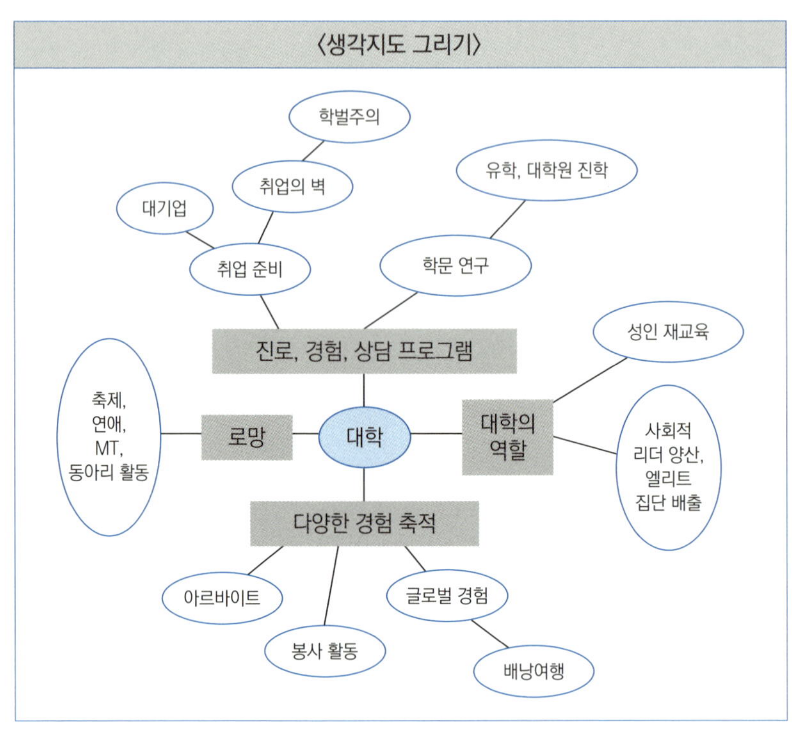
〈생각지도 그리기〉
학벌주의
취업의 벽
대기업
유학, 대학원 진학
취업 준비
학문 연구
성인 재교육
진로, 경험, 상담 프로그램
축제,
연애,
MT,
동아리 활동
로망
대학
대학의
역할
사회적
리더 양산,
엘리트
집단 배출
다양한 경험 축적
아르바이트
글로벌 경험
봉사 활동
배낭여행

100
200

4. 기타 내용 생성하기 방법들

발상 모으기와 생각지도 그리기 이외의 글감(내용)을 생성하는 방법에는 프리라이팅, 토론하기와 자료 찾기 그리고 관찰하기 등이 있다.

연습활동 4-1 조별로 <인간과 로봇>이라는 주제에 관하여 토론하고, 그 결과를 먼저 20개 이상의 단어로 나열하자. 다음으로는 나열한 단어 가운데 4개를 선택하여 각각 하나의 완전한 문장으로 써 보자.

주제	인간과 로봇
생성된 아이디어 (단어)	
(선택한) 단어	**문장**
	문장 1
	문장 2
	문장 3
	문장 4

핵심 사항

상호 간의 토론을 통하여 글의 내용을 생성하는 방법도 있다. 토론하기는 토론하는 과정에서 견해의 차이와 반박하는 근거 등과 같이 글쓴이가 생각하지 못한 내용을 찾아낼 수 있고, 자신의 주장을 정교하게 할 수 있는 장점이 있다. 이는 의견이 다른 논쟁적인 주제와 관련해 사용하면 보다 효율적이다.

연습활동 4-2 조별로 <인간의 본성은 선한가 아니면 악한가>이라는 주제에 관하여 토론하고, 각 주장에 대한 근거(이유)를 3개 이상 문장으로 써 보자. 각 문장은 하나의 생각을 담고 있어야 한다.

주제		인간의 본성은 선한가 아니면 악한가
주장	인간 본성은 선하다	근거 1
		근거 2
		근거 3
	인간 본성은 악하다	근거 1
		근거 2
		근거 3

연습활동 4-3 계획하기 단계에서 선택한 소주제별로 개인적 경험 떠올리기를 활용하여 글감을 생성해 보자.

소주제 1	
내용 생성하기	
소주제 2	
내용 생성하기	
소주제 3	
내용 생성하기	

III. 참고자료

1. 브레인스토밍 전략

브레인스토밍(brainstorming)은 특정한 화제나 문제와 관련하여 필자의 머릿속에 있는 생각들을 있는 대로 떠올리는 전략이다. '얼른 떠올리기'라고도 부른다. 두뇌를 뜻하는 브레인(brain)과 폭풍을 뜻하는 스토밍(storming)이 결합된 단어로 '두뇌 속에서 폭풍을 일으킨 것'과 같이 짧은 시간 동안 많은 아이디어를 생성하는 데 유용하다. 일정 시간을 정해 놓고 집중하여 화제와 문제와 관련된 생각을 떠올리되, 생각의 질보다는 양을 추구하여 자기 검열 없이 최대한 많은 아이디어를 모으는 것이 이 전략의 핵심이다.

브레인스토밍 전략은 개인 혼자서 사용할 수도 있고, 집단이 함께 사용할 수도 있다. 또한 브레인스토밍 전략을 통해 아이디어를 생성한 뒤에는 생성한 아이디어를 정리하는 것이 효과적이다. 이때에는 불필요한 항목을 삭제하고, 관련성 있는 항목들을 다발로 묶으면 된다. 이 단계는 생각지도 그리기의 과정이다. 이상의 브레인스토밍과 생각지도 그리기를 통해 아이디어를 생성하는 방법의 핵심을 종합하면 다음의 세 단계로 정리할 수 있다.

a. 아이디어 생성하기: 핵심어에서 연상되는 단어나 구를 모두 적는다.
b. 아이디어 선별하기: 글의 주제를 기준으로 관련 없는 것들을 빼서 한군데 모아둔다.(이후 글을 쓰다가 활용할 수 있으므로 지우거나

버리지 않는다.)

c. 아이디어 다발 짓기: 범주별로 아이디어를 분류하고 소제목을 붙인다.

2. 내용생성 단계에서 알아둘 점

내용생성하기 단계는 글을 쓰기 위한 아이디어를 떠올리거나 수집하는 단계이다. 이 과정에서는 계획하기 단계에서 설정한 글의 주제나 화제와 관련된 아이디어나 글감, 자료 등을 최대한 많이 수집하는 것이 목적이다. 필자는 자신의 머릿 속 장기 기억에서 아이디어나 관련된 지식과 경험을 꺼낼 수도 있고, 도서관이나 인터넷을 통해 필요한 외부 자료를 탐색하고 수집할 수도 있고, 다른 사람과 이야기를 나누는 과정에서 새로운 아이디어나 지식을 창출하고 모을 수도 있다. 이때 생성된 내용은 잘 정리된 것일수도 있지만, 대부분 연결되지 않은 단편적인 것일 때가 많다. 이들을 연결하는 것은 이후 '조직하기' 단계에서 할 일이다.

내용생성 단계에서 가장 중요한 것은 충분한 양을 모으는 것이다. 그리고 미숙한 필자와 능숙한 필자가 가장 차이를 보이는 글쓰기의 과정이 바로 이 단계다. 실제로는 이후 글을 집필하는 과정에서 수집한 자료의 상당 부분이 글에 사용되지 못한다. 주제와 관련된 내용이라고 하더라도 글의 논리, 맥락, 흐름의 연결상 어색하거나 맞지 않아 글에 포함하는 것이 적절하지 않는 경우가 발생하기 때문이다. 일반적으로 생성한 내용의 평균 1/3정도만 내 글에 유용하게 활용된다.

능숙한 필자는 이러한 특징을 잘 이해하고 내용생성 단계에서 글감을 풍부히 모아두어서 글을 쓸 때 내용과 관련하여 큰 어려움 없이 글을 써 내려간다. 반면 미숙한 필자는 이 단계를 건너뛰거나 축소하는 경향이 있다. 자료를 수집하고 모으는 과정이 다소 지루하고 글과 별로 관련이 없다고 판단하기 때문이다. 이로 인해 이후 집필하는 단계에서 적절한 글감이 없거나 쓸 내용이 부족한 어려움을 종종 겪으며, 이는 최종적으로 글의 내용이나 논리가 빈약해지는 결과를 초래한다.

3. 내용생성 단계에서 활용할 수 있는 전략들

자기소개서에 들어갈 내용 항목과 방향을 계획하였으면, 그 다음 단계는 각 항목에 구체적으로 들어갈 내용을 생성하는 것이다. 자기소개서는 대상의 자신이므로 외부에서 글의 재료를 찾는 것보다 자신의 내부에서 글을 찾는 것이 효과적이다. 또한, 실제 글에 활용되지 않더라도 내용을 풍부하게 생성하는 것은 이후 글을 전개하는데 효과적이다.

♠ 활용 가능한 내용생성 전략

자기소개서를 쓸 때 내용생성 단계에서 활용 가능한 전략은 다음과 같다.[19]

(1) 초점화된 자유롭게 쓰기

자유롭게 쓰기는 작문의 내용과 관련된 생각을 발견하고 탐색하기 위해 자유롭게 쓰는 활동이다. 이 방법은 어떤 규제에 얽매이지 않고 떠오르는 대로 기술하는 방식으로 문장의 형태, 정서법 등의 요소를 고려하지 않고 말 그대로 '자유롭게' 쓰는 것이다. 그 결과물은 주로 문장의 형태를 갖는다는 점에서 브레인스토밍과 구분된다.

그런데 자유롭게 쓰기를 하면 생성한 많은 내용들이 조직의 과정 및 초고 쓰기 과정에서 버려지는 경우가 많다. 이러한 문제를 보완하기 위하여 도입된 방법이 작문의 과제나 주제와 관련된 것에 집중해서 자유롭게 쓰는 '초점화된 자유롭게 쓰기(focused free-writing)'이다(Elbow & Beanoff, 2000:6~7).[20] 초점화된 자유롭게 쓰기는 발산적인 사고의 전개를 제시된 과제나 주제에 한정한다. 따라서 '자유롭게 쓰기'와 같이 방만한 결과물을 산출하는 것을 막고, 보다 목적 지향적인 내용생성 활동을 하게 해 준다.

'초점화된 자유롭게 쓰기'는 '자유롭게 쓰기'보다 인지적 제약이 따른다는 점에서 미숙한 필자보다는 능숙한 필자에게 적합한 방법이다. 따라서 대학생 필자에게 적합한 전략이며, 이는 전문적으로 글을 쓰는 작가들이 내용을 생성하기 위해 곧잘 활용하는 방법이기도 하다.

〈활동의 특징〉

- 멈추지 않고 일정한 시간(10~15분) 동안 지속적으로 쓴다. 팔이 아프더라도 멈추지 않고 계속 쓴다. 멈추지 않고 쓰는 것이 이 방법의 특징이다.
- 자신에 집중하여 생각을 전개하고 떠오르는 내용을 가감 없이 적는다.
- 문장의 형태를 이루는 것을 원칙으로 하나, 완결되거나 적격한 문장을 쓰지 않을 수도 있다. 주성분(주어, 서술어)이 생략될 수도 있고 문장을 완전히 종결짓지 못하는 경우도 있다.
- 문법이나 정서법에 얽매이지 않는다.

(2) 나열하기

나열하기(listing)는 브레인스토밍처럼 떠오르는 내용을 그대로 옮겨 적어 내용을 생성하는 방법이다. 나열하기는 브레인스토밍처럼 단어를 중심으로 생성해 내는 것이지만, 다음과 같은 점에서 차이점이 있다. 브레인스토밍은 떠오르는 단어를 모두 적는 발산적인 방법이지만, 나열하기는 어떤 범주에 따라, 또는 관련 주제에 따라 의도적으로 단어를 떠올리는 방법이다. 따라서 나열하기의 단어는 핵심어에 가깝다. 나열하기가 일정한 범주의 제약이 있다는 점에서 초점화된 자유롭게 쓰기와 대응된다고 할 수 있다.

〈활동의 특징〉

- 제시된 주제나 범주화된 항목에 따라 떠오르는 핵심적인 단어를 나열한다.
- 주제와 관련하여 떠오르는 단어는 모두 적는다. 필요에 따라 주의를 집중하여 연계되는 단어들을 생각해 낼 필요도 있다.
- 가능하면 많은 단어를 찾아 나열한다. 나열할 때 범주가 정해지면, 이에 따라 분류하면서 핵심어를 나열한다.
- 잘 떠오르지 않을 때에는 브레인스토밍을 한 후 내용을 선별적으로 수용하는 방법을 병용할 수도 있다.

(3) 대화하기

대화하기는 필자가 쓰고자 하는 글의 화제나 문제에 대하여 이야기를 나눔으로써 새로운 아이디어를 생성하거나 구체화하는 전략이다. '이야기 나누기' 전략이라고도 부르며, 글로 써보고 싶은 대상과 이야기하는 '인터뷰하기'도 이 전략의 하나이다. 필자는 동료나 협조자, 또는 글로 써보고 싶은 대상과 함께 대화하는 동안 배경지식을 확장하고, 미처 생각하지 못했던 새로운 관점을 가질 수 있다. 또한 브레인스토밍 전략이나 생각 그물 만들기 전략 등을 통해 먼저 아이디어를 생성한 뒤에 이에 대한 대화를 나눔으로써 생성한 아이디어를 정교화할 수도 있다.

활동의 특징

- 동료나 협조자에게 자신의 쓸 글에 대해 설명한다. 단지 글의 내용만을 소개하기보다는 글의 목적, 요점, 독자, 글의 형식과 같은 다양한 수사적 측면에 대해서도 함께 설명하는 것이 좋다.
- 동료나 협조자는 필자의 말을 들으면서 궁금한 점에 대해 질문하거나 논평한다.
- 필자는 동료나 협조자의 질문이 답하거나 협조자의 논평이 반응하면서 자신의 생각을 정리하고 보완한다. 이때 대화의 주요 내용을 기록해 둔다.
  - 내 글에서 다루려는 주된 대상을 무엇인가?
  - 내 글에서 전달하려는 메시지를 한 문장으로 표현하면 어떻게 될까?
  - 내 글의 주제를 전달하기 위해 나는 어떤 구체적인 내용을 전개할 것인가?
  - 내 글의 내용은 어떻게 조직할 것인가?
  - 독자는 내 글에 대해 무엇을 기대하고, 어떻게 반응할 것이라고 예상하는가?

동료나 협조자의 역할

- 협조자는 필자와 대화하는 과정에서 다음의 세 가지 역할을 수행할 수 있다.
  1. 질문하고 반영하는 역할: 필자가 아이디어를 끄집어낼 수 있도록 도우면서 필자의 생각을 비추어주는 거울로서의 역할을 한다. "네가 말하

는 바는 이런 의미지?", "네가 목적하는 바는 이런 거야?" 등과 같은 코멘트를 해 주면서 필자의 생각을 반영적으로 비추어주는 역할을 한다.

2. 문제를 발견하는 역할: 협조자는 필자의 이야기를 주의 깊게 경청하여 여러 가지 문제점들을 발견하는 역할을 한다. 필자가 미처 고려하지 못한 지점이나 독자에게 나올 수 있는 다양한 반응을 생각하게 함으로써 필자가 글을 새로운 방식으로 파악할 수 있게 하는 역할을 한다.
3. 협력자로서 역할: 협조자는 필자를 도와 과제를 해석하고, 계획을 발전시키고, 대안에 대해 생각해 보고, 문제를 예측해 보고, 선택 가능성을 평가하는 역할을 한다. 이 과정에서 새로운 아이디어를 제안하거나 글의 형식이나 부분들을 조직하는 데 도움을 줄 수 있다.

(4) 개인적 경험 떠올리기

개인적 경험(personal experience) 떠올리기는 작문 내용과 관련된 개인의 경험을 떠올려 내용을 생성하는 방법이다. 내용을 생성하는 효율적인 방법 중의 하나가 개인적 경험을 떠올리는 것인데, 그 이유는 다음의 두 가지로 요약된다. 첫째, 우리 머릿속에 지식이 저장될 때에는 개념보다는 관련된 구체적인 경험과 연결되어 저장되기 때문이다. 따라서 내 머릿속에서 내용을 생성할 때 경험을 떠올리는 것은 관련된 지식을 떠올리도록 돕는다. 둘째, 자신의 경험은 그 자체로 구체화하기 쉽고 생생하게 전달하는데 유용하다. 개인적 경험은 직접 경험이 일반적이나, 상황에 따라서는 간접 경험, 특히 다른 사람에게 들었던 경험도 부분적으로 활용할 수 있다.

활동의 특징

- 제시된 주제와 관련된 경험을 생각해 본다. 특별히 관련되는 경험이 없을 때는 경험에서 교훈을 이끌어 내거나 일반화를 통해 적용해 본다.
- 경험이 떠올랐을 때 그것을 육하원칙에 따라 내용을 정리해 본다.
- 다른 사람에게 들었던(또는 매체를 통해서 들었거나 책을 통해서 읽었던) 개인적 경험을 떠올려 내용을 정리한다.
- 다음과 같은 질문 중 관심 있는 주제를 선택하여 위의 과정을 반복하여 아이디어를 생성하는 데 도움을 얻는다.
  - 나는 특별히 어떤 것을 좋아할까? 내가 싫어하는 것은?
  - 나는 왜 다른 사람과 다를까?
  - 나는 내 자신에 대해 어떤 점이 좋을까? 또는 싫은 점이 있다면?
  - 나는 자신에 대해서 무엇을 변화시켜야 하나?
  - 나의 가장 큰 고민은?
  - 내가 가장 알고 싶어 하는 것은?
  - 내가 하고 싶어 하는 일은?
  - 내가 겪은 가장 재미있었던 일은?
  - 내가 흥미 있어 하는 사람은 누구인가? 나는 왜 그(들)에게 흥미 있어 할까?
  - 내가 달라져야 한다고 생각하는 것은?
  - 나를 기쁘게 하는 것은?
  - 나를 슬프게 하는 것은?
  - 나를 화나게 하는 것은?
  - 나를 걱정스럽게 만드는 것은?

4장

개요 작성하기

I. 핵심 이론

1. 개요의 개념, 필요성, 소주제문

(1) 개요의 개념

개요는 글을 쓰기 위한 설계도이다. 건물의 설계도가 그러하듯 개요는 글의 완성된 모습을 담고 있다. 개요는 글 전체의 내용이 한 눈에 들어올 수 있게 구성되고, 글의 흐름도 구체적으로 드러나게 된다. 책에서 '목차'가 글의 개요에 해당한다. 차례를 통해서 책 전체 내용과 구성, 흐름을 알 수 있는 것은 책의 차례가 설계도의 역할을 하기 때문이다.

개요는 쓰는 사람의 의도를 간결하게 구현한 것이자 원고를 쓰는 과정의 안내자다. 그래서 글쓰기를 할 때 개요는 원고 쓰기 전에 작성한다. 원고 쓰기는 개요를 토대로 삼아 문단을 생성하는 것이다. 그런 점에서 글쓰기는 '개요 작성하기'와 '문단 쓰기'로 단순화할 수 있다. 글쓴이는 개요를 기반으로 글의 내용을 문단 단위로 쓰고, 독자는 그 글의 내용을 문단 단위로 읽는 행위를 통해 글쓴이의 의도를 파악하거나 글의 내용을 이해한다.

자기소개서의 개요는 자기소개서에서 다루어야 할 핵심 내용과 구조를 미리 요약하여 정리한 설계도다. 예를 들어 무엇을, 어떤 순서와 논리로 쓸지를 도식화한 내용이다. 이는 글 전체의 흐름과 각 내용이 다뤄야 할 주제를 명확히 하여, 내용이 중복되거나 빠지지 않고 논리적으로 전개되도록 도와주는 역할을 한다. 따라서 자기소개서의 개요는 글의 뼈대를 미리 설계하여 내용 생성 과정에서 방향성을 잡고, 효과적인 자기표현을 가능하게 하는 단계다.

(2) 개요 작성의 필요성

글쓰기에서 개요는 글의 방향타 역할을 하므로, 글을 쓸 때도 개요를 활용하면 주제에서 벗어나지 않고 논리적인 흐름을 유지할 수 있다. 이처럼 글의 설계도인 개요는 글을 전체적으로 파악할 수 있게 하므로, 쓰는 사람이 의도한 대로 글을 쓸 수 있게 도와준다. 그래서 글을 잘 쓰는 사람이 취하는 전략 중에 대표적인 것이 개요를 작성하는 것이다. 휴대전화, 자동차, 선박 등을 제작할 때도 설계는 필수적인 절차다. 개요는 협력 작업의 잣대가 되며, 수정이나 변경 때도 기준이 된다.

실제로 글을 쓸 때도 개요에 설계된 대로 진행하면 되므로 글을 쓰는 사람의 기억 부담량이 줄어든다. 머리로만 글을 계획하면 글에 적절하지 못한 내용이 들어갈 수 있다. 중요한 내용을 빠뜨리거나 글의 앞뒤 순서 뒤바뀜이나 반복을 피하게 하여 글의 균형을 유지하는 데도 도움을 준다. 글의 분량도 조절할 수 있다. 또한 조립하듯이 완성된 문단을 배열하면 되므로 집필하는 문단의 순서를 문단의 배열 순서에 따르지 않아도 된다. 무엇보다 어느 단계에서나 '한 문단' 쓰기에만 집중하면 되므로 시행착오를 줄일 수 있다. 이처럼 글 쓰는 과정에 개요를 활용하면 작업의 효율을 높일 수 있다.

(3) 개요와 주제문

글의 설계도인 개요를 작성할 때 토대가 되는 것이 각 문단의 주제문이다. 전체 글에서 문단은 전체 글을 구성하는 소단위다. 따라서 문단의 주제문은 소주제문이라고 할 수 있다. 개요을 전략적으로 구체화하는 작업이 소주제를 구성하는 일이다. 소주제문은 각 문단을 구성하는 중심 문장이므로 이들을 맥락에 맞게 논리적으로 조직하여 전체 글의 주제문 아래에 두면 개요가 완성된다. 주제문이 개요를 형성하는 토대라는 점에서 주제를 구체화하는 것은 한 편의 글을 구성하는 출발점이다. 주제 구체화의 결과인 주제문은 글의 핵심 내용을 담고 있고, 각 문단의 중심 문장인 소주제문을 대표하게 된다.

일반적으로 넓은 의미의 주제를 가주제라 하며, 가주제의 범위를 좁혀서 구체화한 것을 참주제라 한다. 참주제를 하나의 문장으로 기술한 것이 주제문이다. 주제문이 글 전체의 핵심 내용을 담고 있고 글 전체를 대표하므로, 개요에서의 주제문은 완성된 글에서는 제목의 핵심 내용과 같다. 글에서 각 문단의 중심 문장을 소주제문이라 하고, 소주제문들이 유기적으로 결합하여 주제문으로 수렴된다. 이들의 관계가 논리적인 구조를 갖출 때 짜임새 있는 글이 된다.

2. 개요의 종류와 작성 방법

(1) 개요의 종류

개요는 일반적으로 단어 수준으로 쓰거나 문장의 형식으로 쓴다. 먼저 단어의 수준으로 쓰는 것을 단어 나열식 개요라고 한다. 이 개요의 형식은 내가 표현하고자 하는 내용을 핵심 단어만으로 기술하는 방식이다. 이 방식은 메모의 형식이므로 빨리 쓸 수 있으나 문장 나열식 개요만큼 글의 맥락을 바로 파악하기는 어렵다.

반면 문장의 형식으로 쓰는 것을 문장 나열식 개요라고 한다. 이 개요는 내가 표현하고자 하는 내용을 완성된 문장의 형식으로 표현하는 방식이다. 이 문장 나열식 개요는 글의 구체적인 내용을 설계하면서 쓰므로 글의 중심 문장으로 바로 활용할 수 있다. 원고를 쓸 때도 개요의 문장을 각 문단의 중심 문장으로 그대로 쓸 수 있다. 다만 글의 구체적인 내용 수준까지 고민하며 쓰게 되므로 개요문을 쓰는 데 시간이 많이 걸릴 수 있다. 대신 글의 구체적인 내용이 바로 문장으로 드러나기 때문에 문장 개요만 봐도 글의 논리적인 맥락을 쉽게 파악하는 것이 가능하다.

문장 나열식 개요가 더 효과적이다. 그래서 개요를 작성할 때는 우선 단어 나열식 개요의 형식으로 내용(단어, 소주제)을 간결하게 배열한다. 다음으로 문장(소주제문) 나열식 개요의 형식으로 핵심 항목에 대한 자신의 관점과 생각을 덧붙이면서 내용을 풍부하게 하는 방식을 따르도록 한다.

4개의 문단으로 1,000자 쓰기를 한다면, 문단의 중심 문장 4개와 글 전체의 주제문 1개로 개요를 짠다. 완결성을 가진 이런 작은 단위가 체계적으로 쌓여서 긴 글을 구성하게 된다. 책 한 권의 차례를 보더라도 1부, 2부 등으로 묶이기도 하고, 각 장과 절의 항목이 층위에 따라 배열되기도 한다. 책의 차례에는 구체적으로 드러나지 않았지만, 각 절에는 그것의 하위 층위를 구성하는 세부 항목들이 있다. 개요의 최하위 단위의 한 항목은 실제로 글을 쓸 때 한 개의 문단이 된다.

아래는 단어 나열식 개요와 문장 나열식 개요의 예를 나타낸 것이다.[21]

	단어 나열식 개요	문장 나열식 개요
문단1	여성 출산 후 경력 단절 문제	여성의 출산 후 경력 단절이 사회적인 문제가 되고 있다.
문단2	엄마 가산점제의 개념	엄마 가산점제란 출산한 여성이 재취업을 시도할 때 가산점을 주는 제도이다.
문단3	엄마 가산점제의 필요성	엄마 가산점제는 출산과 육아로 경력이 단절된 여성들의 사회 재진출에 도움을 준다.
문단4	엄마 가산점제의 문제점	엄마 가산점제는 군가산점제처럼 '평등성'의 문제가 있다.

아래는 단어 나열식과 문장 나열식 개요를 적절히 활용하여 개요를 구체화하는 예를 나타낸 것이다.

	단어 나열식 개요	문장 나열식 개요	문단 내용 구성
문단1	배려심을 갖춘 인성	나는 배려의 의미를 온전히 깨닫고, 실천하는 인성을 갖춘 사람이다.	**부연 설명:** 배려의 필요성 or 깊이의 중요성(1) 과거의 나: 배려심 관심X, 실천 의지X, 이기적(1) **변화된 계기:** 고등학교 때 동생과 화해한 사건(3) **배려심을 갖춘 나:** 배려의 의미를 알고, 실천 노력(1)

(2) 개요 작성 방법

개요는 글의 설계도다. 글쓰기 과정의 계획하기 단계에서 '목적과 독자'를 고려하여 주제를 정하고, 내용 생성 단계에서 글의 재료를 확보하고, 이어서 개요 작성 단계에서 주제를 구체화하여 개요를 짠다. 여기에는 원고를 집필하는 방향과 내용이 반영될 뿐만 아니라 글쓴이의 의도가 주제로 구체화된다. 그런 점에서 개요에는 글의 내용이 구체적으로 드러나야 한다.

개요 작성 때에는 다음과 같은 내용을 고려해야 한다. ① 글쓴이가 이야기하고자 하는 구체적인 내용이 드러나야 한다. 예를 들어 '무엇이'와 함께 '~어떠하다'는 것이 포함되어야 글의 내용을 알 수 있다. ② 개요는 글의 설계도 역할을 하므로 개요에는 논리의 흐름이 견고해야 한다. 그래야 완성도도 높아진다.

자기소개서에 '나의 꿈은 초등학교 선생님이 되는 것이다.'라는 주제문(중심 내용)으로 4개의 문단을 쓴다고 가정하여 개요를 작성한다고 하자. 개요에는 글쓴이의 꿈과 그 꿈을 갖게 된 이유 그리고 그 꿈을 실천하고자 노력한 구체적인 내용 등이 논리적인 흐름에 맞게 드러나야 한다. 아래의 [예시]처럼 개요를 쓰면 된다.

예시

주제문: 나의 꿈은 초등학교 선생님이 되는 것이다.
1. 어린 시절 만난 선생님에게 반하여 초등학교 선생님의 꿈을 갖게 됐다.
2. 초등학교 방과 후 학교 등에서 봉사를 실천해 왔다.
3. 초등 교수법 공부와 관련 자격증 취득을 위해서 열심히 노력하고 있다.
4. 가족같이 친근하고 사랑이 넘치는 초등학교 선생님이 되고 싶다.

II. 연습활동

1. 주제 정하기, 소재(가주제)와 주제(참주제)

1. 개요를 작성할 때 토대가 되는 것이 각 문단의 주제문이다. 전체 글에서 문단은 전체 글을 구성하는 소단위다. 따라서 문단의 주제문은 소주제문이라고 할 수 있다. 주제로 명확하게 구체화되지 않은 상태의 주제, 이를 글의 소재라고 하며, 가주제라고도 한다. 가주제의 범위를 좁혀서 구체화한 것이 실질적인 의미에서의 주제인 참주제다. 바로 참주제를 하나의 문장으로 기술한 것이 주제문이다.

예시 1-1 자기소개서 작성 방법을 쓰기 위한 개요의 예다. 전체 글의 주제문과 각 문단을 대표하는 5개의 소주제문으로 구성한 개요다.

주제(제목): 자기소개서 작성 기본 방법 주제문: 자신을 구체적으로 보여주는 자기소개서를 작성한다. 1. 정확한 의미가 드러나게 문장을 간결하게 쓴다. 2. 주제에서 벗어나지 않고 앞뒤가 일관되게 쓴다. 3. 불필요한 정보는 삼가고 중복된 것은 삭제한다. 4. 자신만의 장점이나 개성이 잘 드러나게 쓴다. 5. 목표 달성을 위한 계획을 구체적으로 쓴다.

예시 1-2 다음은 단계별로 내용을 구체화하여 개요를 완성하는 예시다.

1단계

1. 꿈을 갖게 된 이유
2. 여태까지 내가 해 온 노력
3. 내가 바라는 혹은 되고 싶은 간호사의 상(모습)
4. 이제부터 해야 할 노력 또는 실천
주제문: 나의 꿈은 간호사다.

2단계

1. 꿈을 갖게 된 이유는 어린 시절 만난 간호사에게 반했기 때문이다.
2. 여태까지 내가 해 온 노력은 장애인센터에서 봉사활동을 한 것이다.
3. 내가 바라는 혹은 되고 싶은 간호사 상은 친근하고 사랑이 넘치는 것이다.
4. 이제부터 해야 할 노력 또는 실천은 전공 공부와 자격증 취득이다.
➡ 나의 꿈은 간호사다.

3단계

위의 개요를 (주제문을 뒷받침하는) 구체적인 내용으로 고쳐 작성하면 다음과 같다.

1. 어린 시절 만난 간호사에게 반하여 간호사의 꿈을 갖게 됐다.
2. 장애인센터에서 봉사활동 등 희생과 봉사를 실천해 왔다.
3. 가족같이 친근하고 사랑이 넘치는 간호사가 되고 싶다.
4. 전공 공부와 간호사 자격증 취득을 위해서 열심히 노력할 것이다.
➡ 나의 꿈은 환자를 (진정으로) 사랑하는 간호사가 되는 것이다.

예시 1-3 다음은 [기초 자료]를 토대로 '인화(人和)'라는 주제로 자기소개서의 개요를 작성한 것이다.

[기초 자료]

주제	열정+도전성 (패기/용기/끈기)	책임+수행력 (성실/지식/일처리)	창의+유연성 (글로벌/새로움)	인화+배려심+협동 (희생/봉사/나눔)
초등 시절	- 컴퓨터 코딩 자격증에 도전하였다. - 글로벌 챌린저 대회에 나가서 상을 받았다.	- 반장 등 책임을 도맡아 했다. - 활동 때마다 조장으로서 조원들을 잘 이끌었다.	- 창의력 경진대회에 참가한 적이 있다.	- 봉사하시는 어머니를 도왔다. - 봉사와 관련한 여러 상을 받았다.
중고 시절	- 영어 글쓰기 대회에 참가하여 대상을 받았다.	- 부족한 과목의 성적 향상을 위한 노력을 많이 하였다.	- 뉴스에서 일어나는 세계의 소식에 관심을 가졌다.	- 집에서 가까운 복지관에서 봉사활동을 하였다.
대학 시절	- 방학 때 대학생 유럽 배낭여행과 해외 체험 활동 등에 참여하였다.	- 학점 4.0 이상 유지를 위해 노력하고 있다.	- 지역 축제에 도우미로 참여하고 있다. - '동국 프랜즈' 활동을 하고 있다.	- 2주마다 정신병동에 봉사활동을 나가고 있다.
졸업 이후	- 국제간호사가 되어 인류 건강을 위해 힘쓸 것이다.	- 간호부장이 되어 간호사의 권익과 복지를 위해 일할 것이다.	- 틈틈이 국외 여행을 다니며 세상을 보는 눈을 넓혀 열린 사람이 될 것이다.	- 해외 봉사 단체에 가입하여 봉사하는 삶을 살 것이다.

<'인화(人和)'라는 주제로 작성한 자기소개서의 개요>

소주제문	가족과 함께한 봉사활동 경험을 살려 해외 봉사활동을 하고자 한다.
소주제문	초등학교 때부터 봉사하는 삶을 위해 꾸준히 노력하고 있다.
소주제문	봉사 경험을 살린다면 해외 봉사 단체에서도 활동할 수 있다.
소주제문	해외 봉사활동을 하는 것은 내가 인류 공동체에 이바지할 수 있는 일이다.

연습활동 1 [기초 자료]를 있는 주제 하나를 선택하여 자기소개서의 개요를 작성해 보자.

소주제문	
소주제문	
소주제문	
소주제문	

2. 우리가 일반적으로 많이 쓰는 글의 개요 유형에는 '원인-대책형'과 '주장-근거형'이 있다. '원인-대책형' 개요는 문제 상황에 일으킨 원인을 찾아 그 원인을 제거하는 해결 방안을 제시하는 글을 쓸 때 주로 사용한다. '주장-근거형' 개요는 어떤 주장을 하고, 그 주장을 객관적으로 뒷받침하는 내용의 근거를 제시하는 글을 쓸 때 사용한다.

예시 2-1 다음은 '원인-대책형' 개요다. '배가 아픈' 문제 상황을 '해결'하는 내용을 담고 있다. 이 글의 전체를 포함하는 주제문은 원인의 핵심어와 대책의 핵심어로 쓴다.

1. 아랫배가 아프다.	현상
2. 변비가 원인이다.	원인
3. 관장이 필요하다.	대책
4. 즉시 나을 것이다.	기대
➡ (주제문) 변비에는 관장이 특효다.	

연습활동 2-1 빈칸을 채워 '원인-대책형' 개요를 완성해 보자.

1. 절도 사건이 반복해서 발생하고 있다.	현상
2.	원인
3.	대책
4.	기대
➡ (주제문) 노후된 방범 시스템을 CCTV 등과 같은 첨단 방범 장치로 대체해야 한다.	

예시 2-2 다음은 '주장-근거형' 개요다. '전국 대학생 글쓰기 대회에 참가할 대표 선수를 추천(주장)'하는 내용을 담고 있다. 이 글의 전체를 포함하는 주제문은 글쓴이의 중심 생각인 주장의 내용을 그대로 반복하여 쓴다.

1. 대학생 글쓰기 대회가 열린다.	사태
2. 이경주는 동국대 와이지안 글쓰기 공모전에서 수상했다.	근거1
3. 의사소통과 글쓰기1, 2 과목에서도 A 플러스를 받았다.	근거2
4. 우리 학교 대표로 이경주를 추천한다.	주장
➡ (주제문) 이경주를 전국 대학생 글쓰기 대회에 우리 학교 대표로 추천한다.	

연습활동 2-2 빈칸을 채워 '주장-근거형' 개요를 완성해 보자.

1. 전국 대학생 영어 말하기 대회가 열린다.	사태
2.	근거1
3.	근거2
4.	주장
➡ (주제문)	

예시 2-3 다음은 "청년 실업률 문제 해결 방안"에 관한 글을 쓰기 위한 '원인-대책형' 개요다.

주제문		경기 침체로 인해 부족한 청년층 일자리 창출을 위해 국가의 적극적인 개입이 필요하다.
현상	1문단	**청년 실업률이 급격히 증가하고 있다.**
	1-1	최근 청년 실업률이 10%를 넘었다.
	1-2	대학가가 고용 대란으로 치닫고 있다.
원인	2문단	**경기 침체로 인해 기업의 청년 일자리가 줄어들었다.**
	2-1	신규 투자 저하로 기업의 신규 채용이 줄었다.
	2-2	기업은 경력직 고용 확대로 경기 침체에서 벗어나려고 했다.
대책	3문단	**국가는 기업에 청년층 일자리를 창출하도록 지원해야 한다.**
	3-1	국가는 신규 투자를 확대하는 기업에 다양한 인센티브를 제공한다.
	3-2	국가는 기업이 신규 채용을 확대하도록 청년층 근로자에게 일정 부분 임금을 지원하여 기업이 청년을 고용하도록 해야 한다.
기대	4문단	**청년층 실업률이 줄어들어 청년들의 삶이 나아질 것이다.**
	4-1	청년들은 고정적인 수입으로 자기 삶의 질을 높인다.
	4-2	청년층의 활발한 소비 활동으로 국가 경기가 나아진다.

연습활동 2-3 // 각자 자유롭게 사회적인 문제 현상을 찾고, 그에 관한 해결 방안을 제시하는 글을 쓰기 위한 '원인-대책형' 개요를 작성해 보자.

주제문		
현상	1문단	
	1-1	
	1-2	
원인	2문단	
	2-1	
	2-2	
대책	3문단	
	3-1	

	3-2	
기대	4문단	
	4-1	
	4-2	

연습활동 2-4 "사형제도가 사회 질서 유지에 도움이 된다."라는 주장이 있다. 이 주장에 대해 자기 생각을 쓰기 위한 '주장-근거형' 개요를 작성해 보자.

주제문		
주장	1문단	
근거 1	2문단	
	2-1	
	2-2	
근거 2	3문단	
	3-1	
	3-2	
기대	4문단	
	4-1	
	4-2	

III. 참고자료

1. 내용 선정 및 조직하기

내용생성이 끝나면 그 내용을 일정한 기준에 따라 선정하고 조직하는 단계를 거쳐야 한다. 내용을 생성한 것은 많은 양의 내용을 단순히 생성해서 늘어놓은 것에 불과하기 때문에, 이를 일정한 원리나 기준에 따라 조직하지 않으면 조리 있고 통일성 있는 글을 쓰는데 효과적으로 활용하기 어렵다.

사실 능숙한 필자들은 내용의 생성과 조직을 잘 구별하지 않는 경향이 있다. 왜냐하면 능숙한 필자들은 내용 생성이 방만하게 전개되는 것을 회피하기 위해 '초점화'되거나 '특정한 목적에 집중'하는 전략들을 구사하기 때문이다. 하지만 일반적으로 글을 배우는 단계에 있는 미숙한 필자들의 경우, 내용 조직의 단계를 두는 것이 글의 내용을 보다 통일성 있게 구성하는 사고를 집중하는 데 도움이 된다.

■ 개요 작성하기에서 기억할 점

개요작성하기(outlining)는 내 글의 뼈대와 구성을 일목요연하게 정리하는 과정이다. 전통적으로 강조되어 온 이 활동은 지금도 유능한 필자나 작가들이 많이 활용하는 과정이다. 주의할 점은 개요가 '서론-본론-결론', '첫인사-본론-끝인사' 등과 같이 정형화된 형식적인 틀이 아니라는 점이다. 글은 문장과 문장이 연결되어 자연스럽게 목적을 달성하는 살아있는 유기체와 같다. 이러한 점에서 내 글의 구체적인 목적을 달성하기 위해 효과적인 구성은 어떤 것이 있을지 아이디어 수준에서 글의 흐름을 대강 정리한다고 보는 것이 더 타당하다. 또한 문단을 어떻게 구성할 것인가, 내용을 어떻게 전개하고 배열할 것인가를 고민하고 생각하는 것이 이 단계에서 주로 할 일이다.

2. 자기소개서 개요 작성 아이디어

자기소개서는 자신의 개성과 독창성을 드러내는 것이 무엇보다 중요하다. 따라서 정해진 틀에 맞춰 천편일률적으로 작성하는 방식은 효과적이지 않다. 그보다는 다양한 전략을 활용해 자신만의 개성과 강점을 자연스럽고 효과적으로 드러내는 것이 중요하다. 미숙한 필자가 '개요 작성' 단계에서 참고할 수 있는 자기소개서 구성 및 전개 방법은 다음과 같다.

(1) 인물 소개

단순히 평범하게 자신을 소개하면 글을 쓰는 사람도 쉽게 흥미를 잃고, 읽는 사람 역시 금방 지루해질 수 있다. 엄격한 형식이 요구되지 않는 상황이라면 '인물 비유 전략'을 활용하여 이러한 문제를 해결할 수 있다. 인물의 비유 전략이란, 자신을 역사적 인물, 문학 작품, 영화 등에 등장하는 인물에 비유하여 소개하는 방법이다. 이러한 비유를 사용하면 표현이 한층 풍부해지고, 독자 역시 인물의 특징을 더 생동감 있게 파악할 수 있다. 특히 문학 작품의 인물과 비유하는 것은 상상력을 더욱 자극한다는 점에서 유용한 점이 있고, 영화 속 인물과의 비유는 등장인물과의 비유나 연기한 배우와의 비유 등 다양한 각도에서 자신을 설명할 수 있다는 장점이 있다.

(2) 장점과 특징

자기소개서는 자신을 객관적으로 드러내는 글이 아니라, 자신의 장점과 특징을 효과적으로 부각하는 글이다. 그런데 미숙한 필자들은 자칫 자기 자랑을 장황하게 늘어놓는 실수도 한다. 언제 어떤 상을 받았는지, 무엇을 남보다 잘하는지 등을 지나치게 장황하게 설명하는 것은 오히려 자기소개서의 목적과 취지에 맞지 않는 경우가 많다. 자신의 강점과 특징을 간결하게 드러내되, 문화적 겸양을 잃지 않도록 적절히 조절하는 것이 중요하다. 이런 점에서 자기소개서는 자신의 장점을 표현하면서도 겸손함을 유지해야 하는, 다소 까다로운 글쓰기 장르라고 할 수 있다.

(3) 인터뷰 형식

자기소개서 작성이 특히 어렵게 느껴진다면, 인터뷰 형식을 활용하는 것도 좋은 방법이다. 즉, 먼저 스스로 질문을 던지고 그에 대한 답변을 작성하는 방식으로 내용을 구성할 수 있다. 예를 들면, "과업을 추진하는 스타일은?"이라는 질문에 "저는 협동적인 과제 해결을 중시합니다. '백지장도 맞들면 낫다'는 속담처럼, 다른 사람과의 협력 속에서 더 나은 결과를 얻을 수 있다고 믿습니다."와 같이 답변하는 것처럼 내용을 전개하는 것이다. 이 방식은 외형적으로는 인터뷰 형식을 차용한 것처럼 보이지만, 대화주의 작문 이론에도 부합하는 면이 있다. 이 이론에서는 작문의 과정을 대화의 과정으로 이해하는 데, 인터뷰 형식의 자문자답 방식은 이 대화의 과정이 외적으로 실현된 것으로 볼 수 있기 때문이다. 대화의 형식에 익숙해지면 나중에는 머릿속으로 질문을 던지며 내용을 구성하는 방식으로 자연스럽게 자기소개서를 전개해 나갈 수 있다.[22]

5장

초고쓰기

I. 핵심 이론

1. 문단의 개념과 구성, 좋은 문단의 요건

(1) 문단의 개념

문단(文段, Paragraph)은 하나의 중심 생각을 나타내는 문장들의 집합으로 글의 기본 구성단위다. 즉, '몇 개의 문장이 모여 하나의 중심 생각을 나타내는 글의 부분'을 의미하며, 문단은 하나의 주제를 담고 있는, 내용상 글의 다른 부분과 구분되는 문장들의 집합이라고 할 수 있다. 하나의 글에는 한 주제에 대해 여러 세부 아이디어나 내용을 포함하는 데, 이들 각각의 아이디어나 내용은 문단이나 단락으로 구분하여 쓰는 것이 독자가 글의 내용을 이해하고 받아들이는 데 도움이 된다. 따라서 내용을 잘 전달하기 위해서는 적절한 문단 구성이 필요하다.

(2) 문단의 구성

일반적으로 문단은 주제문, 뒷받침 문장, 그리고 끝맺음 문장으로 구성된다. 주제문은 문단의 핵심 내용을 담고 있으며, 이는 독자에게 해당 문단에서 다룰 주요 아이디어나 논점을 명확히 제시하는 역할을 한다. 한편 뒷받침 문장들은 주제문을 설명하고 구체화하는 역할을 한다. 이들은 주제문에서 제시된 아이디어를 더욱 자세히 설명하거나, 예시나 비유, 인용 등을 활용하여 문단의 구체적인 내용을 전달한다. 끝맺음 문장은 문단의 내용을 요약하거나 다음 문단으로의 전환을 돕는다. 이는 독자가 해당 문단의 핵심 내용을 다시 한 번 상기하고, 다음에 이어질 내용과의 연결을 파악하는 데 도움을 준다. 이러한 문단의 구조를 통해 각 문단은 하나의 완결될 생각을 전달하여 글 전체의 가독성을 높이는 데 중요한 역할을 한다.

(3) 좋은 문단의 요건

좋은 문단은 통일성, 긴밀성, 완결성을 갖추어야 한다. 먼저 통일성은 모든 문장에 담긴 내용이 하나의 주제와 관련되어야 함을 의미하는데, 이는 문단 내의 모든 문장이 중심 주제를 뒷받침하고 발전시켜야 한다는 것을 뜻한다. 예를 들어 환경 보호에 대한 문단에서 경제 정책에 대해 언급한다면 문단의 통일성이 깨지게 된다. 통일성이 있는 문단은 독자가 글의 핵심을 쉽게 파악할 수 있다.

긴밀성은 문장들이 구성면에서 논리적으로 연결되어야 함을 의미한다. 다시 말하면, 각 문장이 자연스럽게 다음 문장으로 이어져 전체적으로 일관된 흐름을 만들어 내는 것을 의미한다. 적절한 접속사와 전환어의 사용, 논리적인 순서에 따른 문장 배열 등은 글의 긴밀성을 높이는 데 도움이 된다. 긴밀성이 있는 문단은 독자가 글의 논리를 쉽게 따라갈 수 있게 한다.

마지막으로 완결성은 문단이 하나의 완전한 생각을 담아야 함을 의미한다. 문단 안에서 주장은 근거나 이유가 뒷받침되어야 하고, 주제의 소개, 설명, 마무리가 균형 있게 이루어져 그 자체로 시작, 중간, 끝이 명확해야 한다. 완결성 있는 문단은 독자에게 만족감을 주고, 다음 문단으로 자연스럽게 넘어갈 수 있게 한다.

이러한 요소들이 잘 갖추어진 문단은 글의 전체적인 구조와 흐름을 강화하며, 독자의 이해를 돕는다. 이는 글을 통한 효과적인 의사소통과 명확한 아이디어를 전달을 위해 반드시 갖추어야 할 요소들이다.

2. 문단의 구성 방식

문단 구성 방식에는 크게 두괄식, 미괄식이 있다. 이 두 가지 방식은 각각 특징을 가지고 있으며, 글의 목적과 내용에 따라 적절히 선택하여 사용할 수 있다. 두괄식은 주제문을 먼저 제시하고 뒷받침 내용을 이어가는 방식이다. 이는 '결론 우선' 구조라고도 불리며, 독자가 글의 핵심을 빠르게 파악할 수 있게 해준다. 주로 전달력이 우선시 되는 뉴스 기사나 학술 논문에서 자주 사용된다. 예를 들면, '지구 온난화는 인류의 가장 시급한 환경 문제다.'와 같은 주제문으로 시작하고, 이후 그 이유와 근거를 제시하는 방식이다.

한편, 미괄식은 구체적인 내용에서 시작해 일반적인 결론으로 마무리하는 방식이다. 이는 '귀납적' 구조라고도 하며, 독자의 호기심을 유발하고 점진적으로 핵심에 접근하는 데 효과적이다. 주로 소설이나 에세이에서 자주 볼 수 있다. 예를 들면, 북극곰의 서식지 감소, 해수면 상승 등의 구체적 사례를 먼저 제시하고, 마지막에 '이러한 현상들은 모두 지구 온난화의 결과다.'와 같이 결론을 내리는 방식이다.

이러한 문단 구성 방식은 글의 목적과 내용, 그리고 독자의 특성에 따라 적절히 선택하여 사용할 수 있으며, 하나의 글 안에서 여러 방식을 혼합하여 사용할 수도 있다. 예를 들어 빠른 정보 전달이 필요한 경우에는 두괄식이, 독자의 흥미를 유발하며 점진적으로 주제에 접근하고자 할 때는 미괄식이 효과적일 수 있다. 효과적인 글쓰기를 위해서는 이러한 구성 방식들을 상황에 맞게 유연하게 활용하는 것이 중요하다.

3. 효과적인 문단 작성 원칙

잘 구성된 문단은 글 전체의 구조를 강화하고, 저자의 메시지를 더욱 명확하게 전달하는 데 기여한다. 효과적인 문단 작성을 위해서 지켜야 할 몇 가지 중요한 원칙이 있다. 이러한 원칙들은 글의 구조를 명확히 하고 독자의 이해를 돕는다.

첫째, 문단은 하나의 생각에 집중해야 한다. 이는 문단의 통일성을 유지하는 핵심 요소다. 각 문단이 하나의 중심 아이디어를 다루면, 독자는 글의 전체적인 구조를 쉽게 파악할 수 있다. 예를 들어 환경 보호에 관한 글에서 한 문단은 '대기 오염' 문제만을, 다른 문단은 '수질 오염' 문제만을 다루는 식으로 문단을 작성할 수 있다.

둘째, 문장 간의 논리적 연결을 긴밀하게 유지해야 한다. 이는 문단 내의 흐름을 부드럽게 만들어 독자가 글을 자연스럽게 따라갈 수 있게 한다. 적절한 접속사와 전환어를 사용하고, 아이디어를 논리적으로 배열하는 것 등이 문단 내의 논리적 연결을 높이는 데 도움이 된다.

셋째, 문단 내에서 다양한 문장 구조를 활용하고, 구체적인 예시나 정보를 제공하는 것이 좋다. 이는 글에 리듬감을 주고 독자의 관심을 유지하는 데 도움이 된다. 예를 들어 짧은 문장과 긴 문장을 번갈아 사용하거나 통계, 인용, 사례 등을 적절히 섞어 사용할 수 있다.

넷째, 문단의 길이를 적절히 조절해야 한다. 일반적으로 200~300자 정도가 적당하지만, 이는 글의 성격과 목적에 따라 달라질 수 있다. 주제의 복잡성, 전달하고자 하는 정보의 양, 문서의 목적과 성격에 따라 적절하게 조절하는 것이 필요하다. 또한 문단 간 분량의 균형을 유지하는 것도 중요하다. 너무 긴 문단은 독자의 흥미와 집중력을 떨어뜨릴 수 있고, 너무 짧은 문단은 아이디어를 충분히 발전시키지 못할 수 있다.

다섯째, 문단의 시작은 새로운 줄로 바꾸어 표시하며, 첫 줄은 일반적으로 들여쓰기를 한다. 이는 시각적으로 문단의 시작을 명확히 하여 독자가 글의 구조를 쉽게 파악할 수 있게 돕는다. 다만, 디지털 환경에서는 줄 바꿈만으로 문단을 구분하는 경우도 적지 않다.

이러한 원칙들은 독자가 글의 내용을 쉽게 이해하고 따라갈 수 있는 문단을 작성하는 데 하나의 기준으로 삼을 수 있다. 하지만 문단 작성 능력을 향상시키기 위해서 무엇보다 중요한 것은 꾸준한 연습이다. 다양한 주제에 대해 글을 쓰고, 자신의 글을 객관적으로 평가하며, 다른 사람의 피드백을 수용하는 과정을 통해 문단 구성 능력을 키울 수 있다. 또한, 좋은 글을 많이 읽고 분석하는 것도 효과적인 방법이다. 이를 통해 다양한 문단 구성 방식과 효과적인 표현 기법을 배울 수 있다.

II. 연습활동

1. 통일성, 긴밀성, 완결성 이해하기

(1) 다음 글이 통일성이 갖춘 문단이 되기 위해 수정 및 보완할 점을 생각해 보자.

(가) 지구온난화는 인류가 직면한 가장 심각한 환경 문제 중 하나다. 산업화 이후 대기 중 이산화탄소 농도가 급격히 증가하면서 지구의 평균 기온이 지속적으로 상승하고 있다. 한편, 정부의 부동산 정책은 젊은 세대의 주택 구매를 더욱 어렵게 만들고 있다. 이로 인해 극지방의 빙하가 녹고 있으며, 해수면 상승으로 많은 섬나라들이 침수 위기에 처해 있다. 최근 K-팝의 해외 진출이 활발해지면서 한국 문화에 대한 관심도 높아지고 있다. 또한 기후 변화는 이상기후 현상을 증가시켜 태풍, 홍수, 가뭄 등의 자연재해를 더욱 빈번하게 만들고 있다. 따라서 화석연료 사용을 줄이고 재생에너지로의 전환을 서둘러야 한다.

(나) 독서는 개인의 지적 능력 향상에 매우 중요한 역할을 한다. 책을 읽는 과정에서 어휘력이 자연스럽게 늘어나며, 다양한 표현 방법을 익힐 수 있다. 그런데 요즘 물가 상승으로 인해 생활비 부담이 커지고 있다. 또한 독서를 통해 논리적 사고력과 비판적 사고력이 함께 발달한다. 친구와 함께 여행을 가면 새로운 추억을 만들 수 있어 좋다. 특히 다양한 장르의 책

을 접하면 상상력과 창의력도 기를 수 있다. 이처럼 독서는 종합적인 사고 능력을 기르는 데 없어서는 안 될 활동이다.

(다) 사람다움은 곧 말과 행동에서 드러난다. 요즘 매스컴에서 나오는 한마디 말이 사회 분위기를 바꿀 만큼 말의 영향력이 크다. 말을 잘 하는 것은 어렵다. 추상적이고 복잡한 생각을 표현할 수 있는 어휘가 한정되기 때문에 자칫 오해를 초래할 수 있다. 그래서 언어 예절, 특히 남에게 피해를 주지 않는 말이 무엇보다 중요하다. '가는 말이 고와야 오는 말이 곱다'는 속담이 있다. 말을 할 때는 듣는 이의 입장을 배려해야 한다. 남을 배려하는 신중한 한마디가 바로 사람다움의 첫걸음임을 잊지 말아야 한다.

(2) 다음 문단이 긴밀성을 갖춘 문단이 되기 위해 수정 및 보완할 점을 생각해 보자.

(가) 김치찌개를 맛있게 끓이는 방법은 다음과 같다. 간을 맞춘 후 5분 정도 더 끓인다. 돼지고기를 적당한 크기로 썰어 기름에 볶는다. 물을 붓고 끓이면서 두부와 파를 넣는다. 신 김치를 넣고 함께 볶아 김치의 맛을 우러나게 한다.

(나) 운동은 신체 건강에 매우 중요한 역할을 한다. 심장병과 뇌졸중의 위험을 크게 줄여준다. 근육량이 증가한다. 기초대사율이 높아진다. 체중관리에 효과적이다. 스트레스가 해소된다. 정신 건강이 개선된다. 건강한 삶을 위해 꾸준한 운동이 필요하다.

(다) 어느 대학에서의 일입니다. 저는 학생들이 자신의 관심 분야에 대해서 발표를 하고, 질문을 받아 답변하는 방식의 수업을 하고 있었습니다. 학생이 프랑스 작가 베르나르 베르베르가 2010 서울국제도서전을 맞아 방한한다는 내용을 소개했습니다. 상황은 의외로 돌아가고 있었습니다. 발표를 듣던 학생이 발표자에게 '방한'이 뭔지 물었습니다. 저는 학생이 장난삼아 질문하는 것인 줄 알고 피식 웃었습니다. 발표한 학생은 물론이고 50여

명의 학생들이 하나같이 모르겠다는 표정이었습니다. 이후의 수업에서도 '계기판, 요통' 등의 단어를 몰라 비슷한 상황이 반복되었습니다.

(3) 다음 글의 완결성을 높이기 위해 수정 및 보완할 점을 생각해 보자.

(가) 최근 1인 가구 증가로 인한 사회적 고립감이 심각한 문제로 대두되고 있다. 젊은 세대는 경제적 부담으로 인해 독립 후에도 사회적 관계 형성에 어려움을 겪고 있다. 고령층은 디지털 소통 방식에 적응하지 못해 더욱 소외되고 있다. 따라서 지역 커뮤니티센터 활성화가 필요하다.

(나) 초등 저학년은 '소개하는 글'로 설명문의 특징을 익히는 것이 좋다. 그러나 학년이 올라갈수록 지식이나 정보를 전달하는 글의 비중이 높아져야 한다. 초등 저학년 때 친숙한 대상을 소개하는 글을 통해 '설명문'의 기본 구조와 특징을 알았다면, 고학년에서는 보다 복잡하고 추상적인 내용에 대한 '설명문'을 쓸 수 있어야 한다. 체계적인 설명문 쓰기 과정은 설명할 대상 정하기, 다양한 매체를 이용하여 정보 수집하기, 수집한 정보 중에서 필요한 정보 선정하기, 선정한 정보를 바탕으로 내용 조직하기, 글쓰기, 마지막으로 고쳐 쓰기의 단계로 구성된다.

2. 두괄식, 미괄식 이해하기

(1) 다음 글의 핵심 내용의 위치를 각각 찾아보자.

(가) 실패는 성공으로 가는 가장 확실한 정보를 준다. 실패는 긴 시간을 들이지 않고 가장 빠르고 확실한 방법으로 문제점을 인지시켜 준다. 실패가 중요한 정보인 이유는 실패의 데이터를 피하면 성공할 확률이 높아지기 때문이다. 로런 게리 미국 하버드대 교수 분석에 따르면 실리콘밸리에서 성공한 벤처인의 평균 실패 횟수가 2.8회에 달하는 것으로 조사되었는데, 인터뷰 결과 대부분이 실패를 통해서 얻은 정보로 성공할 수 있었다고 응

답하였다.

(나) 개는 우리가 슬플 때 곁에 다가와 위로하는 모습을 보여준다. 그들은 우리의 기분을 직감적으로 파악하고, 적절한 반응을 통해 마치 우리의 감정을 이해하는 것처럼 행동한다. 그래서 기분이 우울하거나 스트레스를 받을 때 개와 함께 시간을 보내면 종종 마음이 편안해진다. 최근 연구에 따르면, 개와 대화를 나누는 것이 스트레스 호르몬을 감소시키고 행동 호르몬인 세로토닌과 도파민 분비를 촉진한다고 한다. 이러한 일상의 경험과 과학적 근거를 종합해 볼 때 개는 단순한 애완동물이 아니라 우리의 정서적 안정과 심리적 건강을 지켜주는 소중한 동반자이다.

(2) (가)를 미괄식으로, (나)를 두괄식으로 바꾸어 보고 그 효과를 비교해 보자.

3. 효과적인 문단 작성의 원칙

(1) 다음 글을 효과적인 문단 작성의 원칙을 고려하여 수정해 보자.

(가) 우리가 생각하고 행동하며 느끼는 모든 일상 활동은 전적으로 뇌에 의해 이뤄진다.

뇌는 '공부하는 주체'이며 '나는 곧 뇌'인 것이다.

뇌는 사람마다 다르기 때문에 성격처럼 공부하는 능력인 지능 또한 각자 다르게 나타난다.

어떤 사람은 시각적 정보 처리가 뛰어나고, 어떤 사람은 청각적 정보 처리에 강점이 있다.

각 개인이 가진 뇌의 특징에 따라 교육 방법을 다양하게 적용하는 것은 무척 중요하다.

(나) 자라는 아이들의 뇌의 무게는 성인 뇌의 25%에 불과하다. 뇌는 나

이에 따라 부위별로 발달하는데, 아이들의 뇌는 아직 각 부위가 성숙하지 않아 회로가 엉성하게 연결돼 있다. 전선이 엉성하거나 가늘게 연결되어 있는 경우 과도한 전류를 흘려보내면 과부하 때문에 불이 나는 것처럼, 신경세포 사이의 회로가 아직 성숙하지 않은 상태에서 과도한 자극을 주면 과부하가 발생할 수 있다. 현재 교육 현실은 모든 뇌 부위가 완전히 성숙해 회로가 치밀하게 잘 만들어진 어른의 뇌처럼, 가르치기만 하면 어떤 내용이라도 잘 받아들일 수 있을 것이라 보고 아이들에게 무차별적인 조기교육을 하고 있다. 아침부터 저녁까지 많은 사교육비를 들여 여러 학원에 보내는 등 '양적 교육'만 강조되고 있다. 이는 아이들의 뇌 발달에 심각한 부작용을 초래할 수 있다. 단순 암기 위주의 양적 교육은 일시적인 효과를 가져올 수 있지만, 창의적 교육을 위해선 질적 교육이 필수다. 자극에 반응하는 신경세포는 우리 신체 세포 가운데 가장 빨리 지치기 때문에 양적 교육을 무리하게 하면 뇌가 지쳐서 더 이상 지식을 받아들일 수 없게 되고 결국 망가지고 만다. 과도한 조기교육을 하면 과잉학습장애 증후군(정신적·정서적 장애)이나 각종 스트레스 증세가 나타나 아이들의 뇌 발달에 큰 지장을 초래한다.

(2) 효과적인 문단 작성의 원칙을 고려하여 자기소개서의 문단 초고를 작성해 보자.

III. 참고자료

1. 초고를 쓸 때 알아둘 점

초고는 완성된 글을 쓰는 것이 아니다. 내용을 충분히 완성도 있게 생성하고 조직했다고 하더라도 어떠한 오류도 없이 일필휘지(一筆揮之)로 글을 완성하는 사람은 거의 없다. 작성하는 과정에서 생각이 의도대로 표현되지 않거나 내용의 전개가 주제에서 벗어날 때 필자는 그것을 능동적으로 수정하면서 글을 써 간다. 따라서 초고를 쓴 이후 수정과 고쳐 쓰기는 완성된 글을 위해 반드시 거치는 과정이라고 할 수 있다.

따라서 초고를 쓰면서 정서법과 같은 규범에 얽매이지 않는 것이 좋다. 물론 맞춤법이나 띄어쓰기와 같은 언어 규범이 구구단과 같이 자동화되어 있고 내면화되어 있다면, 초고를 쓰는 과정에서 의미를 구성하는 데 방해를 받지 않을 것이다. 하지만 이것이 미숙한 필자의 경우 이를 너무 강하게 의식하면 의미를 구성하는 데 집중하기 어렵다. 미세한 언어 규범에 집중함으로써 의미 구성에 활용해야 할 인지적 능력이 분산되어 버리기 때문이다. 고쳐쓰기 단계나 편집 단계에서 이를 충분히 검토하고 수정할 수 있으므로 초고 쓰기 단계에서는 정서법을 크게 신경 쓰지 않고, 내용에 집중하는 것이 바람직하다.

초고를 쓸 때 다음과 같은 질문에 스스로 답해 보는 것은 글의 내용에 사고의 초점을 집중하여 유지하는 것을 돕는다.

- 글을 쓰는 목적은 무엇인가?
- 이 글에서 내가 말하고자 하는 바는 무엇인가?
- 이 글(문단)의 중심 내용은 무엇인가?
- 중심 내용을 뒷받침할 수 있는 세부 내용은 무엇인가?
- 어떻게 하면 정보를 가장 잘 배열(구성)할 수 있을까?

2. 자기소개서의 표현에서 알아두면 좋을 점

"부정적인 단어는 긍정적인 단어로 바꾸자."

일반적으로 회사나 단체에서 자기소개서를 요구하는 중요한 목적은 그것을 바탕으로 지원한 사람이 적합한 인물인지를 판단하기 위해서이다. 그래서 대부분의 자기소개서는 자신을 부각시킬 수 있는 장점이나 특기를 위주로 작성한다. 하지만 자칫 자기 자랑이 되는 식의 자기소개서는 신뢰감을 주지 못한다. 자신의 단점도 명확히 밝히고 그것을 보완하거나 개선하기 위한 노력을 적는 것이 인사 담당자에게 좋은 인상을 심어 줄 수 있다. 또한, 자신의 단점을 직설적으로 드러내는 부정적인 표현보다는 순화된 긍정적인 인상을 주는 표현으로 대체하는 것도 하나의 좋은 전략이 된다. 예를 들어 다음의 표현들은 다음과 같이 바꾸어 쓸 수 있다.

- 고집이 세다 → 주장을 관철하고자 하는 의지가 뛰어나다
- 성격이 급하다 → 결단력과 추진력이 있다

- 귀가 얇다 → 타인의 의견에 귀를 잘 기울이고 반영한다
- 욕심이 많다 → 의욕이 넘친다
- 부탁을 거절하지 못한다 → 타인에게 호의적이다

6장

고쳐쓰기

I. 핵심 이론

1. 고쳐쓰기의 중요성

〈노인과 바다〉를 쓴 헤밍웨이가 그 작품을 완성하기까지 수십 번 고치는 일화는 널리 알려져 있다. 자신을 작가가 아닌 "훌륭한 리라이터"라고 말하는 작가 제임스 미치너도 한 작품을 완성하기까지 수십 번씩 다시 쓰는 것으로 유명하다. 이들을 포함해 수많은 작가들은 초고보다 고쳐쓰기를 통해 글의 완성도가 높아짐을 강조하고 있다. 글쓰기 교육자인 윌리엄 진서는 글 수정, 즉 고쳐쓰기의 중요성을 "글쓰기가 단번에 완성되는 '생산품'이 아니라 점점 발전해가는 '과정'이라는 것을 이해하기 전까지는 글을 잘 쓸 수 없다."라고 표현했다.

좋은 글은 고쳐쓰기를 통해 완성된다. 그래서 초고는 가급적 빨리 작성하는 것이 좋다. 전체 모양을 갖춘 초고가 있어야 본격적인 퇴고 작업을 시작할 수 있기 때문이다. 머릿속에서 예상한 모습과 초고 사이에는 차이가 있기 마련이다. 고쳐 쓰는 과정은 이 차이를 좁혀나가 과정이며, 이에 들인 노력에 따라 글의 완성도는 달라진다. 그런데 미숙한 필자들은 고쳐쓰기의 중요성을 간과한다. 일필휘지(一筆揮之)로 글을 쓰고 자신이 쓴 글을 수정하지 않고 끝내거나, 맞춤법이나 어문규범 정도를 한두 번 교정하는 것에 그친다. 그래서 대부분 고쳐 쓰는 과정을 통해 글이 좋아지는 경험을 하지 못한다.

제대로 된 글을 쓰기 위해서는 고쳐쓰기 과정이 절대적으로 필요하므로 이를 위한 시간을 확보할 필요가 있다. 좋은 글은 한두 번의 고쳐쓰기를 통해 완성되기보다, 시간을 두고 여러 번 반복하여 고치는 과정을 통해 점진적으로 좋아지기 때문이다. 따라서 완성도 있는 글을 쓰고자 한다면 전체 글쓰기에 필요한 시간을 산정할 때 충분한 시간을 퇴고, 즉 고쳐쓰기에 할당해야 한다. 예를 들어 글을 완성하기 위해 10시간을 쓸 수 있다면, 5시간 이상을 퇴고해 할당해야 한다. 그래야 시간을 두고 여러 번 반복해서 고쳐 쓸 수 있다.

2. 고쳐쓰기의 방법

초고가 완성되고 나면 본격적으로 수정과 보완 작업을 하게 된다. 고쳐쓰기는 전체 글의 여러 가지 문제점들을 한꺼번에 수정하는 것보다 작은 단위에 집중하여 여러 번 반복하여 점진적으로 수행하는 것이 좋다. 일반적으로 글을 수정할 때에는 하향식 접근(top-down)이 유용하다. 먼저 글의 전체 구조와 논리적 흐름을 점검하고, 그 다음 문단 단위의 내용을 검토한 후, 마지막으로 문장 단위의 표현을 수정하는 단계적 접근이 효과적이다.

- 거시적 수정 단계: 전체 논리 구조, 주제 일관성, 독자 적합성 점검
- 중간 수정 단계: 문단 구성, 내용 연결, 내용 충실성 점검
- 미시적 수정 단계: 문장 표현, 어휘 선택, 어문규범 점검

이상의 내용을 토대로 한 문단을 고쳐쓸 때 중점을 두어야 하는 것들을 크게 나누어 보면 내용 면과 표현 면으로 볼 수 있다.

(1) 내용 면에 초점을 맞춘 고쳐쓰기

한 문단의 내용 면에 초점을 맞춰 고쳐쓸 때 초점을 두어야 하는 사항은 다음과 같다.

◎ 한 문단은 하나의 아이디어를 담고 있는가?

문단은 글의 기본 단위로, 하나의 문단에는 반드시 하나의 중심 아이디어만을 담는 것이 원칙이다. 여러 아이디어가 한 문단에 혼재하면 독자가 글의 핵심을 파악하기 어렵고, 글의 논리적 흐름도 흐트러질 수 있다. 따라서 퇴고 과정에서는 각 문단이 하나의 주제를 중심으로 구성되어 있는지 점검해야 한다. 만약 한 문단에 두 개 이상의 아이디어가 섞여 있다면, 문단을 분리하거나 불필요한 내용을 삭제하여 중심 아이디어가 명확히 드러나도록 해야 한다. 또한 문단의 첫 문장(주제문)이 해당 아이디어를 분명히 제시하고 있는지도 확인해야 한다. 이렇게 하면 글 전체의 구조가 명확해지고, 독자가 각 문단의 핵심 내용

을 쉽게 이해할 수 있다.

◎ 내용 간의 연결이나 순서는 논리적으로 매끄럽게 연결되는가?

글을 읽는 독자가 자연스럽게 내용을 따라갈 수 있으려면 각 문장과 문단, 그리고 전체 글의 내용이 논리적으로 매끄럽게 연결되어야 한다. 퇴고 시에는 앞뒤 문장이나 문단이 서로 자연스럽게 이어지는지, 논리적 비약이나 갑작스러운 전환이 없는지 꼼꼼히 살펴보아야 한다. 만약 내용의 순서가 어색하거나 연결이 매끄럽지 않다면, 문장이나 문단의 위치를 바꾸거나 연결어(예: 그러나, 또한, 한편 등)를 적절히 사용하여 논리적 흐름을 보완할 필요가 있다. 논리적 연결이 잘 이루어지면 글의 주장이 설득력을 얻고, 독자는 글쓴이의 생각을 따라가며 쉽게 이해할 수 있다.

◎ 불필요하여 빼거나 더하여 보충할 내용은 없는가?

초고를 작성할 때에는 보통 주제를 구체화하기 위해 관련 내용을 많이 포함시키기 마련이다. 그러므로 퇴고할 때에 적절히 삭제하여 간결하게 작성하는 것이 필요하다. 내용을 줄일 때에는 특정 부분을 빼더라도 독자가 글의 핵심 주장을 파악하는 데 지장이 없는지 여부를 판단하는 것이 핵심이다. 지장이 없으면 아무리 마음에 드는 문장이라도 과감히 빼야 한다. 다른 부분과의 연결이 자연스럽지 않은 부분도 삭제해야 한다. 반대로 추가, 보충해야 할 부분도 있다. 첫째로 논리적 비약이 있는 부분을 찾아내서 보완하는 것이다. 둘째로는 전달력을 높이기 위해 예시나 보충 설명을 추가하는 것이다. 추상적인 내용을 구체적인 예를 통해 독자의 이해를 도울 수 있다. 좋은 예는 글쓴이의 생각을 명료하게 전달하게 한다.

(2) 표현 면에 초점을 맞춘 고쳐쓰기

한 문단의 표현 면에 초점을 맞춰 고쳐쓸 때 초점을 두어야 하는 사항은 다음과 같다.

◎ 문장의 길이가 너무 길거나 짧지 않은가?

글을 쓸 때 문장의 길이는 독자의 이해와 가독성에 큰 영향을 미친다. 지나치게 긴 문장은 한 번에 여러 정보를 담으려다 보니 독자가 중간에 맥락을 놓치기 쉽고, 문장의 구조가 복잡해져 의미가 모호해질 수 있다. 반대로 너무 짧은 문장이 연이어 나오면 글이 단조롭고, 논리적 연결이 약해져 글의 흐름이 뚝뚝 끊기는 느낌을 줄 수 있다. 따라서 퇴고할 때에는 한 문장에 담긴 정보가 적절한지, 문장이 지나치게 길거나 짧지 않은지 점검해야 한다. 필요하다면 긴 문장은 둘로 나누고, 짧은 문장은 앞뒤 문장과 자연스럽게 연결하여 적절한 길이로 조정한다. 이렇게 하면 글의 리듬감이 살아나고, 독자가 내용을 쉽게 따라갈 수 있다.

◎ 문장 내의 호응, 문장 간의 연결은 자연스러운가?

문장 내에서 주어와 서술어, 관형어와 피수식어 등 문장 성분들이 올바르게 호응해야 의미 전달이 명확해진다. 호응이 어색하면 문장이 부자연스럽고, 독자가 의미를 오해할 수 있다. 또한 문장과 문장 사이의 연결 역시 중요하다. 앞 문장에서 제시한 내용을 뒷 문장에서 자연스럽게 이어가야 글의 흐름이 매끄러워진다. 퇴고 과정에서는 문장 내

호응이 올바른지, 문장 간의 연결이 논리적으로 자연스러운지 세심하게 점검해야 한다. 필요하다면 접속어나 지시어를 적절히 사용해 문장 간의 관계를 명확히 하고, 중복되거나 불필요한 표현은 과감히 삭제한다. 이렇게 하면 글이 더욱 명료하고 읽기 쉬워진다.

◎ 적절한 단어의 사용, 맞춤법 등 어문규범에 오류는 없는가?

글의 신뢰도와 전달력을 높이기 위해서는 단어 선택과 맞춤법, 띄어쓰기, 문장 부호 등 어문규범을 정확히 지키는 것이 중요하다. 잘못된 단어 사용이나 맞춤법 오류는 독자의 이해를 방해할 뿐 아니라, 글쓴이의 전문성과 신뢰성을 떨어뜨릴 수 있다. 퇴고할 때에는 의미가 모호하거나 부적절한 단어가 없는지, 전문 용어와 일상어의 사용이 상황에 맞는지 꼼꼼히 살펴야 한다. 또한 맞춤법, 띄어쓰기, 문장 부호, 외래어 표기 등 어문규범에 맞게 글을 다듬어야 한다. 필요하다면 국어사전이나 맞춤법 검사기를 활용해 오류를 최소화한다. 올바른 언어 사용은 글의 완성도를 높이고, 독자에게 신뢰를 줄 수 있다.

II. 예시 및 연습활동

1. 내용 면에서 고쳐쓰기

아래에 제시된 글을 내용 면에 초점을 두고 고쳐보자.

(1) 지금도 피나는 노력은 계속된다. 기본적인 실력을 쌓기 위해서 언제나 미적분학과 선형대수학을 공부하고 있고 물리학을 열심히 공부 중이다.

물론 외국인과 능숙한 대화를 할 수 있도록 오픽 공부도 열심히 하는 중이다.

또한 교수님이 내주시는 과제 또한 한 번도 늦게 낸 적도 없고 부지런한 모습을 유지하기 위해서 지각이나 결석을 하지 않아서 교수님께 좋은 말씀을 많이 들었다.

한번은 나는 어린 시절에 단소를 못 불었다. 선생님조차 구강구조가 안 좋은 것이므로 천성적으로 안 되는 것인지라 나더러 포기하라고 하셨지만 나는 그것에 굴하지 않고 끝까지 연습해내서 시험에 통과를 할 수가 있었다.

한참 부족하지만 이때의 피나는 노력들을 기꺼이 에너지의 무궁무진한 발전을 위해 쏟아붓고 싶다. 〈학생 글〉

(2) 그러자 그 친구는 도움에 그런 변명이 어디에 있냐고 하면서 만약 우리가 굶주리고 고통 받는다면 그렇게 하겠느냐고 우리들에게 화를 낸 적이 있었다.

나는 이 책을 읽으며 제3세계 사람들이 겪고 있을 아픔을 알게 되면서 굶주림이나 기아를 막는 것에 대한 우리의 시각을 필요가 아닌 필수적인 자세가 필요하고, 적극적인 도움이 필요하다고 느꼈고, 지금에서야 그때 친구가 했던 행동의 이유를 이해하게 되었다. 〈학생 글〉

2. 표현 면에서 고쳐쓰기

아래에 제시된 글을 표현 면에 초점을 두고 고쳐보자.

(1) 제가 워드프로세서 2급이라는 자격증 시험을 쳤었는데 그때 제가 별루 연습도 안 하고 대충하면 된다는 식으로 시험을 쳤다가 떨어진 적이 있었는데 그때 저는 충격을 먹고, 열심히 한 결과(結果) 워드프로세서 2급 자격증 시험에 합격을 하였습니다.〈학생 글〉

(2) 사람이 공포를 느꼈을 때 이렇게 심장이 두근거리는 이유는 공포로

인한 스트레스로 인하여 몸속에 이산화탄소의 농도가 증가하게 된다. 이것을 감지한 뇌는 중추신경계를 통해 교감신경을 자극하게 되고 이 과정에서 아드레날린이 분비하게 된다. 아드레날린이란 사람의 심장박동수를 높이고 혈압, 혈당을 상승시켜준다. 이 때문에 우리가 공포를 느끼면 심장박동수가 올라가면서 혈압이 올라가는 것이다. 〈학생 글〉

(3) 첫 번째로 유럽에 가서 챔피언스리그 결승을 보고자 하는 이유는 일단 내가 축구를 엄청 좋아하는데, 실시간으로 해외 축구 뉴스를 정독하고, 틈틈이 시간 날 때마다 TV로 축구 경기를 시청해서 친구들이 축구랑 결혼하라고 놀릴 정도이다. 〈학생 글〉

III. 참고자료

1. 고쳐쓰기를 할 때 알아둘 점

영미권에서는 고쳐쓰기를 revision, editing, proofreading의 세 단계로 구분하여 교육하고 있다. Revision은 내용과 구조의 대폭적인 수정을, editing은 문장 수준의 개선을, proofreading은 최종 오류 점검을 의미한다. 이러한 단계별 접근을 활용하여 전문 작가들은 일반적으로 다음과 같은 고쳐쓰기 전략을 사용한다.

첫째, 거시적 구조부터 미시적 표현까지 단계적으로 접근한다.
둘째, 충분한 시간을 두고 반복적으로 수정한다.
셋째, 다른 사람의 피드백을 적극적으로 활용한다.
넷째, 자신만의 체계적인 점검표를 활용한다.

2. 동료평가와 고쳐쓰기

좋은 글은 예상 독자를 고려하여 써야 한다. 그런데 필자는 예상 독자와 시간적, 공간적으로 떨어져 있어 이를 명료하게 의식하는 것은 쉬운 일이 아니다. 특히 미숙한 필자의 경우 예상 독자를 실제화할 필요가 있는데, 이는 동료평가를 통해 효과적으로 제공할 수 있다. 즉 동료가 초고를 읽고 이에 대해 평가 반응을 해 주는 것을 통해, 필자에게 독자의 목소리를 직접 들을 수 있는 경험을 제공할 수 있다. 이러한 동료평가 활동은 두 가지 측면에서 학생의 글쓰기 능력의 신장에 기여한다.

첫째, 적극적으로 예상 독자를 의식하는 것이 힘들었던 학생 필자는 동료가 글을 읽고 평가해 줄 것이라는 상황 설정을 통해 구체적으로 예상 독자를 적극적으로 고려할 수 있다. 특히 자신의 글에 대한 반응을 직접 들을 수 있다는 점은 예상 독자를 적극적으로 고려하지 않을 수 없는 상황을 제공해 준다.

둘째, 동료의 글을 평가하는 과정이 필자로서 자신에게 도움이 된다. 다른 동료의 글을 읽으면서 자신의 글을 다른 관점에서 보는 안목을 터득하게 된다. 자신이 쓴 글과 같은 유형에 대한 동료의 글을 평가하는 동안 같은 문제에 대해 다른 동료는 어떻게 내용을 전개했는지, 구성을 어떠한 방식으로 취했는지, 어떤 표현 전략을 어떻게 활용하였는지 등을 파악하게 된다. 이를 통해 텍스트를 보는 안목이 높아지게 되고, 이는 궁극적으로 자신의 글을 고쳐 쓰는 데에도 긍정적인 영향을 미치게 된다.

완성된 초고를 동료들과 돌려 읽고 평가 반응을 나누는 것은 자기소개서에도 효과적이다. 자신의 글이 다른 사람, 특히 인사 담당자에게 어떻게 읽히는지를 알 수 있고, 필자 자신도 다른 사람이 쓴 글을 읽으면서 문제를 어떻게 해결하면서 글을 써야 하는지, 어떻게 쓰는 것이 잘 쓴 글인지를 이해할 수 있기 때문이다. 이를 통해서 재구성된 경험들은 초고의 자기소개서를 수정하는 데 중요한 영향을 미친다. 자기소개서의 평가 반응을 유도하기 위해 사용할 수 있는 평가 기준은 다음과 같다.

- 글쓴이는 자기소개서의 목적을 잘 인식하고 있는가?
- 글쓴이는 요구되는 형식에 따라 내용을 구성하였는가?
- 글쓴이는 예상 독자를 충분히 고려하여 썼는가?
- 글쓴이를 잘 알 수 있도록 내용이 충실하게 구성되었는가?

3. 고쳐쓰기의 기준(동료 피드백의 기준)

글의 내용 면과 표현 면에서 고쳐쓰기를 할 때 활용할 수 있는 점검표는 다음과 같다.

<내용 면>

- 글의 주제와 목적이 명확하게 드러나는가?
- 핵심 주장과 주요 아이디어가 분명하게 전달되는가?
- 불필요한 내용이 포함되어 있지 않은가?
- 빠진 내용 또는 보충해야 할 부분이 없는가?

- 논리적 비약이나 모순, 근거 부족이 없는가?
- 문단마다 하나의 중심 아이디어가 잘 드러나는가?
- 문단 간, 문장 간 연결과 전개가 자연스럽고 논리적인가?
- 예시, 근거, 설명 등이 충분하고 적절하게 제시되어 있는가?
- 독자 입장에서 이해하기 쉽고, 설득력이 있는가?
- 내용의 순서가 효과적이고, 전체 구조가 짜임새 있는가?

<표현 면>

- 문장이 지나치게 길거나 짧지 않은가?
- 문장 내 주어와 서술어, 관형어와 피수식어 등 호응이 올바른가?
- 문장과 문장, 문단과 문단의 연결이 자연스러운가?
- 중복되거나 불필요한 표현이 없는가?
- 단어 선택이 정확하고 적절한가?
- 어휘의 반복이나 어색한 표현이 없는가?
- 맞춤법, 띄어쓰기, 문장부호 등 어문규범에 맞게 작성되었는가?
- 전문 용어, 외래어, 약어 등의 사용이 적절하고 일관성 있는가?
- 문체가 글의 목적과 독자에 맞게 일관성 있게 유지되는가?
- 글의 어조와 분위기가 전달하고자 하는 내용에 적합한가?

제2부

학술적 글쓰기

- 1장 보고서의 이해
- 2장 계획하기
- 3장 내용 수집 및 분석하기
- 4장 내용 조직하기
- 5장 초고쓰기
- 6장 고쳐쓰기와 편집하기

7장

보고서의 이해

I. 핵심 이론

1. 보고서란?

보고는 의사 전달의 한 방법으로 어떤 정보나 업무의 계획, 진행 상황, 결과 등을 다른 사람에게 알리는 행위다. 말로 전달하기도 하지만 글로 정리하는 경우가 많다. 글로 이루어진 보고를 '보고서'라고 하며, '보고문', '보고 텍스트' 등으로 부르기도 한다. 정확하고 체계적인 전달이 필요할 때는 말보다 글로 보고하는 방식이 더 선호된다.

보고서는 다양한 형태로 존재한다. 예컨대 고등학교에서는 학습 보고서를 작성하고, 대학에서는 과목별 리포트나 졸업을 위한 학위 논문이 있다. 연구자는 소논문을 작성하며, 사회에서는 직무 수행 과정에서 업무보고서를 쓴다. 이처럼 보고서는 학업이나 직무 환경에서 필수적인 글쓰기 형태다. 보고서는 작성 목적에 따라 내용 구성과 표현 방식에 차이가 난다.

대학생이 교과 수업을 들으며 제출하는 보고서는 가장 일반적인 형태의 보고서다. 주어진 주제나 과제를 바탕으로 자료를 조사하고, 분석과 의견을 정리하여 제출하는 방식이다. 이러한 글쓰기가 전문성과 목적성을 더 뚜렷하게 갖추게 되면 논문으로 발전하기도 한다. 보고서와 논문은 목적과 형식에서 차이가 있지만, 모두 체계적인 정보 전달을 목적으로 한다. 따라서 보고서를 잘 쓰는 능력은 이후 연구나 실무에도 직접적인 영향을 미친다.

2. 보고서의 특징

보고서는 특정한 상황과 목적에 따라 생산되는 문서다. 글을 쓰는 이유와 전달하려는 의도에 따라 내용과 형식이 달라진다. 보고서에는 정해진 하나의 틀이 존재하지 않는다. 길이, 구성, 표현 방식도 다양하다. 하지만 전공 분야, 조직 문화, 업무의 종류에 따라 일반적으로 통용되는 틀이 존재하며, 그 틀에 맞춰 작성하는 것이 효과적이다.

보고서는 설명이나 논증의 방식을 활용하여 작성된다. 창의적인 글쓰기와는 다르게, 보고서에서는 작성자의 개성이나 상상력보다는 보고를 요구하는 쪽의 목적과 의도가 더 중요하게 작용한다. 글을 쓰는 사람은 독자의 요구와 기대를 중심에 두고 내용을 구성해야 한다. 무엇을 알고 싶어 하는지, 어떤 정보가 필요한지를 먼저 파악해야 한다.

보고서의 가치는 작성자의 생각이 아니라, 독자의 목적을 얼마나 충실히 충족했는지에 따라 결정된다. 보고서는 보고를 요구하는 사람의 문제를 해결하거나, 필요한 정보를 명확히 전달하는 데 초점을 맞춰야 한다. 쓰는 사람은 독자의 요구를 생각하며, 그 목적에 맞는 정확하고 명료한 글을 써야 한다.

3. 보고서의 요건

보고서는 무엇보다 객관성과 정확성을 확보해야 한다. 보고 내용이 주관적이거나 부정확하다면, 잘못된 사실이 진실인 것처럼 수용될 수 있다. 이런 경우 신뢰할 수 없는 정보가 판단의 근거가 되어, 결국 잘못된 결정으로 이어질 가능성이 크다. 따라서 보고서는 사실에 근거해야 하며, 가능하다면 기존 보고서와는 다른 새로운 내용도 포함해야 한다. 새로움은 보고서의 가치를 높이는 요소이며, 단순한 반복이나 요약만으로는 충족되지 않는다.

보고서에서 제시하는 주장이 아무리 독창적이라 하더라도, 그 주장이 타당성을 갖추지 못한다면 가치를 가지기 어렵다. 주장의 타당성은 논리성과 자료의 적절한 선택에 달려 있다. 즉, 설득력 있는 주장은 타당한 논의 구조 위에서 가능하며, 이를 위해서는 관련 자료가 충분히 뒷받침돼야 한다. 자료는 주장의 방향과 일치해야 하고, 편향되거나 특수한 사례에 치우치지 않아야 한다. 일반적으로 통용되거나 대표성을 지닌 자료가 더욱 설득력을 높인다.

보고서는 형식과 내용에서도 일정한 규범을 따라야 한다. 글의 기본 구조는 서론, 본론, 결론으로 나뉘며, 각 부분이 조화롭게 구성되어야 한다. 형식적인 틀을 따르는 것은 글의 흐름을 명확하게 하고 독자의 이해를 돕는다. 학문 분야에 따라 보고서의 구성 방식도 달라져야 한다. 인문학에서는 논리적 전개와 해석이 중요하고, 자연과학에서는 실험 자료와 결과를 기반으로 한 분석이 핵심이다. 보고서의 완성도는 이러한 학문적 특성과 형식적 요건을 얼마나 충실히 따랐는지에 달려 있다.

4. 보고서의 유형과 특징

대학생은 다양한 종류의 글을 쓰게 된다. 그중에서 가장 기본이 되는 것이 보고서다. 특히 학술·연구 보고서는 전공 분야에서 자주 쓰이며, 글쓴이가 어떤 주제를 분석하고 탐구한 결과를 정리해 보여주는 글이다. 핵심은 주장이나 의견을 객관적인 근거로 설명하고 입증하는 데 있다. 자료를 바탕으로 논리적으로 설명해야 하며, 주관적인 생각보다는 검증된 정보를 중심으로 글을 전개해야 한다. 전문가뿐 아니라 대학생도 이러한 글을 쓸 수 있는 능력을 키워야 한다.

조사·답사 보고서는 특정 대상을 조사하거나 현장을 방문한 뒤 그 내용을 정리하는 글이다. 먼저 조사 목적이 분명하게 드러나야 하며, 조사 방법, 조사한 내용, 조사 결과를 빠짐없이 정리해야 한다. 결과를 보여줄 때는 표나 그래프 같은 시각 자료를 활용할 수도 있다. 하지만 자료만 나열해서는 안 된다. 그것이 어떤 의미를 보이는지 문장으로 설명해야 글의 목적이 분명해진다. 조사와 분석 모두가 중요하며, 가능한 한 객관성을 유지해야 한다.

실험·관찰 보고서는 실험을 하거나 어떤 현상을 관찰한 뒤 그 과정을 자세히 기록한 글이다. 실험 보고서는 가설을 세운 뒤, 실험을 통해 이를 검증하는 데 목적이 있다. 관찰 보고서는 일정한 조건에서 나타나는 변화를 꾸준히 기록하고, 그 원인이나 특징을 분석한다. 이 두 유형의 보고서에서 가장 중요한 것은 정확성과 객관성이다. 결과를 임의로 바꾸거나 데이터를 왜곡해서는 안 된다. 실험이나 관찰을 통해 얻은 내용을 그대로 정리하고, 그것이 무엇을 의미하는지 차분히 설명해야 한다.

5. 보고서 작성 시 알아둘 점

보고서는 설명, 해설, 논증 방식을 바탕으로 작성된다. 설명은 주로 사실이나 정보를 객관적으로 전달하는 데 집중하며, 독자가 내용을 명확히 이해하도록 돕는다. 해설은 개인의 의견이나 주장을 제시하면서도, 그 주장이 신뢰받을 수 있도록 타당한 근거와 논리를 함께 제시하는 역할을 한다. 논증 방식은 특정 주장이나 결론을 뒷받침하기 위해 체계적이고 논리적인 이유와 증거를 제시하여 독자를 설득하는 데 중요한 역할을 한다.

(1) 의미 있는 정보의 기준과 특징

의미 있는 정보는 두 가지 뜻을 가진다. 글쓴이에게는 주장이나 핵심 내용을 온전히 뒷받침할 수 있는 자료를 뜻한다. 주장의 방향과 맞지 않는 자료나 조작된 통계는 의미 없는 정보로 간주된다. 독자에게는 보고서에 꼭 포함되어야 할 내용이 의미 있는 정보다. 또한, 독자가 보고서를 보고 합리적인 판단을 내리는 데 도움이 되는 신뢰할 만한 자료도 의미 있는 정보로 볼 수 있다.

보고서의 '의미 있는' 정보의 특징은 다음과 같다. 첫째, 보고서의 정보는 주제와 관련이 있어야 한다. 둘째, 보고의 목적, 과정과 절차에 따라 체계적으로 정리된 정보여야 한다. 예를 들어 '대중교통 이용률 증가 방안'이라는 주제에 대해 '대중교통 요금의 과거와 현재'를 내용으로, 요금 변동 정보만 나열한 보고서는 문제가 있다. 내용이 주제와 관련성이 떨어지며, 사실만 나열하였기 때문이다. 이런 보고서는 독자가 보고서의 주제를 파악하고, 정보의 의미를 찾기 어렵게 한다.

또한 보고서의 정보는 주제를 균형 있는 관점으로 뒷받침할 수 있어야 한다. 보고서의 핵심을 파악하는 주체는 독자다. 독자가 보고서의 내용적 가치를 잘 판단할 수 있게 보고자는 보고서의 주제와 관련된 정보를 균형 있는 관점으로 수집하여, 독자에게 충분히 제공할 필요가 있다.

(2) 보고서의 형식

보고서는 일반적으로 정해진 형식을 따라 작성해야 한다. 보통 표지, 목차, 본문, 참고문헌 순서로 구성한다. 첫 페이지인 표지에는 제목과 교과목명, 담당 교수, 제출자 학과, 학번, 이름, 제출 일자 등 기본 정보를 적는다. 제목은 주 제목만 쓰거나, 주 제목 뒤에 '-'를 붙여 부제목을 함께 쓸 수 있다. 둘째 페이지인 목차에는 보고서에서 다루는 내용을 숫자나 로마자를 이용해 일목요연하게 정리한다. 셋째 페이지부터는 목차에 나온 내용을 빠뜨리지 않고 서론, 본론, 결론 순서로 작성한다.

본문이 끝나면 참고문헌을 제시한다. 참고문헌은 보고서를 작성하면서 참고한 모든 자료를 빠짐없이 기록해야 한다. 자료는 종류에 따라 분류하고, 저자 이름의 첫 글자를 기준으로 '가나다' 순서로 배열하는 것이 원칙이다. 일반적으로 저자, 글 제목, 책 제목, 출판사, 출판 연도 순서로 작성한다. 1차 자료를 먼저, 2차 자료를 나중에 제시하며, 우리말 자료를 먼저, 외국어 자료를 뒤에 두는 방식으로 묶어서 정리한다. 이런 방식으로 참고문헌을 작성하는 것이 중요하다.

(3) 사실과 의견의 역할

보고서에서는 사실과 의견을 구분해 인식하는 것이 중요하다. 그러나 글을 작성할 때는 두 요소를 적절히 결합해 활용해야 한다. 사실과 의견은 완전히 분리하기 어렵고 서로 긴밀히 연결되어 있기 때문이다. 예를 들면, 먼저 사실을 바탕으로 의견을 도출하고, 그 의견에 따라 다시 사실을 해석하는 과정을 반복하는 방식으로 보고서의 내용을 완성해 나갈 수 있다. 따라서 보고서를 쓸 때 사실만을 나열하거나 의견만을 주장하기보다는, 사실을 근거로 의견을 제시하고 의견을 통해 사실의 의미를 확대하는 방식으로 글을 구성해야 한다. 이렇게 사실과 의견이 조화를 이루는 보고서는 신뢰성과 설득력을 동시에 확보할 수 있다.

Ⅱ. 예시

1. 보고서의 목차 예시: 학술·연구 보고서

북유럽 공공도서관의 난독인 서비스에 관한 연구

Ⅰ. 서론

Ⅱ. 이론적 배경 및 선행연구

Ⅲ. 북유럽 3국의 공공도서관의 서비스 실태 및 비교분석

Ⅳ. 난독인을 위한 공공도서관의 서비스 모델

Ⅴ. 결론[1]

2. 보고서의 목차 예시: 조사·답사 보고서

유럽 도서관 탐방 보고서-대학도서관 및 국립도서관을 돌아보고

1. 서론
    1.1. 배경 및 목적
    1.2. 연수 개요
    1.3. 도서관 현황 비교
2. 탐방도서관 소개
    2.1. Oxford University Bodleian Libraries
    2.2. Cambridge University Libraries
    2.3. Paris 8 University Library
    2.4. Heidelberg University Libraries
    2.5. The British Library
    2.6. Bibliothèque Nationale de France
3. 정리
    3.1. 기록 문화유산 보존 및 디지털화

3.2. 특성화 학술정보 자료 수집 및 공동 활용
3.3. 자료 이송 시스템을 활용한 보존서고 운영
3.4. 편의와 기능을 고려한 시설
3.5. 전시 · 문화 · 홍보의 공간
3.6. Friends of Libraries
3.7. College 도서관
3.8. 지역주민 대상 서비스
3.9. 사서의 철학 · 사명
4. 제언[2]

3. 보고서의 목차 예시: 실험 · 관찰 보고서

금속현미경 관찰 보고서
1. 개요(서론)
2. 연구내용
   2.1 실험 방법(감식기법)
   2.2 실험 결과 및 분석
   2.3 1차 단락흔 Hot Mounting 조직사진 첨부
   2.3.2 1차 단락흔 Hot Mounting 조직사진 해석
   2.3.3 3차 기타 열용흔 Cold Mounting 조직사진 첨부
3. 결론[3]

III. 연습활동

연습활동 1 위의 <1. 핵심이론>를 참고하여 아래의 물음에 답해 보자.

(1) 의미 있는 정보의 기준

(2) 보고서의 일반적인 형식과 유형

(3) 보고서에서 사실과 의견의 역할

연습활동 2 <참고자료 1. 탐방 보고서(예시)>를 읽고 아래의 물음에 답해 보자.

(1) 서론, 본론, 결론을 나누고, 각각 주요 내용을 정리해 보자.

(2) 세 장소(안압지, 첨성대, 대릉원)에 대한 사실과 의견을 찾아보자.

(3) 탐방의 목적, 방법, 결과에 대해 정리해 보자.

연습활동 3 다음은 보고서의 제목이다. 각각은 어떤 종류의 보고서인지 표의 오른쪽 칸에 적어보자.

보고서의 제목	보고서의 종류
① 경주 성건동 토박이말의 음운적 특징과 의미 연구	
② 경주 성건동 토박이말을 쓰는 지역 탐방	
③ 경주 성건동 토박이말의 음성 실험과 분석	

연습활동 4 각자의 전공 분야에 제출된 보고서 가운데 하나를 선택하여 그것의 유형이 무엇인지를 밝혀서 적어보고 그 보고서의 목차가 어떻게 구성되어 있는지 그대로 적어보자.

① 찾은 보고서의 제목은 무엇이고 유형은 어떤 것인지를 적어보자.

---

② 찾은 보고서의 목차를 그대로 아래에 적어보자.

IV. 참고자료

1. 탐방 보고서(예시)

사람들은 경주라고 하면 각자 수학여행의 추억을 떠올린다. 하지만 만약 역사에 조예가 깊은 부모님께서 자녀들에게 설명해 주며 보는 경주도 멋질 것 같았다. 그래서 친구들과의 경주여행도 물론 재밌겠지만 이번에 우리는 가족 여행을 위한 경주를 탐방의 목적으로 했다. 우리는 안압지, 첨성대, 대릉원 순으로 방문하기로 했다. 왜냐하면 세 곳의 위치가 도보로 가기에 가장 효율적이었기 때문이다. 날씨가 추워서 우리 모두는 옷을 두껍게 챙겨 입고 첫 목적지인 안압지로 가는 버스를 탔다. 낮에 모이는 달이 신비롭듯이 낮에 보는 신라는 어떤 느낌일까?

처음으로 우리 발걸음이 닿은 곳은 신라 유적지를 대표하는 안압지였다. 하지만 경극 문화관광에서 보니 안압지는 2011년 7월 경주 동궁과 월지로 명칭이 변경되었다. 시간 관계상 짧은 시간이었지만 조명이라는 옷을 벗은 상태에서도 신라의 위엄을 느끼기엔 충분했다. 신라의 유적을 직접 보고 경험한 것만으로도 당시의 체취를 느낄 수 있게 된다면 그 기품에 따라 마음에선 이미 선녀가 되어 옷매무새를 다듬고 있을 것이다.

남녀노소 누구나 가벼운 마음으로 방문할 수 있는 첨성대에선 우리 옛 선조들의 향기를 느낄 수 있었다. 첨성대는 때로 인터넷을 이용하여 사전조사도 해 갈 정도로 흥미도 많고 기대도 컸다. 그래서 첨성대의 울타리를 따라 걸으며 시간을 가졌다. 단순히 역사지에 왔다 간다는 뜻으로 기념사진만 촬영하고 끝내지 않고 역사를 되돌아보니, 1400년이라는 첨성대의 위엄을 고스란히 느낄 수 있었다.

마지막 방문지인 대릉원이야말로 가족과 함께 가기 좋은 곳이라고 생각한다. 대릉원의 전체적인 느낌은 잘 관리된 국립공원의 느낌을 받았는데, 옛 신라의 왕, 귀족층의 공동묘지라는 느낌이 별로 없었다. 물론 내부를 관람하기 전까진 말이다. 날씨가 추운 겨울에 와서 많이 황량한 느낌을 받았지만 날씨가 따뜻해질 봄과 가을에는 다양한 종류의 나무와 꽃을 볼 수 있기 볼 수 있기 때문에 가족과 나들이하기 안성맞춤인 공간이 될 수 있다고 생각한다.

위의 세 장소를 둘러보며 공통적으로 느낀 점은 부모님들이 아이들과 여행하기에 좋을 것 같다는 것이다. 오랜 세월 신라라는 나라의 도읍이었던 만큼 문화재 하나하나에 선조들의 정성과 애착이 느껴졌다. 이러한 선조들의 심정을 문화재들과 함께 자녀들에게 보여주고 자녀들이 느낄 수 있게 해 준다면 이보다 좋은 교육은 없을 것이다. 이번 탐방을 마치며 훌륭한 역사와 자랑스러운 문화재들을 물려주신 선조들에 대한 감사함이 더욱 커졌다.[4]

2. 조사 보고서(예시)

현재 우리나라는 취업하기 위해서 성형을 하는 사람들이 늘고 있는 추세다. 이에 대해 취업 성형을 하는 이유, 사례, 설문조사 등에 대해 살펴보기로 하자.

(1) 취업 성형을 하는 이유 - 경쟁력 -

취업 성형이란 최근 몇 년 동안 취업 시즌이 되면, 면접 등 취업에 도움이 되는 인상을 얻기 위해 성형을 시도하는 이들이 많아지면서 생긴 신조어이다. 현대 사회는 외모도 경쟁력으로 인식되고 있는 만큼 좋은 인상은 플러스가 되기 때문에 취업 성형의 붐이 일어나고 있다고 한다.[5]

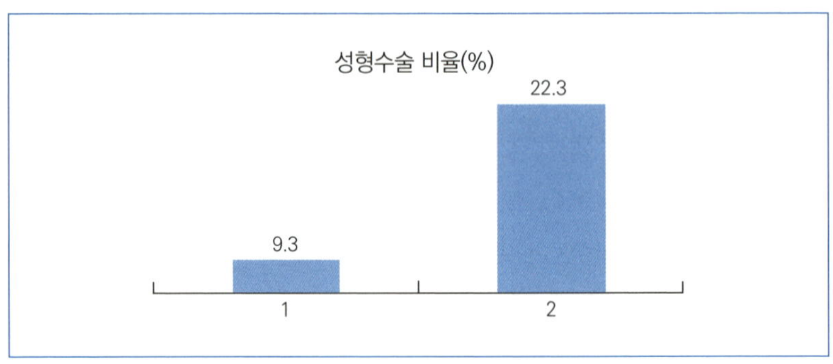

취업 준비를 하는 남녀 구직자 5,060명에게 인터넷 설문조사를 한 결과 남자는 9.3%, 여자는 22.3%가 취업을 위해 성형수술을 했다고 답했다. 이를 통해 이제는 외모를 가꾸기 위해 성형을 하는 것이 자기 만족뿐만 아니라 사회에 진출하는 경쟁력이 된다는 것을 알 수 있다.[6]

(2) 취업 성형 사례들

취업준비생인 A양, 그녀는 학점과 스펙 어느 것 하나 빠지는 게 없다. 취업하기 위해 제출하는 서류평가에서는 항상 통과하지만 면접만 보면 계속 떨어지고 만다. 친구와 함께 들어간 면접에서는 친구에게 밀려 답변할 기회조차 받지 못했다. 결국 친구는 취업에 성공하고 A양은 어김없이 면접이라는 벽을 넘지 못한 채 다시 취업준비생으로 돌아간다. 취업에 성공한 친구는 자신보다 학점과 스펙이 다 떨어지지만 딱 하나 나은 것이 있다. 바로 외모다.

A양은 성형을 한 후, 취업에 실패했던 기업에 다시 한 번 면접을 보고 그 기업에 취직하였다고 한다.[7]

(3) 신데렐라를 현대 사회의 관점에서 본다면?

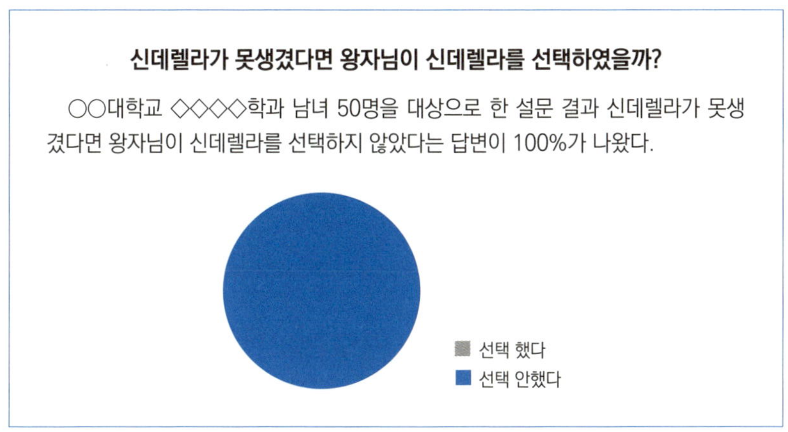

위의 자료와 현재 관점에서 신데렐라를 본다면 신데렐라가 못생겼다면 왕자님은 신데렐라를 선택하지 않았다는 결론이 나온다. 이와 같이 취업 면접에서도 외모는 중요하게 작용하게 되는데, 외모지상주의 시대에 살고 있는 현재는 외모가 경쟁력이 될 수 있는 시대이다. 자신의 외모를 변화시키는 성형은 취업 경쟁의 중요한 요소가 될 수 있다.[8]

4. 참고문헌 작성법

참고문헌은 직접적으로 인용한 자료로 구성하는 것이 원칙이다. 참고문헌은 다음과 같은 방식으로 작성한다.

① 한글 서적, 동양 서적, 서양 서적 순서로 작성한다.

② 한글 서적, 일본어 서적, 중국어 서적은 저자의 성을 가나다순으

로, 서양 서적은 저자 성의 알파벳순으로 작성한다.

③ 서양 서적은 저자명에 성을 먼저 쓰고 쉼표 후 이름을 쓴다. 번역서도 마찬가지이다. 주석 작성 방법과는 다르니 주의한다.

④ 같은 저자일 경우에는 출판 연도순으로 작성한다.

⑤ 같은 저자는 처음에만 이름을 적고 다음부터는 줄표로 표기하기도 한다.

⑥ 저자가 여러 명일 경우

- 보통 3인까지: 저자 이름을 모두 쓴다.
- 4인 이상일 경우: '홍길동 외'로 표기한다.
- 저자가 4인 이상인 서양서의 경우는 Derrida et al.처럼 대표 저자 이름 뒤에 et al.을 붙여 표기한다.

⑦ 서양 서적의 제목은 일반적으로 이탤릭체로 표기한다.

⑧ 논문은 학술지에 논문이 실린 첫 쪽과 마지막 쪽 번호를 '68-87쪽'과 같이 밝힌다(인용한 쪽수는 붙이지 않는다.).

⑨ 인터넷 자료는 검색 사이트 주소와 게재일을 표기한다. 만약 게재일을 알 수 없을 경우는 검색일을 표기하고 '검색'이라고 쓴다.[9]

8장

계획하기

I. 핵심 이론

1. 보고서 주제 찾기 과정과 주의할 점

보고서의 주제가 주어지는 경우에는, 먼저 보고서를 요구하는 이의 의도와 알고자 하는 내용을 정확히 파악하는 것이 중요하다. 단순히 주어진 내용을 그대로 다루는 것이 아니라, 그 요구 안에 담긴 핵심적인 질문이나 관심사를 찾아내어 주제로 설정해야 한다. 이렇게 해야 보고서가 요구자의 기대에 맞게 쓰일 수 있다. 반면, 쓰는 사람이 주제를 자유롭게 정하는 경우에는 주제 찾기 자체가 매우 중요한 과제가 된다. 이때는 스스로 흥미를 느끼거나 탐구하고 싶은 방향을 설정하면서도, 보고서 작성의 목적에 맞도록 주제를 좁혀가는 노력이 필요하다.

보고서 주제를 자유롭게 정할 경우 주제 찾기는 일반적으로 세 단계를 따른다. 첫째는 막연하고 추상적인 차원에서 주제를 생각해 보는 단계이다. 예를 들어 "어떤 분야를 다뤄볼까?"처럼 방향만 잡는 수준이다. 둘째는 그 생각을 좁혀서 구체적이고 명확한 주제문으로 정리하는 단계이다. 이때 공부한 내용이나 탐색 중 생긴 의문점이 바탕이 되기도 한다. 이 과정을 흔히 논제를 정하는 것이라고 하며, 자료 탐색이나 비판적 읽기와 함께 이루어지기도 한다. 셋째는 실제 자료를 바탕으로 주제문을 점검하고 수정하는 단계다. 이 과정에서 처음과 전혀 다른 방향으로 주제가 바뀌는 경우도 있다.

주제를 찾을 때는 몇 가지 주의할 점이 있다. 첫째, 쓰고자 하는 보고서의 유형에 따라 어떤 자료가 필요한지 파악해야 하며, 주장을 뒷받침할 수 있는 근거나 이유가 타당한지 확인해야 한다. 이를 위해 자료를 먼저 탐색하고 분석한 뒤, 이를 바탕으로 주제를 구체화하는 것이 좋다. 자료와 주장이 잘 연결되지 않으면 보고서의 설득력이 떨어질 수 있다. 둘째, 보고서 주제가 자신의 능력과 조건에 맞는지도 고려해야 한다. 너무 생소한 주제를 선택하면 자료를 읽는 데 시간이 오래 걸리고, 마감 기한을 넘길 가능성도 높아진다. 따라서 자신의 지식 수준과 시간을 감안해 주제를 정하는 것이 바람직하다.

2. 보고서 주제문 작성 시 알아둘 점

보고서의 주제문은 보고서의 출발점이자 중심이다. 하지만 처음부터 명확한 주제문을 정하는 것은 쉽지 않다. 그래서 여러 번 자료를 찾고, 정리하고, 비판적으로 검토하는 과정 속에서 주제문은 반복적으로 수정되고 보완된다. 특히, 보고서의 주제는 학문 분야에 따라 달라질 수 있으므로 평소 그 분야에 대한 관심이나 학습이 바탕이 되어야 한다. 학문 분야와 관계 없이 주제문은 논리적 주장을 담고 있어야 하며, 핵심 근거를 포함한 구체적이고 완결된 명제로 표현되어야 한다.

보고서 주제문을 작성할 때는 몇 가지를 꼭 기억해야 한다. 첫째, 주제문은 다루는 범위가 좁고 구체적일수록 좋다. 너무 넓거나 모호한 주제는 글의 방향을 잃게 만들 수 있다. 글쓰기에 있어서 주제는 구체적일수록 명확한 주장과 근거를 전개하기 쉬우므로, 보고서 주제문도 이 원칙을 따라야 한다. 둘째, 주제문에는 글을 쓰는 의도나 목적이 분명히 드러나야 한다. 목적이 모호하면 내용 구성도 논리적이기 어렵고, 독자에게 설득력 있게 전달되지 않는다.

셋째, 보고서의 주제문은 흥미롭고 논쟁적이며 새로운 시각이 담겨 있어야 한다. 기존 자료를 단순히 정리하는 수준을 넘어서, 이전에 없던 문제 제기나 새로운 해석, 독창적인 시각을 담아내야 보고서의 가치가 높아진다. 넷째, 주제문은 글쓴이의 주장을 담은 명제 형태로 작성되어야 한다. 주장에 대한 핵심 근거가 포함되면 더욱 설득력이 높아지고, 보고 대상의 특정한 측면을 짚어주는 구체적인 문장이 되므로 글의 방향도 뚜렷해진다. 이처럼 다양한 점을 고려해 주제문을 고민하고 구성해야 제대로 된 보고서를 완성할 수 있다.

II. 예시

1. 주제문 작성의 방식

자료를 읽는 과정에서 자신만의 생각이나 느낌이 생겼다면, 그것을 바탕으로 보고서의 주제문을 만들 수 있다. 내가 읽은 책이나 논문, 기사 등에서 느낀 문제의식이나 흥미로운 점을 중심으로 주제를 구체화해 나가는 것이다. 이때 주제문은 단순한 감상이 아니라, 객관적 정보와 타당한 근거를 바탕으로 비판적이고 논리적으로 논의할 수 있는 내용이어야 한다. 또 보고서의 목적이 설명인지, 분석인지, 대안 제시인지 등 어떤 유형인지도 고려해 주제문을 구성해야 한다. 주제문은 한 번에 완성되지 않으므로 여러 번 생각하고 수정하면서 구체화하는 과정을 거쳐야 한다.

보고서의 주제문은 학습 과정 중 생긴 문제의식에서 출발할 수도 있다. 예를 들어 수업 시간에 느낀 의문점이나, 교과서를 읽으며 잘못 전달된 정보에 대한 문제의식 등이 주제가 될 수 있다. 자신이 잘 알고 있는 분야나 관심 있는 주제를 중심으로 새로운 시각을 제시하거나 해결책을 제안해 보는 것도 좋다. 대학에서는 수업 외에도 독서나 개인 연구 등 다양한 학습 활동이 가능하므로, 그 과정에서 발견한 문제나 의문을 바탕으로 주제문을 구성할 수 있다. 이처럼 주제 찾기는 정해진 틀보다는 개인의 탐색과 관심에서 자연스럽게 이루어진다.

아래의 예시처럼 주제문은 주장과 근거가 명확하게 드러나는 형태여야 한다.

① 『홍길동전』은 반영웅이 등장하므로 소설사에서 전환기의 특징을 보여준다.

② 김혜순의 초기 시는 당대 여성 현실을 서술하므로 여성주의적 성격이 강하다.

③ 동국대 WISE 캠퍼스 도서관은 지역 시민과 상생해야 하므로 지역민 프로그램이 필요하다.

④ 소설 읽기는 공감 능력 향상에 효과적이므로 의대 전공 교과로도 적합하다.

이처럼 구체적인 주장과 그 근거가 드러나도록 주제문을 작성하면, 설득력 있는 보고서의 기반이 된다.

2. 주제 구체화의 예시

보고서의 주제는 처음부터 구체적으로 정하기 어렵기 때문에 막연한 주제를 점차 구체화해 가는 방식으로 설정할 수 있다. 처음엔 넓고 포괄적인 관심사에서 출발해, 점차 관심이 가는 주제를 좁혀가면서 의미 있는 하나를 선택하고, 그에 대해 자료를 찾거나 생각을 전개해 보는 것이다. 이 과정에서 선택한 주제가 충분히 타당하지 않다고 판단되면 과감히 버리고, 다른 방향으로 주제를 다시 구체화해야 한다. 이렇게 반복적으로 고민하며 조정하는 것이 주제 설정의 기본 과정이다. 예를 들어 보자.

① 첫 번째 단계에서는 '경주에 관한 소개'처럼 매우 넓고 막연한 주제를 설정한다.

② 두 번째 단계에서는 이 주제를 구체화해 본다. 예를 들어 대상은 인물, 건축, 자연, 사상 등으로, 시기는 신라, 고려, 조선 등으로, 지역은 경주 시내, 해안, 북부 등으로 세분화할 수 있다. 이런 다양한 기준을 함께 적용해 '경주의 문화재 중 상서장'처럼 구체적인 대상을 정할 수 있다. 또는 개인 관심에 따라 '박물관', '양동마을', '김춘추', '최부자고택' 등 다양한 대상을 선택할 수도 있다.

③ 세 번째 단계에서는 내가 선택한 대상과 관련된 자료나 정보를 찾아보고, 이를 바탕으로 주제문을 정한다. 예를 들어 첨성대를 선택했다면 자료를 읽고 정리하면서 주제를 다음과 같이 정할 수 있다: "첨성대는 신라 시대의 과학기술 수준과 하늘을 향한 인류의 지적 호기심을 상징하는 문화유산이다." 이렇게 구체적인 대상과 의미를 연결하여 주제문을 설정하는 것이 중요하다. 주제문은 단순한 소개가 아니라 주장과 해석을 담은 명제가 되어야 한다.

이러한 주제 설정 과정은 정해진 정답이 있는 것이 아니다. 처음부터 완벽한 주제를 고르는 경우는 드물며, 대부분 여러 번의 시도와 실패, 다시 생각하는 과정을 거쳐 주제를 완성하게 된다. 중요한 것은 주제 설정 과정에서 충분한 고민과 탐색이 뒤따라야 한다는 점이다. 빠르게 정하려고 조급해하지 말고, 여러 방향으로 시도해보며 자신의 관심과 생각이 담긴 주제를 찾아가는 것이 보고서 작성의 시작이다.

III. 연습활동

연습활동 1 다음의 ①~④에서 하나를 선택하여 활동을 해 보자.

① 000에 대한 감상(영화의 이해)
② 산불 예방과 복구 방안(안정공학 개론)
③ 000 브랜드의 마케팅 전략(마케팅 원론)
④ 000의 회화적 특징(미술의 이해)

1-1) 주제로 설정하고 싶은 것의 번호를 적어보자.

1-2) 주제로 다루고자 하는 대상이나 부분 혹은 분야는 어떤 것인지 한정해 보자.

1-3) 2)까지 한 것에 글 쓰는 사람이 주장을 펼치면서 근거를 넣고 주제 문장으로 한 문장을 써 보자.

연습활동 2 각자 쓰고자 하는 보고서의 주제에 대해 고민해 보고 그것을 구체화하여 문장으로 한 문장만 만들어 보자.(주제가 될 만한 것을 한 개만 생각하지 말고 몇 가지 정도 생각해 두고 이것을 신중하게 검토하여 주제문으로 설정하는 과정을 밟아보자.)

연습활동 3 예를 참고하여 다음의 대상을 좁혀 구체적인 주제로 발전시켜 보자.

> 예시
>
> 막연한 주제: 환경 문제
>
> → 대상 좁히기: (예: 기후변화, 미세먼지, 플라스틱 문제 등)
>
> → 지역/시기 설정: (예: 한국, 서울, 최근 5년 등)
>
> → 주제문: (예: 한국의 플라스틱 규제는 시민 참여 부족으로 실효성이 낮다.)

3-1) 막연한 주제: 한국 전통 문화

→ 대상 좁히기: ______

→ 지역/시기 설정: ______

→ 주제문: ______

3-2) 막연한 주제: 대학 생활

→ 대상 좁히기: ______

→ 관련 상황/대상: ______

→ 주제문: ______

연습활동 4 다음 주제문 중 부적절하거나 불분명한 표현을 찾아 수정해 보자.

① 경주는 역사적인 도시다.

→ 문제점: ______

→ 수정 주제문: ______

② 학생들은 공부를 열심히 해야 한다.

→ 문제점: ______

→ 수정 주제문: ______

③ 요즘은 사람들이 책을 잘 안 읽는다.

→ 문제점: ______

→ 수정 주제문: ______

연습활동 5 아래의 문제에 답을 하면서 나만의 보고서 주제를 설정해 보자.

① 내가 관심 있는 분야는?

→ 답: ____________________

② 그 분야에서 좁힐 수 있는 대상은?

→ 답: ____________________

③ 어떤 관점이나 문제의식을 담을 것인가?

→ 답: ____________________

⑤ 최종 주제문은?

→ 답: ____________________

IV. 참고자료

1. 보고서의 주제

보고서의 주제를 잘 잡아야 보고서를 쓰는 것이 쉬워지고, 또한 독자가 보고서를 보다 정확하게 이해할 수 있다. 보고서 주제를 잡을 때 유의해야 할 조건은 다음과 같다.

1. 주제의 폭을 분량에 맞게 좁힌다. 대학에서 보고서를 쓸 때 학생들은 주제의 폭을 넓게 잡거나, 주제를 추상적으로 표현하는 오류를 많이 범한다. 그러나 주제의 폭이 좁고 구체적이어야 독자에게 보고서의 내용이 명확하고 전문적이라는 인상을 심어줄 수 있다. 특

히 분량이 짧은 보고서의 경우에는 더욱 그 주제의 범위를 좁혀야 짧은 분량 안에서 주제에 대한 보고를 완성할 수 있다. 따라서 내가 잡은 가주제를 보다 구체화하는 연습을 지속할 필요가 있다.

2. 나의 관점을 드러낼 수 있는 주제로 정리한다. 보고서는 남이 했던 이야기를 앵무새처럼 그대로 옮기는 것을 목적으로 하는 글이 아니다. 자신의 관점으로 어떤 대상을 분석하고 이에 대해 보고하는 글이 바로 보고서다. 따라서 내가 특정 대상을 바라보는 관점이 보고서 주제에 잘 드러날 수 있도록 정리할 필요가 있다. 이와 관련하여 제목 역시 필자의 관점이 드러날 수 있도록 명료하고 구체적으로 정리해야 한다.

   예 경주 소개 (×)

   스쿠터를 타고 경주를 1박2일간 관광할 수 있는 코스와 관광 정보 소개 (○)

즉, 처음 제시된 과제명을 그대로 주제 또는 제목으로 확정짓지 말고, 나만의 주제 또는 제목으로 더 다듬고, 고쳐보는 것이 좋다.

확정한 주제를 주제문으로 정리하는 것은 내 관점을 더욱 명확하게 표현하는 방법이다. 보고서의 주제문을 작성할 때는 다음과 같은 사항을 고려해야 한다.

- 평서형의 완결된 문장으로 쓸 것
- 구체적이고 명확한 표현을 사용할 것
- 필자의 관점이 드러나게 쓸 것

- 대다수 사람들이 알고 있는 자명한 진리나 상식으로 통용되는 의견을 그대로 반복하지 말 것
- 감정을 내세우지 말 것
- 객관적 근거에 의해 증명할 수 있는 내용을 들 것[10]

2. 대학에서 요구하는 보고서 과제 사례 (교양 및 전공 과목의 사례, 괄호 안은 강좌 제목)

- 어문규범을 고려하여 매체에서 잘못된 표현 찾기(국어와 매체언어)
- 한국 대기업들을 대상으로 기업별 경영 방침 조사하기(현대 사회와 경영)
- ○○○에 나타나는 현대 미술의 특징(미술의 이해)
- 인터스텔라 감상(영화의 이해)
- 중국의 내수 시장, 우리나라의 수출과 연결하여 전망 조사하기(중국 경영 세미나)
- ○○○브랜드 분석과 서비스 분석(마케팅 원론)
- 그래핀(Graphene) 합성(화공 기초 실험과 설계)
- 지하철에서의 위험 요소 조사하기(안전공학개론)
- 가계 부채의 심각성과 문제 해결 방안(경제학 개론)
- 사회복지 정책의 개념과 유형별 특징(사회복지학 개론)
- 유아 보육 교사의 역할과 환경 구성(아동보육학 실습)
- 뉴턴의 운동 법칙(물리학 개론)

위와 같이 대학에서는 다양한 과목에서 다양한 보고서 쓰기 과제들이 제시된다. 비슷한 주제의 과제라 하더라도 교수자에 따라 보고서를 평가하는 기준과 방식이 다르다. 따라서 보고서를 쓰기 전에는 과제와 관련된 조건과 상황을 꼼꼼히 따져보아야 한다.

예를 들어 보고서의 주요 독자인 교수자가 주제나 대상에 대한 객관적 분석을 요구하는 것인지, 또는 자신의 의견을 독창적으로 드러내기를 원하는 것인지를 파악할 필요가 있다. 어떤 방식으로 설명을 해야 하는 것인지, 어떤 방식으로 논증해야 하는 것인지, 또는 어떻게 느낌을 드러내야 하는 것인지 등등을 먼저 잘 구분하여 주제를 정할 필요가 있다.[11]

9장

내용 수집 및 분석하기

I. 핵심 이론

1. 보고서 자료의 수집과 수집한 자료 분석의 중요성

보고서를 쓸 때는 수집한 자료를 단순히 나열하는 데 그치지 않고, 이를 분석하고 해석하여 적극적으로 활용해야 한다. 자료를 분석할 때는 보고서가 전달하고자 하는 메시지가 분명히 드러나는지, 독자가 내용을 쉽게 이해할 수 있는지를 함께 고려해야 한다.

이를 위해 자료 간의 연관성을 살펴보고, 핵심적인 주장이나 해석이 무엇인지 파악하는 능력이 필요하다. 자료 분석이 제대로 이루어진다면, 보고서는 단순한 정보의 나열을 넘어 다루는 문제에 대한 깊이 있는 대안을 제시할 수 있다.

2. 보고서 자료의 유형(1차, 2차, 3차 자료)과 활용 방법

보고서 작성에 활용되는 자료는 일반적으로 1차, 2차, 3차 자료로 나눌 수 있다. 1차 자료는 보고서의 주제가 되는 대상 자체로, 문학 작품, 철학자의 원전, 예술작품, 역사적 유물이나 기록 등이 이에 해당한다. 2차 자료는 1차 자료를 해석하거나 분석하여 만든 책, 논문, 보고서 등으로, 연구의 흐름과 최신 동향을 파악하는 데 유용하다. 3차 자료는 일반 독자를 위한 자료로, 교과서, 백과사전, 웹 기사 등이 포함되며, 이는 참고용으로만 활용하는 것이 바람직하다.

보고서에서 어떤 자료를 주로 활용할지는 주제에 따라 달라진다. 예를 들어 특정 작품을 중심으로 분석하는 경우 1차 자료가 중심이 되고, 연구 동향이나 이론을 검토하는 경우는 2차 자료가 핵심이 된다. 따라서 자료의 유형 자체보다 그것이 보고서에서 어떤 역할을 하며 어떻게 활용되는지가 더 중요하다.

신뢰할 수 있는 자료를 충분히 수집하는 일은 보고서의 목적 달성과 신뢰성을 확보하는 데 필수적이다. 단순한 인터넷 검색에만 의존하지 말고 공식 통계, 학술 논문, 전문가 인터뷰 등 다양한 방식으로 전문적이고 정확한 자료를 확보하려는 노력이 필요하다. 보고서 자료 수집은 단순한 정보 모으기를 넘어 비판적 판단과 선별을 요구하는 중요한 과정이다.

3. 단행본, 학술지 논문, 학위 논문의 검색 방법

보고서를 작성하려면 기존에 나와 있는 다양한 자료를 수집하고 이를 바탕으로 내용을 구성해야 한다. 대표적인 자료로는 단행본, 학위 논문, 학술지 논문이 있다. 단행본은 출판된 책을 말하며, 학위 논문은 석사나 박사 학위를 받기 위해 작성된 논문이다. 학술지 논문은 전문 연구자가 학술지에 투고하여 심사를 거쳐 실린 글로, 신뢰성과 전문성이 높은 자료로 평가된다.

이러한 자료들은 자신이 설정한 보고서 주제와 관련된 것을 중심으로 수집해야 하며, 학교 도서관 홈페이지나 각종 학술 자료 사이트를 활용할 수 있다. 예를 들어 동국대 WISE 캠퍼스 도서관 홈페이지의 '자료검색' 메뉴에서 '단행본' 항목을 선택하고 제목, 저자, 출판사 중 하나를 입력하면 청구 번호를 통해 자료를 찾을 수 있다. 자료가 없는 경우 도서관 사서의 도움을 받는 것도 좋은 방법이다.

논문 자료는 도서관 홈페이지 하단에 있는 '리스(RISS)'나 기타 학술 정보 검색 항목을 통해 검색할 수 있다. 원하는 자료는 키워드를 입력해 쉽게 찾을 수 있다. 이처럼 적절한 경로를 활용해 자료를 정확히 찾고 정리하는 것은 보고서의 신뢰성과 깊이를 높이는 중요한 과정이다.

4. 보고서 자료 출처 기록 방법

자료를 찾아 보고서에 활용하려면 자료의 기본적인 성격이나 핵심 내용을 메모해 두는 것이 중요하다. 메모를 하지 않으면, 보고서를 쓸 때 그 자료를 적절히 인용하거나 출처를 명확히 밝히기 어려워져 글의 설득력과 신뢰도가 떨어질 수 있다. 따라서 자료를 활용하려면 최소한 저자, 글 제목, 출처(실린 책이나 사이트 이름), 출판사와 연도, 해당 면

수 등 기본 정보를 빠짐없이 기록해 두는 습관이 필요하다.

이와 함께 그 자료를 어떻게 활용할 수 있을지에 대한 자신의 생각이나 아이디어도 함께 정리해 두면 보고서 작성에 큰 도움이 된다. 아이디어를 정리할 때는 자료의 내용을 그대로 옮겨 적어도 되고, 수집자의 관점에서 재구성하여 요약해도 무방하다. 이런 준비는 자료의 단순한 나열을 넘어 자료를 분석하고 해석하는 글쓰기로 나아가는 데에 기초가 된다.

5. 보고서 수집 카드 작성법

주제와 관련된 자료를 수집했다면, 해당 자료의 기본 정보를 가능한 한 자세히 메모 카드 형식으로 정리해 두는 것이 좋다. 자료의 정보를 미리 정리하지 않으면, 보고서를 쓰는 중간에 정보를 다시 확인하느라 시간과 에너지를 낭비하게 되어 중요한 작업에 집중하지 못할 수 있다. 특히 단행본 자료일 경우에는 저자, 제목, 번역자나 편집자, 출판사와 그 소재지, 출판 연도(초판 연도), 인용한 면수, 도서 청구 번호나 ISBN을 빠짐없이 기록해야 한다. 이는 자료를 다시 확인해야 할 상황에 대비하기 위한 필수적인 준비다.

논문 자료의 경우에는 저자, 논문 제목, 학술지 제목과 권수·호수, 그리고 학술지 발행 기관의 명칭 등을 기록해 두어야 한다. 위와 같은 기본 정보를 정확히 정리해 두는 것 외에도, 해당 자료를 보고서에서 어떤 방식으로 활용할 것인지에 대한 자신의 생각이나 아이디어를 간단히 메모해 두면 글을 구성할 때 큰 도움이 된다. 이러한 준비는 자료를 단순히 수집하는 데 그치지 않고, 실제 쓰기 과정에 효과적으로 연계될 수 있도록 한다.

6. 보고서 자료의 범주화

보고서를 작성할 때 수집한 자료는 효과적으로 범주화되어야 보고서의 목적과 의도에 부합하는 글을 완성할 수 있다. 범주화란 성격이 비슷한 자료들을 일정한 기준에 따라 하나의 부류로 묶는 작업으로, 중복을 피하고 핵심 내용을 중심으로 분류하는 것이 중요하다. 예를 들어 사회 문제를 다룰 경우, 해당 문제가 속하는 영역을 먼저 파악한 뒤, 원인·결과·해결 방안 등으로 항목을 나누어 관련 자료를 배치하면 글의 구조가 명확해지고 전개도 자연스러워진다. 이렇게 범주화가 잘 이루어지면 자료 간의 관계가 명확해지고, 글의 흐름이 일관되며 설득력 있는 보고서를 완성할 수 있다.

범주화의 방법은 보고서의 목적, 주제, 대상, 독자에 따라 다양하게 달라질 수 있다. 일반적으로는 '서론-본론-결론' 구조에 따라 각 부분에 적합한 자료를 미리 검토해 배치하는 방식이나, 목차 항목별로 자료를 분류해 보는 방법이 자주 사용된다. 이러한 과정은 보고서에서 다루는 문제의 본질을 더욱 명확히 파악하도록 도와주며, 어떤 내용을 어디에 배치할지 판단하는 데에도 큰 도움이 된다. 자료를 단순히 나열하는 데 그치지 않고, 목적에 맞게 조직적으로 분류하는 능력이 보고서의 완성도를 좌우한다고 할 수 있다.

II. 예시

1. 자료카드 정리

예를 들어 청소년의 스마트폰 중독에 관한 보고서를 준비하면서 다음과 같은 자료 카드를 만들 수 있다. 『청소년 스마트폰 디톡스: 정서 건강을 위한 청소년 디지털 중독과 예방의 모든 것』(김대진, 2021)은 청소년의 스마트폰 사용 실태와 그로 인한 예방하는 방법을 다룬 단행본이다.[12] 이 책은 특히 1장 '우리 아이들이 위험하다: 스마트폰의 습격 디지털 중독에 내몰린 청소년들'은 실태가 어떤지를 알려주고 있어 보고서의 문제 제기에 유용할 수 있다. 이 책은 스마트폰 중독의 원인과 우리 사회의 대응이 어떠해야 하는지를 제시하고 있어 본론의 핵심 근거로 활용할 수 있으며, 자료 카드에는 책의 서지정보뿐만 아니라 이러한 활용 방향에 대한 간단한 메모도 함께 기록해 두면 보고서 작성 시 효과적으로 참조할 수 있다.

자료 카드 예시

저자: 김대진
제목: 청소년 스마트폰 디톡스: 정서 건강을 위한 청소년 디지털 중독과 예방의 모든 것
발행일: 2020년 4월 12일
출판사: 생각속의집
인용 면수: pp. 47–67
내용 요약/핵심 활용 아이디어:

* 청소년 22.6%가 스마트폰 중독이며, 중독군은 강박·우울·불안 등 정신과적 증상이 더 심각
* 본 자료는 '현황'과 '영향 분석' 부분에서 통계적 근거로 사용 가능
* 본론에 청소년 정신건강에 미치는 영향을 제시할 때 정량적 증거로 활용 예정

2. 범주화의 방식

예를 들어 '청소년 스마트폰 중독'에 관한 보고서를 쓴다고 할 때 수집한 자료를 효과적으로 범주화하면 다음과 같이 나눌 수 있다.

먼저 현황과 관련된 자료는 청소년의 스마트폰 이용 시간, 중독 비율 등의 통계 자료로 묶을 수 있고, 원인에 해당하는 자료는 또래 압력, 부모의 방임, 게임이나 SNS 콘텐츠의 자극성 등으로 정리할 수 있다. 문제점은 학업 저하, 수면 부족, 사회성 결여 등으로 묶고, 해결 방안 자료는 사용 시간 제한 앱, 학교나 가정의 교육 프로그램, 상담 치료 등으로 분류할 수 있다. 이처럼 자료를 범주별로 나누면 보고서의 구조가 명확해지고 글의 흐름도 자연스러워진다.

〈표〉 범주화 예시표 – 청소년 스마트폰 중독 문제 보고서

범주	자료명/출처	주요 내용 요약	활용 위치 (예정)
문제 현황	이상준(2018), 「스마트폰 중독 청소년의 정신건강 분석」, 『청소년복지연구』 20권 3호	중독 청소년의 22.6%가 강박, 우울, 불안 등의 정신 증상을 보임	서론 - 문제 제시
문제 해결의 필요성	조현수·손한결(2024), 「청소년의 스마트폰 과의존이 주관적 행복에 미치는 영향:공동체의식과 또래의식의 매개효과」, 『청소년 연구』 31권 5호	청소년 스마트폰 과다 사용이 청소년의 행복감에 미치는 영향 관계	본론 - 대안 마련의 필요성
사례 소개	기존 발간된 각종 인터넷 신문 기사와 카페의 글 참조	청소년 스마트폰 과다 사용이 가족관계와 사회성 발달에 미치는 여러 영향	본론 - 사례 인용
해결 방안	최유나(2025), 「디지털 시대의 문해력:검색에서 사색으로」 (https://cafe.naver.com/hipassjhk/50728?art)	학교 중심의 독서 교육 강화, 검색에서 사색으로의 교육 패러다임 전환	본론 - 해결 방안 제시
이론적 근거	김동창(2024), 「Z세대와 학교 인성교육의 방향-Z세대 청소년의 정신건강 실태를 중심으로」, 『교육과학연구』 26권 4호, 『iGen』	스마트 기기 사용 증가가 Z세대 정신건강에 끼친 영향 분석	서론/본론 - 배경 이론 활용
결론 정리용	서울특별시교육청 교육연구정보원(2023), 『디지털 시민성 함양을 위한 교과 융합 교수 학습 프로그램 개발 연구』	교과 융합 교수 학습과 미디어 리터러시 교육의 중요성 강조	결론 - 정책 제안/요약

III. 연습활동

연습활동 1 내 보고서 주제와 관련된 자료를 검색, 수집하여 보자. 다음 과제의 순서에 따라 수집한 자료를 정리하면서 어떻게 주제를 구체화하여 하나의 글로 구성, 집필할 수 있을지 계획해 보자.

연습활동 2 보고서의 주제와 관련해서 찾아보아야 할 자료와 찾아볼 수 있는 자료들의 유형과 제목, 자료 찾기의 방식을 아래 표에 맞게 정리해 보자.

<table>
<tr><th>“자료 검색 키워드”</th><th rowspan="2">자료 유형</th><th rowspan="2">자료 찾기의 방식</th></tr>
<tr><th>검색한 자료의 제목</th></tr>
<tr><td>“학생 글쓰기 만족도”</td><td rowspan="2">예) <u>학술지 논문</u>/ 학위 논문/ 신문 기사 / 통계 자료 / 설문 조사 결과 등</td><td rowspan="2">예) <u>온라인 전문 자료 (학술 정보사이트) 검색</u> / 오프라인 통계 조사 / 오프라인 설문 조사 등</td></tr>
<tr><td>「학생들의 글쓰기 교과 만족도 조사를 통해 살펴 본 대학 글쓰기 교육 - A대학 사례를 중심으로」</td></tr>
<tr><td></td><td rowspan="2"></td><td rowspan="2"></td></tr>
<tr><td></td></tr>
</table>

연습활동 3 [연습활동 2]에서 정리한 '키워드'와 '자료 유형', '자료 찾기의 방식'대로 자료를 찾아보자. 그리고 찾은 자료의 제목과 자료 유형, 자료 출처 정보를 [연습활동 1]보다 더욱 구체적으로 기술해 보자. 자료는 많이 찾을수록 좋다. 아래의 표에 내가 검색하거나 찾은 자료를 해당 항목에 맞춰 구체적으로 정리해 보자.

자료 제목	자료 유형
예 「학생들의 글쓰기 교과 만족도 조사를 통해 살펴 본 대학 글쓰기 교육 - A대학 사례를 중심으로」	예 논문 / 전문 서적 등
자료 출처 정보	예 이동국, 동국학술논총16, 동국대학교 글쓰기교육센터, 2023, 100~123쪽.
자료 출처 정보	
자료 출처 정보	

연습활동 4 [연습활동 3]에서 보고서 쓰기에 필요한 자료에 대해 구체적으로 정리하였다. 그러나 자료가 많다고 해서 꼭 보고서를 잘 쓸 수 있는 것은 아니다. 자료가 많이 널려 있는 것보다는 필요한 자료를 내 지식으로 만들 수 있도록 정리하고 이를 토대로 독자가 이해하기 쉽게 보고하는 것이 중요하다. 이 중 어떠한 정보가 필요한지, 어느 것이 우선인지 정리해 보도록 하자.

자료 제목	중요성	참고 또는 인용 부분
예 「학생들의 글쓰기 교과 만족도 조사를 통해 살펴 본 대학 글쓰기 교육 - A대학 사례를 중심으로」 / 또는 "학생 글쓰기 만족도" 키워드로 검색	예 "중요/보통/미흡" 중 하나로 표시	예 105~107쪽, 설문조사 결과 표2

연습활동 5 [연습활동 4]에서 정리한 것을 가지고 아래의 보고서 자료 수집 카드를 작성해 보자.

핵심어 (key word)	
정보 (주요 내용 요약)	

의견 (생각 메모)	
정보 출처 (참고문헌)	

핵심어 (key word)	
정보 (주요 내용 요약)	
의견 (생각 메모)	
정보 출처 (참고문헌)	

핵심어 (key word)	
정보 (주요 내용 요약)	

의견 (생각 메모)	
정보 출처 (참고문헌)	

연습활동 6 [연습활동 5]에서 정리한 것을 가지고 아래의 보고서 범주화 표를 작성해 보자.

<보고서 범주화 표>

범주	자료명/출처	주요 내용 요약	활용 위치(예정)

III. 참고자료

1. 보고서 자료 분석과 범주화(Categorization)

수집한 자료를 분석하는 과정은 보고서의 신뢰성과 설득력을 좌우하는 핵심적인 단계이다. 구체적으로 두 가지 측면에서 그 중요성을 찾을 수 있다. 첫째, 자료 분석은 체계적인 정보 전달을 가능하게 한다. 방대한 자료를 주제에 맞게 분류하고 정리함으로써 단순한 정보 나열을 넘어 독자에게 핵심 내용을 명확하게 전달할 수 있다. 이는 보고서의 가독성과 전달력을 높이는 데 큰 역할을 한다. 둘째, 분석 과정은 해석과 의견에 논리적 근거와 설득력을 부여한다. 자료의 의미를 해석하고 논리적으로 정리함으로써 보고서에 담긴 해석과 주장을 더욱 설득력 있게 전개할 수 있다. 이처럼 자료 분석 과정은 보고서의 전달력과 설득력을 높이는 데 매우 중요한 역할을 한다.

정보를 체계적으로 정리하는 데 있어 효과적인 방법의 하나로 범주화(Categorization)를 들 수 있다. 범주화란 흩어져 있는 아이디어나 정보를 일정한 기준에 따라 묶어 정리하는 사고 도구로, 생각을 정리하고 새로운 아이디어를 도출하며 복잡한 정보를 쉽게 이해하는 데 매우 유용하다.

범주화를 통해 자료를 정리하면 여러 가지 이점이 있다. 첫째, 사고의 효율성을 높일 수 있다. 복잡하고 산만하게 흩어진 생각들을 덩어리 단위로 파악할 수 있기 때문이다. 우리의 뇌는 한 번에 많은 정보를 처리하기 어렵기 때문에 아이디어나 정보를 블록 단위로 묶어 생각하면 아이디어 간의 연결이 쉬워지고, 이를 토대로 독창적인 발상을 할 수 있다. 둘째, 정보를 체계적으로 정리할 수 있다. 각 카테고리에 이름을 붙여 범주화를 하면 정보의 속성이 명확해지고, 무작위로 분포된 자료들도 일정한 기준에 따라 분류되어 한눈에 파악하기 쉬워진다.

범주화 과정은 크게 두 단계로 나눌 수 있다. 첫 번째 단계는 나열된 정보나 아이디어를 속성이 비슷한 것끼리 묶는 것이다. 두 번째 단계는 이렇게 묶은 그룹에 대표 이름을 붙이는 것이다. 예를 들어 '새해에 이루고 싶은 계획'이라는 주제로 달리기, 음악 감상, 헬스, 걷기, 명상, 수영, 크로스핏, 독서 등의 아이디어가 있다면, 달리기와 수영은 '유산소 운동', 헬스와 크로스핏은 '근력 운동', 걷기 명상과 호흡 명상은 '명상', 독서와 음악 감상은 '취미'로 묶을 수 있다. 이렇게 1차 범주화를 마친 뒤, 이를 다시 '육체적 건강', '정신적 건강'으로 상위 범주화할 수 있으며, 최종적으로는 이 모든 활동이 '건강한 삶'이라는 목표 아래에 있음을 알 수 있다.

[분류 전] 아이디어가 혼재된 상태
: 브랜딩, 자원봉사, 인문학 독서, 필라테스, 마케팅, 독서모임, 영어, 요가, 케이스 스터디, 달리기, 명상, 동창회, 탁구, 경영 전략, 수영, 달리기, 디자인, 헬스

[분류 후] 유사한 속성끼리 묶은 후 대표하는 범주 이름 붙이기

3단계	2단계	1단계	아이디어들
건강한 삶	육체적 건강	유산소 운동	달리기, 수영
		근력 운동	헬스, 크로스핏
	정신적 건강	명상	걷기 명상, 호흡 명상
		취미	독서, 음악 감상

이처럼 범주화를 반복적으로 적용하면, 혼재된 아이디어들도 유사한 속성끼리 묶여 체계적으로 정리된다. 결과적으로 정보의 구조를 명확히 파악하고, 핵심 목표와 각 활동의 관계를 한눈에 이해할 수 있다.

2. 보고서에 활용되는 자료와 수집 방법

보고서를 쓸 때 주로 활용되는 자료는 크게 1차 자료와 2차 자료로 구분할 수 있다. 「동화 〈신데렐라〉에 나타난 결혼관 연구」라는 주제로 보고서를 쓴다고 가정해 보자. 연구 대상은 동화 〈신데렐라〉가 될 것이다. 이것이 1차 자료다. 2차 자료는 이러한 1차 자료에 대해 분석을 한 자료들인데 주로 동화나 민담 〈신데렐라〉에 대한 선행 연구, 또는 결혼, 결혼관과 관련한 여러 학문 분야의 연구 자료들이 이에 해당될 수 있다.

보고서를 작성할 때에는 1차 자료를 나의 관점에서 꼼꼼하게 분석하는 것이 가장 중요하다. 그런 다음, 2차 자료를 통해 내 분석을 뒷받침하거나 또는 내 분석의 허점을 보완할 수 있는 내용을 찾고 활용할 필요가 있다. 간혹 2차 자료를 1차 자료처럼 활용하여 보고서를 쓰는 학생들이 있는데, 이는 결국 단순히 타인의 글을 짜깁기한 보고서라는 것을 드러내는 일이므로 지양해야 한다.

보고서를 쓸 때 다양한 방식으로 자료를 찾고 수집할 수 있다. 먼저, 학술정보 사이트에 들어가 다양한 학위 논문, 학술지 논문을 검색, 수집하는 방법이 대표적이다. 또한 도서관이나 서점에 가서 보고서 주제 관련 서적을 보고 이 서적에서 참고하거나 인용할 만한 부분들을 수집, 정리하는 방법도 유용하다. 이 외에 통계조사, 설문조사, 인터뷰, 이외 전문가 의견이나 정보 전달 글귀 등을 활용하여 자료 수집 및 정리를 할 수 있다.[13]

학술지나 학위 논문을 쉽게 검색할 수 있는 곳은 다음과 같다.

■ **논문 검색**

학교 도서관 누리집(동국대의 경우 http://libk.dongguk.ac.kr 의 전자 정보 통합 검색)

한국교육학술정보원(http://riss.kr)

한국학술정보(http://kiss.kstudy.com)

국회도서관(www.nanet.go.kr)

국립중앙도서관(www.nl.go.kr)

국가전자도서관(http://www.dilibrary.go.kr)

국가과학기술정보센터(http://scholar.ndsl.kr)

한국학술지인용색인(http://www.kci.go.kr)

■ **백과사전식 정보 검색**

한국 민족 문화 대백과(http://terms.naver.com/list.nhn?cid=44621&categoryId=44621)

두산 백과(http://terms.naver.com/list.nhn?cid=40942&categoryId=40942)

■ **각종 통계조사 결과 검색**

통계청(http://kostat.go.kr/portal/korea/index.action)

10장

내용 조직하기

I. 핵심 이론

1. 보고서 목차 작성의 중요성과 유의점

(1) 개요 작성의 중요성

학술 조사 보고서를 작성할 때 가장 먼저 해야 할 일 중 하나는 보고서의 개요를 구성하는 것이다. 개요는 보고서의 전체적인 논리 구조와 내용의 전개 순서를 설계하는 과정으로, 글쓰기에 앞서 사고를 정리하고 체계적으로 글을 구성하는 데 핵심적인 역할을 한다. 개요를 충실히 구성하면 주제에서 벗어나는 내용을 줄일 수 있고, 핵심 주장과 근거가 적절히 연결된 글을 쓸 수 있다. 또한 개요는 글을 쓰는 사람뿐 아니라 읽는 사람에게도 큰 도움이 되며, 글의 방향성과 논리 흐름을 명확하게 전달하는 데 기여한다.

(2) 목차의 기능과 역할

보고서에서 목차는 '차례' 이상의 기능을 한다. 목차는 독자가 본문을 모두 읽지 않더라도 보고서의 주제, 전개 방식, 주요 논점을 한눈에 파악할 수 있도록 돕는다. 목차를 통해 독자는 전체 내용을 예측할 수 있고, 관심 있는 부분만 골라 읽을 수도 있다. 따라서 목차는 보고서의 첫인상을 결정짓는 중요한 장치이자, 전체 글의 논리 구조를 압축적으로 보여주는 핵심 요소다. 잘 짜인 목차는 글의 설득력을 높이는 동시에 보고서의 완성도를 평가받는 중요한 기준이 되기도 한다.

(3) 목차 구성 시 유의점

목차를 구성할 때는 각 장·절·항의 제목을 명료하고 간결하게 작성하는 것이 중요하다. 제목은 해당 단락의 핵심 내용을 정확히 요약할 수 있어야 하며, 전체 흐름 속에서 논리적으로 유기적인 관계를 형성해야 한다. '서론-본론-결론'이라는 큰 구조 아래 본론을 구성하는 여러 절과 항목들이 중심 논지에 부합하는지 점검해야 한다. 예컨대 '문제 제기', '선행 연구 검토', '자료 분석', '해석 및 논의' 같은 항목들이 내용의 전개 순서에 맞게 배열되었는지 살피고, 각각의 소제목이 구체적이고 전달력 있게 표현되어야 한다.

☞ 체크 포인트 - 목차를 잘 쓰려면?

목차 작성 능력을 신장하기 위해서는 다양한 예시를 살펴보고 직접 분석해 보는 실습이 효과적이다. 예시 목차에서 각 소제목이 해당 절의 핵심 내용을 명확하게 드러내고 있는지, 전체적인 흐름이 논리적으로 정돈되어 있는지를 점검해 보는 것이다. 만약 소제목이 모호하거나 추상적이라면, 그 이유를 분석하고 더 적절한 표현으로 고쳐보는 연습이 필요하다. 이러한 실습을 반복하면 학생들은 목차를 단순히 나열하는 것을 넘어, 글 전체의 구조를 통합적으로 설계하는 사고력과 표현력을 기를 수 있다.

2. 보고서의 3단 구성

(1) 보고서 3단 구성의 목적과 필요성

보고서는 주제를 체계적으로 분석하고 논증하는 글쓰기 형식으로, 서론-본론-결론의 3단 구성을 통해 논지를 명확하게 정리하여 보고하는 글이다. 이러한 3단 구성은 독자가 보고서의 주제와 목적, 분석 내용, 결론과 의의를 논리적으로 쉽게 파악하도록 돕는다. 이에 서론, 본론, 결론에서 반드시 다루어야 할 내용을 포함하여 각 구성에서 충분히 그 내용을 설명, 논증할 필요가 있다.

(2) 서론의 구성 요소와 기능

서론에서는 보고서가 다루는 주제를 소개하고, 이 주제를 선정하게 된 배경이나 주제와 관련된 문제의식을 제시하는 것이 핵심이다. 독자에게 왜 이 보고서를 써야 했는지 그 이유와 배경을 구체적으로 서술하여 납득시켜야 하며, 연구 대상과 연구 목적, 선행 연구, 연구 방법 등을 함께 제시함으로써 본격적인 논의의 토대를 마련한다. 이처럼 서론은 전체 보고서의 방향성과 초점을 설정해 주는 역할을 한다.

(3) 본론의 구성 요소와 기능

본론은 보고서에서 가장 많은 분량을 차지하는 중심 구성으로, 연구 대상에 대한 구체적인 분석과 자료 제시, 논증이 본격적으로 이루어지는 부분이다. 본론에서는 객관적인 데이터나 문헌을 활용하여 논리적인 분석을 전개하고, 그 과정에서 필자의 해석과 관점을 분명히 드러내야 한다. 단순한 자료 나열이 아닌, 이를 통해 문제를 해석하고 논리적으로 설명하는 것이 중요하다. 분량이 많은 경우 본론을 2~3개 이상의 절로 나누어 구성하는 것이 좋다. 또한 각 절에서는 보고서 전체의 주제로 연결될 수 있으나, 각각은 서로 다른 내용의 하위 주제를 설정하여 이러한 하위 주제를 중심으로 구체적인 분석을 수행해야 한다. 본론은 보고서의 핵심 내용을 전달하는 부분인 만큼, 독자의 신뢰를 얻기 위해 신중하고 명료한 서술이 요구된다.

(4) 결론의 구성 요소와 기능

결론은 보고서 전체를 정리하고 마무리하는 역할을 하며, 논지의 핵심을 다시 강조함으로써 독자의 이해를 돕는 장이다. 이를 위해 결론에서는 먼저 본론의 주요 내용을 요약하고, 그 분석을 통해 도출된 주요 결과와 의미를 간결하게 정리해야 한다. 이때 보고서에서 다룬 주제가 어떤 시사점을 지니는지, 어떠한 가치를 지니는지 드러내는 것도 중요하다. 또한 연구 또는 분석의 한계점도 함께 밝혀야 한다. 이러한 연구의 한계점 제시는 독자의 비판을 미리 수용하면서 글의 신뢰도를 높이는 데 도움이 된다. 결론에서는 나아가 후속 과제나 연구 전망을 제시함으로써 보고서가 일회성으로 끝나지 않고, 학문적 또는 실천적인 발전 가능성을 지닌다는 점을 부각할 수 있다.

(5) 보고서 3단 구성의 의의와 효과

이처럼 보고서의 3단 구성은 형식적인 분류에만 그치지 않고, 보고서의 내용 흐름을 구조화하고 독자와의 효과적인 소통을 가능하게 해 주는 도구이다. 서론에서 문제의식을 환기하고, 본론에서 구체적 분석을 통해 내용을 발전시키며, 결론에서 이를 종합하고 확장하는 구조는 논리적인 글쓰기의 기본을 이루는 틀이라 할 수 있다. 각 단락이 맡은 역할을 명확히 이해하고 충실하게 구성한다면, 보고서의 완성도는 한층 높아질 수 있다. 특히 논지의 명확성, 분석의 객관성, 결론의 설득력은 이 3단 구조 속에서 유기적으로 연결될 때 더욱 효과를 발휘한다.

3. 보고서 서론, 본론, 결론에 들어갈 주요 내용

(1) 보고서 서론에 들어갈 주요 내용

◎ 연구(조사)의 필요성

서론에서는 먼저 연구나 조사가 왜 필요한지 그 필요성을 명확히 밝힌다. 주제의 중요성과 사회적, 시기적 배경을 설명하여 독자가 왜 이 주제에 주목해야 하는지 설득한다. 예를 들어 최근 사회적 이슈나 변화, 혹은 특정 현상의 심각성을 언급하며 연구의 필요성을 강조한다. 이를 통해 독자는 해당 연구가 단순한 관심사에 그치는 것이 아니라, 현재 상황에서 반드시 다루어야 할 의미 있는 주제임을 이해하게 된다.

◎ 주제, 연구(조사) 목적 및 선정 이유

서론의 두 번째 항목에서는 보고서의 주제와 연구 목적을 구체적으로 밝힌다. 이때 왜 해당 주제를 선택하게 되었는지, 그리고 이 연구를 통해 무엇을 밝히고자 하는지를 명확히 서술한다. 주제 선정의 배경이나 개인적인 동기, 사회적 필요성 등을 함께 제시하면 독자가 연구의 방향성을 쉽게 파악할 수 있다. 이 과정에서 보고서가 제공하고자 하는 목표와 기대 효과도 함께 언급한다.

◎ 연구(조사) 대상, 선정 기준 및 이유

다음으로는 연구나 조사의 구체적인 대상과 그 선정 기준, 그리고 기준을 정한 이유를 설명한다. 예를 들어 특정 지역이나 집단, 혹은 사례를 연구 대상으로 삼았다면, 그 대상을 선택한 배경과 기준을 명확히 제시한다. 이를 통해 연구의 신뢰성과 타당성을 높일 수 있으며, 독자가 연구 범위와 한계를 이해하는 데 도움을 준다.

◎ 연구(조사) 기간, 절차 및 방법

마지막으로 연구가 진행된 기간과 전체적인 절차, 그리고 구체적인 방법을 간략하게 소개한다. 연구를 언제, 어떤 순서로, 어떤 방식으로 수행했는지 설명함으로써 연구의 체계성과 객관성을 확보한다. 예를 들어 자료 수집 방식, 실험이나 설문 절차, 분석 방법 등을 간단히 기술하여 독자가 연구의 전반적인 흐름을 쉽게 이해할 수 있도록 한다.

(2) 보고서 본론 작성의 방향

◎ 전체적인 내용에서 부분(세부)적인 내용으로

보고서의 본론을 작성할 때는 먼저 전체적인 내용을 간략하게 소개한 후, 그 다음에 각 부분이나 세부적인 내용을 구체적으로 설명하는 것이 효과적이다. 예를 들어 '우리 학교의 환경 개선 방안'이라는 주제라면, 먼저 학교 환경 개선의 필요성과 전반적인 방향을 설명한 뒤, 교실 환경, 운동장 정비, 화장실 개선 등 각 세부 항목별로 구체적인 방안을 순차적으로 제시하는 방식이다. 이렇게 하면 독자가 전체 맥락을 이해한 상태에서 각 세부 내용을 받아들일 수 있어 능동적으로 정보를 이해하는 것을 도와 정보 전달이 명확해진다.

◎ 쉽고 간단한 내용에서 복잡하고 어려운 내용으로

정보를 배열할 때는 먼저 이해하기 쉽고 간단한 내용부터 제시하고, 점차 복잡하고 어려운 내용으로 넘어가는 것이 좋다. 예를 들어 '에너지 절약 방법'에 대해 설명할 때는 먼저 전등 끄기, 플러그 뽑기 등 일상에서 쉽게 실천할 수 있는 방법을 소개한 후, 에너지 효율 등급 이해하기, 신재생에너지 활용 등 다소 복잡한 내용을 뒤에 배치한다. 이렇게 하면 학생들이 부담 없이 내용을 따라올 수 있고, 점차 깊이 있는 이해로 나아갈 수 있다.

◎ 일반적인 내용에서 구체적인 내용으로

처음에는 누구나 공감할 수 있는 일반적인 내용을 제시하고, 그 다음에 구체적인 사례나 수치, 실천 방안 등으로 내용을 좁혀가는 것이 효과적이다. 예를 들어 '독서의 중요성'에 대해 쓴다면, 먼저 독서가 왜 중요한지 일반적인 이유를 설명하고, 이후 '하루 30분 독서 실천', '독서 기록장 작성' 등 구체적인 실천 방법이나 예시를 덧붙이는 방식으로 전개한다. 이와 같은 방식은 독자가 점진적으로 내용을 깊이 이해하도록 도와준다.

◎ 핵심(중요한) 내용에서 부차적(뒷받침) 내용으로

가장 중요한 핵심 내용을 먼저 제시하고, 그 다음에 이를 뒷받침하는 보조적 정보나 예시, 근거 등을 덧붙이는 것이 효과적이다. 예를 들어 '스마트폰 사용 시간 제한의 필요성'에 대해 설명할 때는 먼저 '스마트폰 과다 사용이 학습과 건강에 미치는 영향'이라는 핵심 내용을 제시하고, 이후 실제 사례, 통계 자료, 전문가 의견 등 부차적인 내용을 덧붙여 설득력을 높인다. 이처럼 핵심-부차적 순서로 정보를 배열하면 독자가 중요한 메시지를 명확히 인식할 수 있다.

(3) 보고서 결론에 들어갈 주요 내용

◎ 연구(조사) 요약

결론의 첫 부분에서는 보고서 전체에서 다룬 연구나 조사의 내용을 간결하게 요약한다. 이때 서론이나 본문에서 썼던 문장을 그대로 반복하지 않고, 본문에서 다룬 핵심 내용을 새로운 표현으로 정리한다. 예를 들어 '본 보고서는 ○○ 현상의 원인과 실태를 다각도로 분석하였다. 그 결과, ○○의 문제점과 개선 방향을 도출하였다.'와 같이 1~2문장으로 전체 흐름을 정리한다. 이를 통해 독자는 보고서의 주요 내용을 한눈에 파악할 수 있다.

◎ 연구(조사) 결과에 대한 해석 및 종합 의견

다음으로 본론에서 제시한 연구 결과를 바탕으로, 그 의미와 해석을 종합적으로 서술한다. 본문에서 발견한 사실이나 수치를 단순히 나열하는 것이 아니라, 그 결과가 시사하는 바와 전체적인 결론을 명확히 제시한다. 예를 들어 '조사 결과 ○○가 ○○에 긍정적인 영향을 미친다는 점을 확인할 수 있었다. 이를 통해 ○○의 중요성을 다시 한 번 인식하게 되었다.'와 같이 본인의 견해와 종합적인 결론을 덧붙인다.

◎ 연구(조사) 보고서의 한계

결론에서는 자신이 수행한 연구나 조사에 어떤 한계가 있었는지도 솔직하게 밝힌다. 예를 들어 '본 연구는 조사 대상이 제한적이어서 모든 경우에 적용하기 어렵다는 한계가 있다. 또한 시간적 제약으로 인해 장기적인 변화를 충분히 관찰하지 못했다.'와 같이 연구의 한계를 구체적으로 서술한다. 이러한 내용은 보고서의 신뢰성과 정직성을 높여준다.

◎ 연구(조사)의 의의 및 제언, 전망

마지막으로, 이번 연구가 갖는 의의와 앞으로의 발전 방향 또는 제언을 제시한다. 예를 들어 '이 연구는 ○○ 문제의 실태를 구체적으로 밝혔다는 점에서 의미가 있다. 앞으로 더 다양한 사례를 조사하여 ○○에 대한 심층적인 연구가 필요하다.'와 같이 연구의 가치와 후속 연구 방향, 실천적 제언 등을 덧붙인다. 이를 통해 보고서가 단순한 결과 정리에 그치지 않고, 미래 지향적인 메시지를 전달할 수 있다.

II. 예시 및 연습활동

1. 주제 정하기, 소재(가주제)와 주제(참주제)

예시 1 3단 구성을 활용한 보고서 목차 구성 형식

서론: 1. 보고서의 연구 대상 및 연구 목적(연구 대상 선정 배경 및 주제 선정 배경) 2. 연구사(선행 연구 정리 및 특징 분석) 3. 연구 방법(주요 근간을 두는 이론 및 논증의 방법) 등 소개
본론: 대상 분석 결과와 그 근거
결론: 1. 논지의 요약 강조 2. 보고서의 의의 및 한계점에 대한 평가 3. 보고서 주제와 관련된 전망 또는 과제 제시

예시 2 3단 구성을 활용한 보고서 목차(단어나열식 개요) 구성 사례

목차

1. 서론
2. 동국대학교 ○○○학부 1학년 학생의 SNS 사용 현황
   2.1. 자주 사용하는 SNS 플랫폼 분석
   2.2. 일별 SNS 사용 총 시간 및 SNS 확인 빈도
3. SNS 사용의 부정적 영향과 학생 인식 분석
   3.1. 과도한 SNS 사용의 부정적 영향
   3.2. SNS 사용과 부정적 영향에 대한 학생들의 자기 인식 조사 분석
4. 결론

예시 3 3단 구성을 활용한 보고서 목차의 문장나열식 개요 구성 사례

1. 서론
   - 동국대학교 ○○○학부 1학년 학생들의 SNS 사용 현황을 주제로 삼아, 현대 대학생의 미디어 이용 양상과 그로 인한 사회문화적 의미를 탐색한다.
   - 대학생의 SNS 사용에 대한 기존 연구들을 정리하고, 이들 연구가 보여주는 공통된 문제의식과 분석 관점을 바탕으로 본 연구의 접근 지점을 설정한다.
   - 설문 조사와 통계 자료를 중심으로 SNS 사용 실태를 분석하고, SNS 중독 및 자기 인식과 관련된 이론을 해석의 틀로 삼는다.
2. 동국대학교 ○○○학부 1학년 학생의 SNS 사용 현황
   - 동국대학교 ○○○학부 1학년 학생들이 자주 사용하는 SNS 플랫폼의 종류와 이용 비율, 하루 평균 사용 시간, SNS 확인 빈도 등을 중심으로 한 사용 실태가 드러난다.
3. SNS 사용의 부정적 영향과 학생 인식 분석
   - 과도한 SNS 사용으로 인한 집중력 저하, 수면 부족, 사회적 고립 등 부정적 영향이 확인되며, 이에 대한 학생들의 자각 수준과 인식 차이가 존재한다.
4. 결론
   - 대학생의 SNS 사용이 일상생활과 자기 인식에 미치는 영향을 통해 현대 청년 세대의 디지털 매체 수용 태도를 파악할 수 있다.
   - SNS 이용에 대한 개인적 책임과 사회적 차원의 대응 필요성이라는 이중적 과제가 부각된다.
   - 향후 대학생의 미디어 리터러시 함양과 건강한 SNS 사용 문화를 위한 실천적 과제 제안의 필요성이 나타난다.

예시 4 // 3단 구성을 활용한 보고서 예비 작성 사례

Ⅰ. 서론

최근 대학생들 사이에서 카페는 단순한 음료 소비 공간을 넘어, 개인 학습과 휴식, 자기 시간 조절의 공간으로 새롭게 주목받고 있다. 독립된 공간과 비교적 자유로운 분위기를 갖춘 카페는 시험 공부, 과제 작성, 팀플 미팅 등 다양한 학업 활동의 장소로 활용된다. 본 보고서는 대학생들이 카페를 어떤 방식으로 활용하고 있으며, 이러한 공간 활용이 학습 습관과 시간 관리에 어떤 영향을 미치고 있는지 분석하고자 한다.

Ⅱ. 본론

1. 카페 이용 목적의 다변화

전통적인 '친구와의 만남' 목적 외에도, 최근에는 과제 수행, 자격증 공부, 포트폴리오 작성 등 다양한 학업적 활동이 카페에서 이루어지고 있다.

2. 학습 공간으로서의 카페 환경 평가

학생들은 '조용한 분위기', '적당한 소음', '와이파이와 콘센트' 등을 주요 장점으로 꼽는다. 일부는 독서실보다 더 집중된다고 답하기도 한다.

3. 설문조사 및 관찰 자료 분석

20○○년 동국대학교 재학생 200명을 대상으로 한 설문조사 결과, 응답자의 72%가 "혼자 집중할 수 있는 장소로 카페를 주로 이용한다."고 응답했다. 응답자의 63%는 '혼자 있는 시간 확보'를 위해 카페를 찾는다고 밝혔다.

Ⅲ. 결론

대학생의 카페 이용은 이제 단순한 만남의 장을 넘어, 자기주도적 학습 공간으로 변화하고 있다. 이는 20대 대학생의 시간 사용 방식과 학습 환경에 대한 인식 변화를 보여주는 사례라 할 수 있다. 향후에는 카페와 같은 생활 기반 공간들이 개인의 목적에 따라 유연하게 사용되는 하이브리드 공간으로 더욱 진화할 것으로 예상된다. 대학 내에서도 이러한 경향을 반영한 다목적 휴게 공간 및 유연한 학습 공간 설계에 대한 논의가 필요하다.

연습활동 1 아래 빈칸에 내가 앞으로 작성하고 싶은 주제를 작성하고, 이를 목차의 빈칸에 알맞게 구체화해서 써 보자.

Ⅰ. 서론 구성하기

1. 보고서의 주제를 간단히 설명해 보자. 왜 이 주제를 선택하게 되었는가?
   - 주제 소개: ____________________

   ____

2. 독자의 흥미를 끌 수 있도록 배경이나 문제의식을 제시해 보자.
   - 문제의식 또는 배경 설명: ____________________

   ____

3. 연구 목적이나 분석 방향을 한 문장으로 정리해 보자.
   - 연구 목적 또는 보고서 방향 제시: ____________________

   ____

Ⅱ. 본론 구성하기

1. 아래에 본론을 3개의 하위 절로 나누어 보자.
2. 이 주제를 분석하기 위해 다룰 3가지 소주제를 생각해 보자.
3. 각 소주제에 어떤 내용을 담을지 간단히 적어보자.

Ⅲ. 본론

1. ____________________

   ____

   (내용 요약: ____________________)

   ____

2. ____________________

   ____

   (내용 요약: ____________________)

   ____

3. ____________________

____

(내용 요약: ____________________)

____

Ⅳ. 결론 구성하기

전체 내용 중 가장 강조하고 싶은 핵심 결과는 무엇인가?

① 핵심 내용 요약: ____________________

____

이 주제를 통해 도출된 시사점이나 이 주제의 가치, 의의는 무엇인가?

② 시사점 또는 의의: ____________________

____

후속 연구나 제언하고 싶은 점이 있다면 무엇인가?

③ 후속 과제 또는 제언: ____________________

____

연습활동 2 아래 문장을 읽고, 해당 문장이 위의 예문에서 작성된 ① 서론 ② 본론 ③ 결론 중 어디에 해당하는지 체크해 보자.

"이 글에서는 코로나19 이후 대학생의 SNS 사용 변화를 분석하고자 한다."
① 서론 ② 본론 ③ 결론

"응답자의 58%는 하루 평균 3시간 이상 SNS를 사용한다고 응답했다."
① 서론 ② 본론 ③ 결론

"분석 결과, SNS는 단순한 소통 수단을 넘어 자아 표현의 장으로 기능하고 있었다."
① 서론 ② 본론 ③ 결론

III. 참고자료

1. 학생 보고서 사례

통학 시간과 학교생활 만족도의 관계
-주거유형을 중심으로

차 례

1. 들어가며

친구들과 이야기하던 중 통학을 하는 친구가 '통학러'의 고충을 토로했다. 막차가 끊길까봐 술자리도 편하게 갖지 못하고, 한 달 교통비가 만만치 않게 들어가다 보니 자연스럽게 학교생활이 힘들어진다고 이야기하였다. 그리고 통학을 하다가 얼마 전 자취를 시작한 친구도 학교와 집이 가까워져서 훨씬 편해졌지만 비용이 부담스럽고, 학업과 집안일을 병행하기 어렵다며 자신의 고충을 말하였다. 실제로 '대학내일20대연구소'에서 조사한 내용에 따르면, 수도권에 거주하는 대학생 중 30.8%가 가족과 살지 않는 '비안정 주거'에 속한다는 발표가 나왔다.[1] 따라서 학생들의 주거유형

1 위키트리(2015.01.19.), "대학생 주거 실태 분석 보고서, 지금 살 만합니까?", http://www.wikitree.co.kr/main/news_view.php?id=204332

을 중심으로 하여 통학 시간과 그에 따른 학교생활 만족도를 주제로 정하게 되었고, 설문조사를 통해 이를 알아보고자 하였다.

2. 주거유형 및 통학 시간과 학교생활 만족도의 관계

2.1. 대학생들의 주거유형 및 통학 시간 조사

우선 대학생들의 주거유형의 실태를 알기 위하여 20□□.○○.××.~20□□.○○.××.의 기간 동안 동국대학교 와이즈캠퍼스, 서강대학교, 광운대학교, 세종대학교 등 4개의 학교를 대상으로 재학 중인 대학생들 86명을 대상으로 설문조사를 진행하였다.

〈표 1〉 대학생들의 주거유형과 통학 시간 조사

	통학	자취	기숙사
인원(명)	50	24	12
평균 통학 시간(분)	63.16	12.46	22.5

* 통학 시간은 편도를 기준하여 소수점 셋째자리에서 반올림

위의 표에서 알 수 있듯이, 본가에서 통학하는 학생이 50명으로 약, 58.1%, 자취하는 학생이 24명으로 약 27.9%, 그리고 기숙사에 사는 학생이 12명으로 약 14%를 차지하는 것으로 밝혀졌다. 또한 평균 통학 시간은 본가에서 통학하는 학생이 약 63.16분, 자취하는 학생이 12.46분, 기숙사에 사는 학생이 22.5분이 소요되는 것으로 나왔다. 또한, 자취하거나, 기숙사에서 사는 학생 중 약 88.9%(32명)가 걸으며 등교를 하는 데 반해, 본가에서 통학하는 학생 중 96%(48명)가 대중교통이나 자차를 이용하였다. 이는 본가에서 통학하는 학생이 나머지 학생보다 월등히 먼 거리에서 살고 있다는 것을 분명히 보여준다.

2.2. 주거유형별 학교생활 만족도

주거유형별 학교생활 만족도를 요약하면 다음 표와 같다.

〈표 2〉 **대학생들의 주거유형별 학교생활 만족도 조사** (단위 명)

	통학	자취	기숙사
만족	13	18	9
보통	10	3	2
불만족	27	3	1
	50	24	12

본가에서 통학하는 학생 중 학교생활에 불만족(대체로 불만족, 매우 불만족)한 학생들의 비율은 54%로, 12.5%인 자취와 약 8.3%인 기숙사에 비해 월등히 높은 수치를 기록하였다. 이에 비해 자취생과 기숙사생의 만족도는 75%로 26%인 통학생 만족도의 대략 3배였다. 실제로 설문조사에 참여한 한 학생은 "너무 힘들다. 통학 왕복 세 시간 이상은 죽고 싶다. 사실 세 시간 반 정도 걸린다. 잠이 너무 부족하고 생활 질이 너무 떨어진다. 막차 타고 들어가려면 학교에서 열 시 반에 출발해야 한다. 그래도 집 근처 마을버스는 놓친다. 걷기가 생활화되어 있고 늦지 않으려 늘 뛴다. 통학이라면 1교시는 꼭 안 하길 바란다."라며 통학 시간이 길어 학교생활이 불편하다고 말했다. 그 외에도 "대중교통을 이용할 시 사람이 몰려서 불쾌하다.", "시간 관리가 비효율적이다."라는 의견도 상당한 비중을 차지하였다.

2.3. 통학 시간별 학교생활 만족도

다음 표는 통학 시간별 학교생활 만족도를 정리하여 나타낸 것이다.

〈표 3〉 **대학생들의 통학 시간별 학교생활 만족도 조사**

	10분 미만	10분 이상~ 30분 미만	30분 이상~ 60분 미만	60분 이상~ 90분 미만	90분 이상
만족	22	11	4	2	1
보통	0	4	6	3	2
불만족	1	2	5	8	15
계	23	17	15	13	18

* 단위 명. 통학 시간은 편도 기준

주거유형을 고려하지 않고 순수하게 통학 시간별 학교생활 만족도를 정리하면, 더욱 통학 시간이 학교생활 만족도에 미치는 영향을 극명하게 알 수 있다. 통학 시간이 길면 길수록, 불만족도가 높아지는 경향을 보인다. 특히나 편도 통학 시간 60분이 넘어가면 불만족도가 급격하게 상승한다. 그리고 〈표 1〉에서 본가에서 통학하는 학생들의 편도 기준 평균 통학 시간이 63분이고, 이들의 불만족도가 가장 높은 것도 이러한 이유로 해석할 수 있다.

3. 나가며

지금까지의 내용을 종합하여 보면 학생들의 학교생활 만족도는 통학 시간이 가장 긴 통학하는 학생, 자취하는 학생, 기숙사에 사는 학생 순으로 낮았다. 거리가 멀수록 만족도가 낮았다. 이런 불만들을 해결하기 위한 가장 이상적인 방안은 대학 자체의 기숙사 수용 인원을 증원하는 것이다. 하지만 주변 상권의 반발 등의 현실적 문제가 얽혔기 때문에 실질적으론 거의 불가능하다. 따라서 조금 더 현실적인 방안으로는 애초에 대학 진학을 고민할 때 대학과의 거리를 고려한다거나, 자전거나 전동 킥보드 등의 도구를 이용하거나, 학교에서 셔틀버스 노선을 늘리고 배차 간격을 좁혀야 한다. 등이 있다.

학교와 거주지 간 통학 시간은 하루하루의 처음과 끝의 기분을 좌우한다. 학생들이 학교생활에 대한 만족도를 생각할 때 수많은 이유가 있겠지만 통학 시간도 큰 영향을 끼치는 것을 알고, 1년 혹은 1학기 동안 나의 학교생활을 미리 생각해 보고, 주거유형을 결정해야 한다.

조사하면서 다양한 요인들이 학교생활 만족도에 영향을 미친다는 것을 알게 되었고, 통학 시간은 요인 중 하나라는 것을 느꼈다. 따라서 후에 기회가 있다면 학교생활 만족도에 영향을 미치는 다른 요인들을 조사하고 싶다고 생각하였다.

마지막으로, 곧 2학기를 맞아 기숙사에 남아 있을까, 자취할까, 아니면 집에서 통학할까 등의 고민을 할 학우들이 많이 있을 것이다. 나 또한 입학 전에 같은 어려움을 겪었기 때문에 이런 어려움을 겪고 있는 학생들이 결정을 내릴 때 도움이 되길 바라며 마친다.

참고자료

위키트리(2015.01.19.), “대학생 주거 실태 분석 보고서, 지금 살 만합니까?”, http://www.wikitree.co.kr/main/news_view.php?id=204332

설문 조사 문항

1. 학교 통학 방법
2. 통학 방법
3. 통학 시간(편도 기준)
4. 학교생활에 대한 만족도
5. 4번 항목에 대한 이유
6. 통학 시간을 줄이기 위한 방법이 있다면?

2. 보고서 목자 장절항목 번호 표시 방식(예시)

보고서의 목차는 항목 번호로 정리되어 독자들이 한눈에 보고서의 특징과 흐름을 파악할 수 있도록 하는 것이 좋다. 항목 번호를 붙이는 방법은 장과 절을 사용하는 장절식, 수와 문자를 혼합하는 수문자식, 숫자만을 이용하는 수식으로 나뉜다. 최근에는 주로 아라비아 숫자, 로마자, 알파벳 등이 다양하게 활용된다.[14]

〈장 절식〉	〈수문자식 1〉	〈수문자식 2〉	〈수식 1〉	〈수식 2〉
제1장	1.	Ⅰ.	Ⅰ.	1.
제2장	2.	Ⅱ.	Ⅱ.	2.
제1절	가	A.	1.	2.1.
제1항	1)	1.	2.	2.1.1.
제2항	2)	2.	1)	2.1.2.
제2절	나	B.	2)	2.2.
제1항	1)	1.	3.	2.2.1.
제2항	2)	2.	4.	2.2.2.
제3항	3)	3.	1)	2.2.3.
제1목	가)	a.	2)	2.2.3.1.
제2목	나)	b.	(1)	2.2.3.2.
제3장	3.	Ⅲ.	(2)	3.
			(3)	
			①	
			②	
			③	
			Ⅲ.	

11장

초고쓰기

I. 핵심 이론

1. 보고서 표현과 형식적 특징 이해

(1) 보고서의 본질과 목적

보고서는 특정 주제에 대해 조사·분석한 결과를 논리적이고 체계적으로 전달하는 글로, 감상문이나 일기와는 다르다. 특히 학술 보고서는 자신의 의견을 무조건 주장하는 글이 아니라, 객관적 자료와 선행 연구를 바탕으로 문제를 제기하고 논리적으로 해석하는 글이다. 따라서 보고서에서는 타당한 근거와 논리를 바탕으로 주장을 전개하며, 이를 통해 독자에게 학문적 신뢰성을 확보해야 한다. 이처럼 보고서는 사실성과 객관성을 기반으로 구성되어야 하며, 감정보다는 분석과 논증이 중심이 된다.

(2) 보고서의 표현 특징

보고서에서 사용하는 문장은 일상 언어와 구별되는 격식체와 문어체를 사용해야 한다. 비격식체는 공식적이지 않고 친근한 말투로, 주로 일상적인 대화나 사적인 글에서 사용된다. 예를 들어 "이건 내가 한 거야."와 같은 표현은 비격식체에 해당한다. 이에 반해 격식체는 공식적이고 정중한 표현 방식으로, 보고서나 발표문과 같은 공식적인 글쓰기에서 "이는 필자가 수행한 것이다."와 같이 사용된다.

한편, 구어체는 말할 때 사용하는 언어로, 문장이 짧고 생략이 많으며 감정 표현이 자유로운 특징을 지닌다. 예컨대 "그 일, 제가 했어요."라는 문장은 구어체의 한 예라 할 수 있다. 반대로 문어체는 글쓰기에서 사용하는 언어 방식으로, 문법적 구조가 완전하고 논리적이며 객관적인 표현이 중심이 된다. "나는 그 일을 하였다."와 같은 문어체의 사례로 볼 수 있다.

비격식체와 구어체는 유사해 보일 수 있으나, 전자는 표현의 공식성 여부에 중점을 두는 반면, 후자는 언어의 전달 방식인 말과 글의 차이에 초점을 둔다. "이건 진짜 문제가 많다."와 같은 구어적 표현은 학술 글에 적합하지 않으며, 대신 "이와 같은 사례는 문제점을 야기할 수 있다."처럼 정제된 어휘와 구조적인 문장이 요구된다. 특히, 1인칭 주어 "나는"보다는 "이 글에서는", "본 연구는"과 같은 표현이 선호되며, "~해요.", "~했어요."보다는 "~한다.", "~하였다."와 같은 서술형 종결어미가 사용된다. 이러한 문체적 특징은 독자에게 글쓴이의 논리를 정확하고 신뢰감 있게 전달하는 데 도움을 준다.

(3) 감정 표현 배제 및 객관적 표현의 방법

보고서를 작성할 때는 글쓴이의 감정이나 주관적 느낌을 직접적으로 드러내는 표현을 피하고, 객관적이고 사실 중심적인 표현을 사용하는 것이 중요하다. 보고서는 감성적 호소가 아닌, 논리적 설득과 자료 기반의 주장 전개를 목표로 하는 글쓰기이기 때문이다. 예를 들어 "그 상황은 정말 짜증이 났다."와 같은 표현은 독자의 신뢰를 떨어뜨릴 수 있으며, 공적인 글에 적절하지 않다. 이를 대신해 "해결 방안이 마련되지 않아 많은 불편이 초래되었다."처럼 정황을 객관적으로 진술하는 방식이 바람직하다. 마찬가지로 "정말 기분 나쁜 정책이다."라는 표현보다는 "해당 정책은 당사자의 권리를 충분히 고려하지 않았다는 비판을 받고 있다."처럼 감정 대신 평가의 근거와 맥락을 담아야 한다. 이러한 표현 전환을 위해서는 글을 쓰기 전 감정을 중심으로 작성된 문장을 점검하고, 그 감정이 어디에서 비롯되었는지를 구체적인 원인이나 자료로 설명하는 방식으로 바꾸는 노력이 필요하다.

(4) 의견과 사실 또는 정보의 구분 필요성과 구체적 실천 방법

보고서에서는 사실과 정보, 그리고 글쓴이의 의견을 명확히 구분하여 제시하는 태도가 중요하다. 독자는 글을 읽으며 어떤 내용이 객관적인 사실이며, 어떤 내용이 글쓴이의 해석이나 주관적 주장인지 구분할 수 있어야 한다. 예를 들어 '요즘 학생들은 모두 SNS에 중독되어 있다.'는 문장은 일반화를 내포한 주관적 의견이다. 반면 '2023년 청소년 인터넷 중독 실태 조사에 따르면, 고등학생의 42.5%가 SNS 과의존 경향을 보였다.'는 문장은 검증이 가능한 정보이며, 이후에 '이러한 수치는 청소년의 자기조절 능력 저하와 관련이 있다.'는 해석을 덧붙이면, 정보와 의견을 명확히 나눈 구조가 된다. 이를 위해서는 출처가 있는 통계나 연구 결과는 따로 인용하고, 그 위에 자신의 관점을 논리적으로 연결하는 단계적 서술 방식을 택하는 것이 좋다. 이러한 구분은 글의 신뢰도를 높이는 동시에, 독자가 각 내용을 비판적으로 수용할 수 있도록 돕는 학문적 글쓰기의 기본자세이기도 하다.

2. 보고서 작성 시 인용의 형식과 방법

(1) 인용의 목적과 필요성

보고서나 학술 논문에서는 자신의 주장만으로 글을 구성하지 않고, 타인의 연구나 발언을 근거로 삼아 논지를 강화하는 것이 필수적이다. 이를 위해 필요한 것이 인용이며, 인용은 단순히 정보를 끌어오는 것이 아니라 자신의 주장과 관련된 근거를 제공하는 논증의 전략이다. 인용은 독자의 신뢰를 얻고 글의 타당성을 높이며, 비판적 논의와 다양한 관점을 드러내는 데 기여한다. 따라서 보고서에서는 인용을 통해 주장에 설득력을 더하고, 객관적 근거를 바탕으로 논의를 전개해야 한다.

(2) 인용 시, 주석(註釋, Annotation) 제시의 필요성과 특징, 작성 요령

인용할 때 주석을 다는 것은 독자에게 해당 정보의 출처를 명확히 전달하고, 글의 신뢰성과 객관성을 확보하기 위한 중요한 절차다. 특히 특정 학자의 견해, 통계자료, 역사적 사실 등을 제시할 때 주석을 통해 출처를 명시함으로써 표절을 방지하고 학문적 윤리를 지킬 수 있다. 주석은 일반적으로 인용 출처를 명시하거나, 본문 내용과 관련된 배경지식, 용어 해설, 보충 설명 등을 덧붙이는 데 활용된다. 주석은 본문에 위첨자([1], [2] 등)로 표시한 후, 해당 번호에 맞춰 각주 또는 미주 형식으로 작성한다. 작성 요령으로는 첫째, 주석 번호는 문장 부호 바깥쪽에 붙이며, 본문 흐름을 해치지 않도록 간결하게 표시한다. 둘째, 주석 내용은 지나치게 장황하지 않도록 간결하게 서술하며, 독자가 쉽게 참고할 수 있도록 명확하게 정리해야 한다. 셋째, 인용 출처를 담는 경우 정해진 형식(예: 저자명, 출판 연도, 서명, 출판사 등)을 따르는 것이 원칙이다. 올바른 주석 작성은 학문적 신뢰성을 확보하고, 글의 깊이와 전문성을 높이는 중요한 장치가 된다.

(3) 각주와 미주의 개념과 작성 요령

인용 시 출처를 제시하는 방법에는 '각주'와 '미주'가 있으며, '각주'는 다시 '내각주'와 '외각주'로 나뉜다. 먼저 '각주'는 본문 안, 또는 본문의 하단에 숫자나 기호를 표시하여, 해당 내용에 대한 출처나 보충 설명을 덧붙이는 주석 형식이다. 반면 '미주'는 각 장이나 보고서의 마지막 부분에 출처를 일괄적으로 모아 표기하는 방식으로, 본문의 흐름을 방해하지 않고 깔끔한 인상을 준다는 점에서 선호되기도 한다.

'각주'의 유형 중 한 가지인 '내각주'는 본문 중간에 괄호 등을 사용하여 간단한 설명이나 출처를 직접 삽입한 주석 형태를 말한다. '내각주'는 보통 인용과 함께 즉시 참고해야 할 정보나 짧은 주석을 담을 때 유용하다. '각주'의 또다른 유형 중 한 가지인 '외각주'는 각 페이지 하단에 출처를 표시하는 방식으로, 독자가 해당 페이지에서 바로 인용의 출처나 보충 설명을 확인할 수 있다는 장점이 있다. 또한 '외각주'는 참고문헌이 많거나 내용이 복잡할 때 정리하기에 효과적이다. 외각주 작성 시에는 주석 번호를 본문에 위첨자 형태로 표기하고, 번호에 해당하는 주석을 해당 페이지 하단에 해당 양식에 맞게 기입해야 한다. 이때 출처 표기는 일관된 양식을 따른다.

(4) 인용의 유형 – 직접 인용과 간접 인용

인용은 크게 직접 인용과 간접 인용으로 나뉜다. 직접 인용은 타인의 글이나 말을 원문 그대로 옮겨오는 방식으로, 따옴표(" ")를 사용하여 인용 부분을 명확히 구분하고, 반드시 출처를 함께 표기해야 한다. 간접 인용은 원문을 자신의 문장으로 요약하거나 재구성한 방식이며, 이 경우에도 반드시 출처를 명시해야 한다. 예를 들어 "김영희(2020)는 디지털 세대의 주의력 저하를 지적하였다."는 간접 인용이고, "디지털 환경은 디지털 세대의 주의력을 저하시킬 수 있다.(김영희, 2020)"는 직접 인용이다. 두 방식 모두 출처 명기와 인용의 정확성이 중요하다.

(5) 인용 시 지켜야 할 원칙

인용은 보고서의 신뢰도를 높이지만, 무분별하거나 목적 없이 인용해서는 안 된다. 인용에는 몇 가지 중요한 원칙이 있다. 첫째, 꼭 필요한 경우에만 인용한다. 둘째, 자신의 주장과 인용된 내용 간의 연관성을 명확히 해야 하며, 단순히 내용을 나열하지 않는다. 셋째, 인용한 사람의 의견을 존중하고 출처를 정확히 밝히는 것이 기본이다. 넷째, 가능한 한 검증된 권위 있는 자료를 사용할 것을 권장한다. 이 네 가지 원칙을 지키는 것은 표절을 방지하고, 학문적 윤리를 지키는 기본 태도다.

II. 예시 및 연습활동

예시 1 아래 상황이 주어졌을 때 감정 표현이 가능한지 아닌지에 대해 판단해 보자.

상황	감정 표현 가능 여부	이유
친구에게 보내는 개인 편지	가능	개인적 소통 상황이므로 자유로운 주제 및 내용 표현 가능
학술 보고서 서론	제한적	학문적 태도, 객관성 요구
블로그 후기 글	일부 가능	독자 대상 전달력이나 공감 확대를 위해 일부 표현 가능
대학 강의 과제물	제한적	교수 평가용, 사실이나 조사한 정보 중심 서술 요구

예시 2 아래 문장에서 감정 표현을 찾아내고, 객관적 표현으로 수정해 보자.

감정 표현 문장 예시	수정된 객관적 표현 문장 예시
이 정책은 정말 화나게 한다.	이 정책은 당사자의 권익을 충분히 고려하지 않은 측면이 있다.
요즘은 이웃들이 서로 인사를 하지 않고 지나가는 경우가 많아서 짜증이 난다.	최근 이웃 간에 인사를 하지 않아 발생한 다툼이 방송을 통해 여러 차례 보도되었다.

이 제도는 진짜 말이 안 된다.	이 사안은 논리적 타당성이 부족하다는 비판을 받고 있다.

예시 3 아래 학생이 작성한 보고서의 서론에서 직접 인용한 부분과 간접 인용한 부분을 찾아 밑줄 그어 표시해 보자.

> **Ⅰ. 서론**
>
> 코로나 19사태가 심각해지고 사회적 거리 두기가 시행되면서 사람들이 비대면을 선호하게 되었다. 이로 인해 전 세계의 소비문화 또한 비대면으로 발달하게 되었고 '언택트 소비'라는 말이 생길 정도로 비대면 소비문화 활발해지게 되었다. 또한, 이러한 소비문화로 인해 키오스크 시스템은 점차 그 수를 늘려 나아가 국내 가맹점에서의 도입 비율이 무려 60%를 넘어 약 260곳에 이르는 것으로 추정되면서[1] 무인 자동화 기기인 '키오스크(Kiosk) 시스템'이 더욱 주목받게 되었다. 최근 "국내뿐 아니라 해외에서도 영화관이나 커피전문점, 패스트푸드점 일부 매장은 카드 결제만 가능한 키오스크(Kiosk, 무인 자동화 기기)를 운영하고 있다."[2]라는 것을 증명하듯 코스닥 시장에서 '디지털 키오스크'에 대한 주가 상승률이 높아지고 있는 추세이다.
>
> 1 배영임, 신혜리(2020), 『코로나19, 언택트 사회를 가속화하다』, 경기연구원, p.5.
> 2 한국경제신문 코로나 특별취재팀(2020), 『코로나 빅뱅, 뒤바뀐 미래;코로나 시대에 달라진 삶, 경제 그리고 투자』, 한국경제신문, p.158.

연습활동 1 내가 직접 아래에 있는 글을 고쳐 써 보자.

시험 기간에 도서관에서 시끄럽게 소음을 내는 사람들을 보면 어이가 없고 무슨 생각인가 싶다.	(수정해 보자.) →

연습활동 2 다음 문장을 보고 이 문장이 '의견'인지, '사실'인지, '정보'인지를 구분하여 가장 적합하다고 생각하는 항목에 동그라미로 표시해 보자.

(1) "청소년의 SNS 사용 시간이 너무 많다." → (의견 / 사실 / 정보)

(2) "2023년 조사에 따르면, 청소년의 하루 평균 SNS 사용 시간은 3.6시간이다."
→ (의견 / 사실 / 정보)

(3) "많은 전문가들이 이 문제를 심각하게 보고 있다." → (의견 / 사실 / 정보)

연습활동 3 여러분이 지금까지 작성한 보고서를 읽고 감정 표현이 들어간 문장을 찾아 수정해 보자.

나의 문장 되돌아보기 - 감정 표현 점검표			
	감정 표현 문장	문제점	수정한 객관 문장
예시	"진짜 별로라고 생각한다."	평가 기준 불분명	"이 정책은 학생들의 실제 요구를 충분히 반영하지 못했다."
활동			

연습활동 4 아래 문장을 읽고, 직접 인용인지 간접 인용인지 분류해 보자.

문장	인용 유형
"청소년의 SNS 중독은 수면 패턴을 심각하게 왜곡시킨다." (이정민, 2022)	☐ 직접 ☐ 간접
이정민(2022)은 SNS 중독이 청소년의 수면 패턴에 부정적인 영향을 미친다고 보았다.	☐ 직접 ☐ 간접

연습활동 5 다음 서지 정보를 참고문헌 형식으로 바꾸어 보자.

저자: 김은정 연도: 2022 제목: 인터넷과 청소년 문화 출판지: 서울 출판사: 청림출판
→

연습활동 6 내가 쓴 보고서 초안에서 인용이 적절히 사용되었는지 점검해 보자.

점검 항목	예 / 아니오
출처가 명확히 제시되었는가?	□ 예 □ 아니오
직접 인용과 간접 인용을 구분하여 사용했는가?	□ 예 □ 아니오
인용 문장 이후 자신의 해석이나 논거가 이어지는가?	□ 예 □ 아니오
참고문헌 목록이 형식에 맞게 정리되어 있는가?	□ 예 □ 아니오

III. 참고자료

1. 글의 목적에 따라 달라지는 문체와 표현

우리는 일상에서 다양한 글을 쓴다. 누군가는 SNS에 감정을 풀어놓고, 누군가는 친구에게 일기를 쓰듯 말을 건네고, 또 누군가는 많은 사람 앞에서 발표하거나 보고서를 쓴다. 그런데 이때 같은 사람이 쓴다고 해서 그 사람이 쓰는 모든 글의 표현 방식이나 문체는 모두 같아야 할까? 아래에서 예시를 통해 확인해 보자.

(1) SNS 댓글

> "진짜 말도 안 돼. 이런 제도를 누가 만들었지? 짜증 나."

이와 같은 SNS 글은 감정을 직접적으로 드러내며, 공감이나 분노를 즉각적으로 표현하는 데 초점을 둔다. 말하듯이 쓰는 구어체 활용을 자유롭게 할 수 있다는 것이 특징이며, 문장 구조나 표현 방식에 제한이 거의 없다. 대체로 비공식적이고 사적인 의사 표현이 중심이 된다.

(2) 발표문

> "이 제도는 학생들의 현실을 반영하지 못하고 있습니다. 개선이 시급합니다."

발표문은 청중을 설득하거나, 정보를 정확히 전달해야 하는 상황에서 사용되므로 비교적 공적인 어조와 문장을 사용한다. 감정을 완전히 배제하지는 않지만, 논증이나 정보 전달이 중심이 되어야 하며, 지나치게 감정에 치우친 표현은 피하는 것이 바람직하다.

(3) 일기

> "나는 솔직히 이 상황이 너무 답답했다. 왜 이런 일이 반복되는 걸까?"

일기는 자신의 감정과 생각을 자유롭게 표현하는 글쓰기 형태이다. 독자를 전제하지 않기 때문에, 감정을 중심으로 솔직하게 서술하며, 자기 성찰이나 감정 해소를 위한 쓰기가 가능하다. 문장의 문법이나 객관성보다는 개인의 진솔한 표현이 우선시된다.

(4) 보고서

> "이 제도는 학생들의 의견 수렴 없이 시행되었으며, 그 결과 혼란과 불만이 발생하였다."

보고서는 사실에 근거한 분석과 객관적인 논리 전개를 중심으로 작성되는 글이다. 감정 표현을 배제하고, 구체적인 자료나 사례를 통해 독자에게 설득력 있는 정보를 제공해야 한다. 독자가 내용을 검토하고 판단할 수 있도록 논거와 근거 중심의 서술을 유지하는 것이 중요하다.

이 네 가지 예문은 모두 같은 문제를 이야기하지만, 어떤 목적, 어떤 대상에게, 어떤 효과를 기대하느냐에 따라 말투도, 어휘도, 태도도 달라진다. 따라서 다른 사람들이 "왜 보고서에선 문체나 표현을 다른 글과 다르게 써야 해?"라고 묻는다면, 이렇게 대답해 보자. "보고서는 SNS나 일기가 아니라, 정보를 정확하게 전달하면서 내 의견을 논증해 나가는 글이기 때문이야."

2. 인용 윤리와 글쓰기 정확성의 중요성

(1) 인용의 윤리적 의미와 학문적 책임

보고서나 논문에서 인용은 단지 자료를 보강하는 기능에 그치지 않는다. 그것은 자신의 주장이 어디에서 비롯되었는지를 명확히 밝힘으로써 학문 공동체의 신뢰를 구축하는 기본적인 윤리 행위다. 타인의 글, 연구 결과, 아이디어를 인용하면서도 출처를 밝히지 않거나, 자신의 주장처럼 제시할 경우 이는 명백한 표절(plagiarism)에 해당하며, 학문적 부정행위로 간주된다. 따라서 인용은 독자의 판단을 돕고, 글쓴이의 성실함을 보여주는 연구 윤리의 핵심 요소로 이해되어야 한다.

(2) 출처 명시의 정확성과 형식 준수의 중요성

정확한 인용은 반드시 출처 정보를 명확하게 밝혀야 하며, 어떤 방식(직접 또는 간접 인용)으로든 출처가 표기되지 않으면 표절로 간주될 수 있다. 인용 출처는 각주·미주, 참고문헌 목록 등에서 학술적 관행에 맞는 방식으로 제시되어야 한다. 특히 APA, MLA, Chicago 등 스타일에 따라 인용 방식이 다르므로, 자신이 속한 분야에서 요구하는 형식을 숙지하고 적용하는 것이 중요하다. 이는 단지 기술적인 문제가 아니라, 자신의 글이 타인의 지식 위에 올바르게 기반하고 있음을 증명하는 행위이기 때문이다.

(3) 인용과 자기주장 간의 경계 명확화

학술 글쓰기에서는 인용된 문장과 글쓴이 자신의 주장을 명확히 구분해야 한다. 인용문이 본인의 주장인지, 타인의 주장인지가 모호해질 경우 독자는 글의 논지를 오해할 수 있으며, 이는 글의 설득력과 신뢰도를 떨어뜨린다. 따라서 인용한 후에는 반드시 그 인용이 자신의 주장과 어떤 관련이 있는지를 설명하거나, 비판적으로 해석하는 문장을 이어서 작성해야 한다. 이처럼 인용은 단순한 출처 삽입이 아니라, 논리 구조 속에 조화롭게 통합되어야 하며, 글의 흐름과 논지를 강화하는 데 기여해야 한다.

12장

고쳐쓰기와 편집하기

I. 핵심 이론

1. 보고서 고쳐쓰기의 방법과 효과

(1) 고쳐쓰기의 개념과 필요성

보고서 작성에서 고쳐쓰기는 초고를 완성한 뒤 글의 구조와 내용을 점검하고 수정해 나가는 글쓰기의 필수 단계이다. 초고는 아이디어를 풀어내는 과정이므로 논리적 흐름이 불분명하거나 표현이 미흡할 수 있다. 고쳐쓰기를 통해 글의 명확성, 논리성, 일관성, 정확성을 강화할 수 있으며, 독자에게 전달력을 높이는 데 중요한 역할을 한다. 즉, 고쳐쓰기는 오탈자 수정에만 그치는 것이 아니라, 글의 완성도를 높이는 적극적이고 창의적인 편집 과정이다.

(2) 내용 점검과 논리 흐름의 재구성

고쳐쓰기를 시작할 때는 우선 전체 구조가 서론–본론–결론의 3단 구조의 흐름에 맞게 구성되었는지, 각 장과 절, 항의 순서가 논리적으로 배열되어 있는지를 점검해야 한다. 본론에서 핵심 주장과 근거가 조화롭게 배치되어 있는지도 확인해야 한다. 문단 간 연결이 자연스럽지 않거나, 특정 절의 내용이 지나치게 반복되거나 두서없다면 내용을 재배열하거나 축약, 삭제, 통합하는 작업이 필요하다. 이 과정에서는 독자의 시선으로 글을 다시 읽고, 주제에 맞는 논증 구조가 유지되고 있는지를 판단하는 능력이 중요하다.

(3) 표현의 정확성과 문장 다듬기

내용 구성 외에도 고쳐쓰기에서는 문장의 표현력과 어휘 선택의 적절성을 꼼꼼히 점검해야 한다. 모호한 표현이나 중복되는 문장을 제거하고, 문어체와 격식체가 잘 지켜졌는지를 확인한다. 특히 1인칭 표현, 구어체, 감정적 표현 등 보고서에 어울리지 않는 문장이 있는지 점검하고, 이를 중립적이고 객관적인 서술로 바꾸는 작업이 중요하다. 또한 문장이 지나치게 길거나 문법적 오류가 있을 경우 문장을 분리하거나 문법에 맞게 수정하여 명료하게 다듬어야 한다.

(4) 인용, 주석, 참고문헌의 일관성 확인

보고서 고쳐쓰기에서는 인용과 주석, 참고문헌 표기 방식이 정확하고 일관되게 적용되었는지도 반드시 확인해야 한다. 직접 인용과 간접 인용이 구분되어 사용되었는지, 인용한 모든 자료가 참고문헌에 빠짐없이 수록되었는지 점검해야 하며, 작성해야 할 조건에 맞는 인용 스타일을 기준으로 형식을 통일해야 한다. 또 주석의 위치와 내용도 독자의 이해를 돕는 선에서 간결하게 정리되어야 한다. 이러한 세부 요소를 수정·정리하는 과정은 글의 신뢰성과 학문적 완성도를 높이는 데 핵심적이다.

2. 보고서의 편집: 표지-목차-서론-본론-결론-참고문헌 형식 체제 갖추기

(1) 보고서 편집의 필요성과 중요성

보고서 편집은 글의 완성도를 높이고 전달력을 극대화하는 데 필수적인 과정이다. 단순한 오탈자 수정에 그치지 않고, 논리의 흐름을 점검하고 문단 구조를 다듬으며, 시각적으로도 가독성을 고려하는 작업이 포함된다. 적절한 편집은 독자의 이해를 돕고 글의 신뢰도를 높이며, 작성자의 의도를 명확하게 전달하는 데 중요한 역할을 한다.

(2) 표지 작성

보고서의 표지는 보고서의 첫인상을 결정하는 중요한 부분이므로, 제목을 간결하면서도 내용을 압축적으로 표현하여 작성한다. 필요에 따라 부제를 추가할 수 있으며, 표지에는 과목명, 담당 교수, 제출일, 제출자(학과, 학번, 이름) 등 필수 정보를 포함한다. 표지는 전체 보고서의 전문성과 신뢰도를 높여주는 역할을 하므로, 깔끔하고 일관된 서식으로 정돈한다.

(3) 목차 작성

목차는 보고서의 전체 구조를 한눈에 파악할 수 있도록 장과 절의 제목을 체계적으로 정리하여 작성한다. 서론, 본론, 결론 등 주요 항목을 포함하고, 본론은 최소 2개 이상의 절로 세분화한다. 목차는 보고서의 논리적 흐름과 내용을 미리 안내하는 역할을 하며, 각 장과 절의 제목은 간결하고 명확하게 표현한다.

(4) 본문 작성

보고서의 본문은 '서론-본론-결론'의 순서로 작성하며, 각 부분의 제목을 명확히 구분한다. 본론은 주제별로 2개 이상의 절로 나누어 내용을 체계적으로 배열한다. 각 장과 절은 제목을 활용해 구분하고, 내용이 논리적으로 연결되도록 한다. 인용 시에는 인용의 방식을 적절히 사용하여 출처를 명확히 표시한다.

(5) 참고문헌 작성

보고서 마지막에는 참고문헌 목록을 작성한다. 단행본, 번역서, 학술 논문, 학위 논문, 신문 기사, 인터넷 자료 등 다양한 자료를 정확한 형식에 맞춰 정리한다. 참고문헌은 보고서의 신뢰성을 높이는 중요한 요소이므로, 인용한 모든 자료를 빠짐없이 기재한다.

논문에서 참고문헌은 연구의 신뢰성을 뒷받침하고, 독자가 인용된 자료를 추적할 수 있도록 도와주는 필수 요소다. 특히 참고문헌을 어떤 기준에 따라 배열하느냐는 연구자의 사고방식과 학문 분야의 관행을 반영하며, 독자의 이해에 직접적인 영향을 준다. 배열 방식은 인용 방식과 연결되어 있으며, 학술지나 학문 분야별로 정해진 규칙을 따르는 것이 일반적이다. 참고문헌 배열은 단순한 나열이 아니라, 글의 체계성과 학문적 정확성을 보여주는 또 하나의 구조 설계라고 볼 수 있다.

참고문헌 목록은 학문 분야에 따라 적합한 배열 방식이 다르며, 배열 기준은 주로 '저자명 가나다순'이나, '자료 발간 연도순', 또는 '인용 순서'라는 세 가지 틀 안에서 선택적으로 이루어진다. 따라서 보고서나 논문 작성 시 해당 분야의 인용 지침을 정확히 숙지하고 적용하는 것이 중요하다.

(6) 생성형 AI 도구를 활용한 참고문헌 작성 방법 및 사례

생성형 AI 도구 중 대표적인 사례인 Chat GPT에 인용할 자료의 "저자·연도·제목·출판사·형식(책·논문·보고서 등)"을 입력하고, 참고문헌 작성 방법이나 원칙을 입력하면, 원하는 스타일과 조건에 맞춰 참고문헌 항목을 자동 생성할 수 있다. 예를 들어 "홍장원의 『고래생태관광 활성화 방안에 관한 연구』를 APA 스타일로 입력해 줘"라고 하면 아래와 같은 형식으로 작성해 준다:

APA 예시:

홍장원. (2017). 고래생태관광 활성화 방안에 관한 연구. 한국해양환경공학회 학술대회논문집, 2017(4), 63-63.

또한 참고 자료 목록을 배열, 작성할 때 한국어와 영문 혼용 시, 한글 문헌은 가나다순, 영문 문헌은 알파벳순으로 정렬하도록 지시하면 알맞게 정리된다. 단, Chat GPT가 생성한 결과는 출판 연도, 저자명, 페이지 등 사실 정보의 정확성을 반드시 사용자가 원본 자료로 확인해야 한다.

II. 예시 및 연습활동

예시 1 구조와 표현 오류와 수정 방향

[보고서 원문 일부] 이 보고서에서는 운동이 학업에 얼마나 도움이 되는지를 말하고 싶다. 운동을 하면 집중력도 생기고 뇌가 활발해지기 때문에 공부가 잘 된다. 그래서 나는 운동이 중요하다고 생각한다.
[문제점] - 1인칭 사용("나는", "말하고 싶다") - 근거 부족, 설명 불충분 - 어휘와 문체가 구어체 - 논리적 연결이 약함
[수정 예시] 본 보고서는 운동이 학업능력 향상에 미치는 긍정적 영향을 고찰하고자 한다. 여러 연구에 따르면 운동은 집중력을 강화하고, 뇌 활성도를 높여 학습 효율성을 향상시킨다. 이러한 점에서 운동은 학습자의 인지기능 강화에 중요한 요소로 작용한다.

예시 2 논리 전개와 문장 구조 문제와 수정 방향

[보고서 원문 일부] 학습 능력에는 어휘력, 추리력, 집중력 등이 있고 운동은 스트레스를 줄여주고 이런 데 도움이 된다. 유산소 운동이 좋다고 한다.
[문제점] - 문장 간 연결이 단절적 - 구체적 근거나 설명 부족 - 불명확한 지시어 사용("이런 데") - 중립적이지 않은 표현("좋다고 한다")
[수정 예시] 학습 능력은 어휘력, 추리력, 집중력 등 다양한 인지 기능의 조합으로 이루어진다. 유산소 운동은 스트레스 완화뿐만 아니라 이러한 인지 기능 활성화에도 긍정적인 영향을 미치는 것으로 알려져 있다. 특히 꾸준한 유산소 운동은 집중력과 기억력 향상에 효과적이라는 연구 결과도 보고된 바 있다.

예시 3 인용 방식 및 참고문헌 문제와 수정 방향

[보고서 원문 일부] Ratey 교수는 운동을 하면 성적이 좋아진다고 했다. 그리고 아침 운동을 하면 뇌가 더 잘 돌아간다고 했다. (참고문헌은 없음)
[문제점] - 인용 방식이 모호함(직접/간접 인용 구분 없음) - 출처 표기 없음 - 어휘 표현이 구어체("더 잘 돌아간다")

[수정 예시]

Ratey(2008)는 고등학생을 대상으로 한 연구에서 아침 운동이 학업 성취도 향상에 긍정적인 영향을 미친다고 보고하였다. 그는 "아침 운동은 인지 기능을 자극해 학습 효율을 높이는 데 도움을 준다."(p.103)고 강조하였다.

참고문헌

Ratey, J. (2008). Spark: The Revolutionary New Science of Exercise and the Brain. Little, Brown Spark.

예시 4 학생 조사 보고서 사례

제목: 운동과 학업 효율성의 상관성 분석

과목: 글쓰기와 발표
교수명: 김철수
제출자: 홍길동
날짜: 20○○년 10월

차례

1. 서론

요즘 학생들은 체력과 집중력 부족을 겪고 있다. 따라서 이 보고서는 운동과 학업의 관계를 간단히 알아보고자 작성되었다.

2. 운동과 학습 능력의 관계

2.1. 운동과 학습의 정의

… (후략)

5. 참고문헌

김성환(2015), 아침 줄넘기 운동이 초등학생의 수학 학업성취도 및 학습 능력에 미치는 영향

인주상(2016). 유산소 운동 강도 차이가 초등학생의 뇌기능 활성화에 미치는 영향

TAYLOR 외 (2018). 생명과학 개념과 현상의 이해 제9판, 라이프사이언스.

예시 5 참고문헌 작성 사례

1. 단행본

김동국(2001), 『소설의 이론과 분석』2, 교육산업사.

김동국·이경주(2001), 『소설의 이론과 분석』2, 교육산업사.

김동국 외(2001), 『소설의 이론과 분석』2, 교육산업사.

Hogan, Patrick Colm, *The Mind and Its Stories*, Cambridge University Press, 2003.

Richard Paul & Linda Elder(2001), *Critical Thinking: Tools For Taking Charge of your Learning and Your Life*, Prentice Hall.

W.J.T.Mitchell(ed.), *On Narrative*, Chicago: University of Chicago Press, 1981.

2. 학술지(논문)

김동국(2013), "3막 구성론을 활용한 창의적 글쓰기 교육 방안 연구", 『동국어문학연구』 15(3), 동국어문학회, pp.32-54.

Brookhart, S.M., & Freeman, D.J.(1992), "Characters of teacher candidates", *Review of Education Research*, 62(3), pp.111-130.

3. 학위 논문

김동국(2014), "대학 글쓰기 교육의 이론적 방향에 관한 연구", 동국대학교 대학원 박사학위논문.

Gold, N.C.(1981), *Meta-evaluation of selected bilingual education projects*, unpublished doctoral dissertation, University of Ohio.

4. 번역서

무라카미 하루키(2000), 유유정 역, 『상실의 시대』, 문학사상사.

Bowels, S. & Gintis, H.(1976), Sch○○ling in capitalist America: Educational reform and the contradictions of economic life, 이규환 역(1986), 『자본주의와 학교교육』, 사계절.

5. 신문 기사

한겨레신문(2001.9.23.), "사이버 대학 1학기 수강생 10명 중 8명 꼴 재등록", 19면.

6. 인터넷 자료

이정모(2000. 12. 24.), "과학도로서의 심리학도의 자세/신조", http://www.koreanpsychology.org.

연습활동 1 다음 보고서를 읽고 이 보고서에서 고쳐야 할 점이 무엇인지에 대해 정리해 보자.

■ 주제: 편리한 문자 생활의 여러 가지

■ 보고서에 제시한 소제목

1) 서양과 동양을 아울러 '한글'의 위상을 알아보자.
2) 현대 사회에서 문자의 역할과 영향력 찾아보기
3) 구어 생활과 문자 생활의 차이점을 여러 방면에서 규명하기
4) 오늘날 우리는 문자와 더불어 어떻게 살고 있나?

보고서

편리한 문자 생활의 여러 가지

제출자: OOO
제출일: 20XX. 05. 30. 화요일

〈제출한 보고서의 표지〉

1)서양과 동양을 아울러 '한글'의 위상을 알아보자.

세계와 동양을 아울러 한글의 위상은 우선 세계화 운동본부에서 국제 음성기호를 한글로 채택하자는 움직임을 보이고 있습니다. 인터넷의 발달과 세계화는 언어를 획일화하는 부정적인 구실을 하고 있는데, 유네스코에서는 지난해 '바벨계획'을 제안하여 '언어 다양성과 정보 이용의 공평성'을 높이는 운동을 벌이고 있습니다. 말은 있되 이를 적을 글자가 없는 소수민족 언어 사용자들에게 그들의 말을 쓰도록 함으로써 소수언어의 사멸을 막는 것도 언어 다양성을 높이는데 큰 몫을 할 것이라는 제안도 나오고 있습니다. 유네스코는 1989년에 '세종대왕'(킹 세종 프라이스)을 만들어 해마다 인류의 문맹률을 낮추는데 공적을 끼친 단체나 개인을 뽑아 상을 주고 있기도 합니다. 이는 세계 언어에서 한국어가 차지하는 위치가 어디인지를 드러내 주는 사례들입니다.

그러나 한문(중국어 고문)은 더 이상 쓰이지 않습니다. 하지만 한문을 표기했던 문자인 한자는 널리 쓰이고 있습니다. 중국(홍콩, 대만 포함)에서 한자(보통화로 한쯔)만으로 중국어를 표기합니다. 중국어에는 표준인 보통화뿐만 아니라, 광동어, 객가어, 대만어 등의 여러 언어가 포함됩니다. 일본에서는 가나(히라가나, 가타카나)와 함께 일본어를 표기하는 주요 문자가 한자(일본어로 간지)입니다. 일본에서 한자는 선택이 필수입니다. 한국에서는 한자는 한글에 대한 보조문자로만 쓰이고 있습니다. 북한에서는 한글로만 한국어(조선어)를 적으며, 한자는 참고용 문자일 뿐입니다. 베트남에서는 한자 및 한자의 형성자 원리를 응용한 추놈을 썼지만 베트남어를 표기하는데 로마자를 쓴 이후로 지금은 아주 나이 든 사람들 중 소수만 한자를 알고 있습니다.

그러나 한국어는 세계 언어 중에서 차지하는 자리는 얼마나 될까 의아스럽습니다만 세계에서 차지하는 위치와 아울러 우리 자신을 객관화해 살펴보는데 주요한 잣대가 될 것입니다. 나아가 한국어가 제자리를 잡으려면, 이를 바탕으로 한민족의 정체성을 높이고, 높은 문화 창조를 통하여 세계인들은 두루 이롭게 할 수 있을 것입니다. 한글은 글자의 됨됨이에서 세계 언어의 맨 윗자리를 차지하고 있습니다. 기본 자음 14자와 모음 10자, 나아가 겹자음과 모음을 합쳐 모두40자로 구성된 한글을 먼저 말(한국어)이 있고서 이를 바탕으로 인위적으로 만든 글자라는 점에서 세계 언어에서 견줄 문자가 없고, 소리 내는 사람의 기관과 하늘 .땅. 사람을 결합시켜 만든 과학과 철학적인 글자라는 점에서 각 나라 언어학자들이 세계 언어를 얘기할 때 칭송하는 것을 반드시 짚고 넘어가는 본보기로 삼아야 할 것입니다.

2)현대 사회에서 문자의 역할과 영향력 찾아보기

-인터넷, 광고물 게시판 등에서 문자는 어떤 일을 하고 또 어떤 힘을 발휘하고 있나?

날씨를 미리 알려주는 지혜가 예로부터 속담으로 전해져 오고 있습니다. 왜 정확했기에 속담으로 만들어 지지 않았을까? 주로 농사일을 하는 우리 조상들은 날씨의 중요성을 깊이

- 1 -

명하면 휴대전화와 개인휴대단말기 의 장점을 합친 것으로 휴대전화기에 일정관리 팩스 송수신 및 인터넷 접속 등의 데이터 통신기능을 통합시킨 것입니다. 인터넷 정보검색은 물론 액정 디스플레이에 전자펜으로 문자를 입력하거나 약도 등 그림정보를 송. 수신 할 수 있습니다 선택사양인 데이터 아답터를 장착하면 일반전화선으로도 데이터를 전송할 수 있습니다. 그러나 제한된 메모리 환경 때문에 파일 시스템을 탑재할 수는 없습니다.

3)데이터 폰 이란?/

전화와 데이터 전송을 번갈아가며 사용할 수 있는 데이터 전송장치이며 데이터 텔레폰이라고도 합니다. 1958년부터 미국의 전신전화회사 AT&T가 전화교환 망을 통해서 서비스를 개시하였습니다. 회선의 통신 속도가 다양하며 아날로그는 전송에도 이용됩니다. 은행과의 거래 및 환자의 심전도 해독에도 이용됩니다.

4)인터넷 폰 이란?/

인터넷을 경유해서 음성의 송수신을 함으로써 통상의 전화처럼 이용하는 시스템 또는 서비스 이며 인터넷전화라고도 합니다. 1995년 미국의 벤처기업인 보컬테크사가 퍼스널 컴퓨터에 접속하는 마이크와 스피커를 통해 통화하는 시스템을 개발한 다음부터 보급되었습니다. 인터넷폰의 방식은 PC와 PC사이에 이루어지는 형태 PC와 전화기 사이에 이루어지는 형태 전화기와 전화기사이에 이루어지는 형태입니다

휴대폰과 관련된 단어에는 3G IMT2000 SMS PCS 등이 있습니다. 여기서 SMS가 청소년들의 한 생활이자 문화인 문자입니다 그래서 SMS에 대해서만 알아보려고 합니다.

♣SMS란?/

휴대전화 이용자들이 별도의 부가장비 없이도 40자내외의 단문을 주고받을 수 있는 문자서비스이며 단문메시지라고도 합니다. 그리고 이메일과 달리 발송시점과 거의 동시에 내용전달이 가능하기 때문에 2001년 현재 통신수단의 하나로 이미 확고한 자리를 굳힌 상태입니다. 누구나 쉽게 사용할 수 있다는 점에서 청소년은 물론 정보 이용에 문외한인 중장년층의 이용도 늘어나고 있습니다.

지금까지 휴대폰의 종류와 휴대폰과 관련된 단어의 뜻을 알아보았습니다. 정말로 종류도 여러 가지고 세부적인 것도 가지각색인 것 같습니다 그래서 인지 청소년들의 다양한 면과 어디로 튈지 모르는 면을 닮아서 휴대폰의 지금이 청소년의 생활과 문화의 한 자리를 잡은 것 같습니다.

- 4 -

보고서 표지 수정 보완 사항	
보고서 소제목 수정 보완 사항	

연습활동 2 앞에 있는 [예시 4]의 학생 보고서 사례를 읽고 아래 영역별로 보고서 형식 오류를 최소 3가지 이상 찾아 표시하고, 오류라고 생각한 이유를 적어보자.

형식 오류 항목	오류 내용 및 이유
1. 표지 오류	[작성 예시] → 과목명, 교수명, 제출자 항목 순서가 보고서 형식과 맞지 않음
2. 목차 오류	
3. 서론 오류	
4. 참고문헌 오류	
5. 그 외 오류	

연습활동 3 나만의 참고문헌 만들기

책이나 논문에서 읽은 문장을 하나 골라 해당 문장의 출처를 참고문헌 형식으로 정리해 보자.

1) 인용문: “______________________________

____

______________________________”

2) 참고문헌 표기: ______________________________

____

____

III. 참고자료

1. 학생 보고서 전체 체제 완성 사례

동국대학교 내 흡연부스 이용실태
-비흡연자의 간접흡연에 의한 피해를 중심으로

차 례

과 목:
담당 교수:
제 출 일:
제 출 자:

1. 들어가며

1.1 조사목적과 방법

대부분의 신입생들은 태어난 후부터 대학교에 입학할 때까지 약 20년간 담배냄새를 그리 자주 맡아보진 않았을 것이다. 하지만 개강을 한 이후에는 이야기가 달라진다. 수많은 학생들이 공부를 하고 있는 교내임에도 불구하고 우리는 눈을 돌리는 곳마다 흡연부스를 볼 수 있고, 건물의 출입구를 지나갈 때마다 코를 찌르는 담배냄새를 맡는다. 뿐만 아니라 흡연을 하지 않는 사람이 담배냄새를 몸에 묻히고 들어와 본인도 모르게 옷에서 냄새가 나는 불쾌한 경험을 할 수도 있다. 그래서 나는 비흡연자의 입장에서 흡연구역을 자주 지나쳐가는 학생들이 입는 간접흡연의 피해에 대해 알아보고자 한다. 또, 학교에 얼마나 많은 흡연부스가 있는지와 그 부스들의 위치와 규모에 대한 우리 학교 재학생들의 의견을 인터넷 설문조사를 통해 수집하였다. 모든 조사를 끝마친 뒤, 설문조사한 학생들의 의견을 바탕으로 흡연부스의 문제점에 대한 개선방안을 고안해내고 이에 따른 기대효과를 예측해보고자 한다.

1.2 간접흡연에 대한 이론적 배경

1.2.1 2차 간접흡연

평소 우리가 자주 언급하는 간접흡연은 보통 2차 간접흡연을 두고 하는 말이다. 담배를 입에 물지 않고 흡연자의 옆에 서있기만 하더라도 담배연기는 우리의 기관지를 통해 폐로 들어간다. 담배의 연기는 흡연자가 입으로 내뿜는 연기인 주류연(15%)과 타고 있는 담배의 끝에서 나오는 연기인 부류연(85%)으로 구분 지을 수 있다. 주류연은 필터에 의해 담배의 대표적인 유해물질인 니코틴과 타르가 1차적으로 걸러지고, 흡연자의 폐를 2차 필터로 하여 걸러지기 때문에 독성 화학물질의 농도가 부류연에 비해 낮은 편이다. 그러나 부류연은 불완전연소가 이루어져 해로운 물질이 2~3배 정도 더 많이 나오는데다가 비흡연자들은 필터로 걸러지지 않은 생담배 연기를 들이마시게 된다. 한국과학기술정보연구원(KISTI)의 칼럼에 따르면 담배연기에 민감한 사람 중 69%가 안구자극 증상을 나타내고, 29%가 코증상, 32%가 두통, 25%가 기침을 나타낸다.

1.2.2 3차 간접흡연

3차 간접흡연이라는 단어는 우리에게는 조금 생소하다. 3차 흡연이란 담배연기를 직접 맡지 않고도 몸이나 옷, 카펫, 커튼 등에 묻은 담배 유해물질과의 접촉을 통해 흡연효과가 나타나는 것을 말한다. 때문에 비흡연자들은 담배를 피웠던 공간에 있거나 다른 장소에서 담배를 피웠던 사람과 함께 있는 것만으로도 유해물질에 노출될 수 있다.

담배연기 속의 50종 이상의 휘발성 유기화합물은 흡연이 끝난 18시간 후에도 여전히 그 공간에 잔류해있다. 특히 카펫이나 커튼 같은 천, 페인트칠한 벽에는 니코틴이 더 잘 달라붙고, 이렇게 실내의 먼지에 흡착된 니코틴은 21일이 지난 후에도 처음 양의 40%가 남아있다. 현재 담배를 피우는 사람이 없어도 흡연에 오래 노출된 실내에는 담배 한 개비를 지금 피울 때보다 더 많은 양의 니코틴이 축적되어 존재할 수 있는 것이다. 그렇기 때문에 자동차의 경우 차 안에서 담배를 피웠을 때와 차 밖에서 담배를 피웠을 때, 차 안에 남아있는 니코틴의 양은 크게 차이나지 않는다.

먼지와 실내 표면에 쉽게 들러붙은 니코틴은 실내에 존재하는 아질산과 같은 기체와 접촉해 독성이 강한 1급 발암 물질인 '니트로사민'을 만들게 된다. 또한 니코틴은 오존과 반응해 초미립자 유해 성분을 만들기도 한다. 이러한 유해성분들로 인해 발생된 3차 흡연이 건강에 미치는 영향으로는 과 청력 손상의 원인이 된다.

2. 동국대학교 학생들의 흡연실태

다음은 동국대학교 경주캠퍼스 재학생 중 설문에 참여한 190명의 학생들의 흡연여부를 나타낸 표이다.

	남자	여자	계
흡연	41명(22%)	22명(11%)	63명(33%)
비흡연	46명(24%)	81명(43%)	127명(67%)
계	87명(46%)	103명(54%)	190명(100%)

<표 1> 동국대학교 재학생의 190명의 흡연실태(출처 : 네이버 폼)

<표 1>에서 볼 수 있듯, 대부분의 통계자료들과 다를 바 없이 흡연을 하지 않는 여학생의 비율이 압도적으로 높았고, 남학생들의 흡연비율은 또한 거의 1:1에 가깝게 나타났다. 190명의 학생 중 67%(127명)가 비흡연자이고, 단지 33%(63명)만이 흡연을 하고 있다. 이 비율을 2017학년도 재학생의 수인 7,685명에 대입시켜 계산해본다면 약 2,536명의 학생들을 위해 동국대학교의 흡연부스가 만들어진 셈이다.

3. 흡연부스의 공간상의 문제점

3.1 흡연부스의 위치상의 문제점

번호	건물명	흡연부스 수
1	원효관[A]	3
2	중앙도서관[K]	1
3	학생회관[U]	2
5	진흥관[B]	2
6, 8	금장생활관	2
7	한의학관[M]	0
11	자연과학관[S]	2
28	에너지공학관[E]	1
30	100주년기념관[D]	2

<표 2> 건물별 흡연부스의 개수(지상)

<그림 1> 동국대학교 경주캠퍼스 맵
(출처 : 동국대학교 경주캠퍼스 홈페이지)

다음 <표 2>는 동국대학교 경주캠퍼스 내의 건물들 중 학생들이 가장 많이 이용하는 건물들과 각 건물에 설치되어 있는 흡연부스의 수를 지도 속 번호와 함께 표시한 것이다. 학생들이 가장 많이 이용하는 건물들이라 하면 원효관, 각 기숙사, 학생회관, 중앙도서관, 진흥관으로 추려낼 수 있다. 이 건물 중 수많은 학생들이 교양수업을 듣는 원효관과 진흥관의 흡연 문제가 가장 심각하다.

원효관의 경우 뚜레쥬르 왼편의 출입구에 위치한 부스에서 가장 많은 학생들이 담배를 피운다. 그 위치는 수업을 들으러 오는 기숙사생들과 자취생들뿐만 아니라 학교 밖에서 커피나 밥을 사먹는 학생, 교수님들이 하루에도 여러 번 거쳐 가는 곳으로 학교 내에서 가장 유동인구가 많은 장소라 해도 과언이 아니다. 이렇게 대부분의 재학생들의 동선에 존재하는 원효관 뒤편의 흡연부스는 학생들이 교내에서 가장 꺼려하는 흡연 장소 중의 하나이다.

진흥관 앞 통일광장은 진흥관에서 수업을 듣는 학생들과 진흥관에 위치한 학생식당에서 끼니를 해결하기 위한 학생들이 자주 찾는 장소이다. 날씨가 좋은 날이면 그 곳에서 많은 학생들이 출입구 바로 옆 벤치들과 멀리 떨어지지 않은 곳에 흡연부스가 있기 때문에 학생들은 입으로 밥과 커피를 먹는 동시에 코로 주변의 담배연기를 모두 흡수하는 셈이다.

한의학관 주변에는 건물 가까이에 제대로 된 표지판이 존재하지 않는데다 조사 중 건물 뒤편의 풀숲 바로 옆에서 담배를 피우고 있는 것을 목격하면서 화재의 위험성이 매우 크다고 생각했다. 한의학관 뿐만 아니라 풀숲과 인접한 곳에 흡연부스가 많이 설치되어 있는 것을 보며 위치의 이동이 매우 시급하다고 생각하였다.

 <그림 2> 백주년기념관 동쪽 흡연부스	 <그림 3> 에너지공학관 앞 흡연부스	 <그림 4> 학생회관 옆 흡연부스

<표 3> 풀숲 가까이에 설치되어있는 흡연부스

3.1.1 흡연부스의 위치에 대한 재학생의 의견

<그림 2> 의 원형 그래프에서 볼 수 있듯이 '교내의 흡연부스의 규모에 만족하십니까?' 라는 질문에 대해 전체 학생 중에서 136명이, 즉 약 72%가 현재 흡연부스의 위치에 만족하지 못 하고 있다. '아니오'라고 답한 학생들이 작성한 의견은 대부분 이렇다. "식당 앞이라 밥을 먹고 나올 때 냄새가 역겹습니다.", "학생들이 지나다니는 모든 길목에 있어서 항상 담배연기를 맡아요." 응답 중에는 비속어를 사용해 자신의 분노를 표출하는 학생들도 있었다. '아니요'라고 답한 학생들에는 비흡연자만이 있을 것 같았지만 그에 못지않게 흡연자들의 의견도 다수 존재했다. 그에 비해 만족한다고 답했던 학생

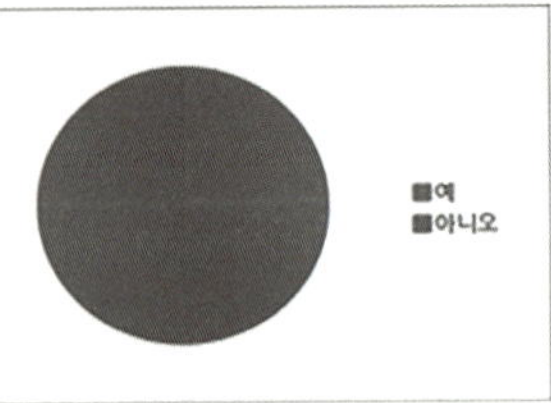

<그림 5> 흡연부스의 위치에 대한 학생들의 만족도(출처 : 네이버 폼)

들의 대다수는 흡연을 하는 학생들이었다. '예' 문항의 꼬리질문에서는 "예전에는 사람들이 담배를 아무데서나 피고 버려서 지저분하기도 했는데 지금은 덜 그래서입니다.", "수업이 끝나고 1층에서 (담배를) 피고 다른 장소로 이동하기 수월함."과 같은 의견이 높은 비율을 차지했다.

3.2 흡연부스의 규모상의 문제점

교내 대부분의 흡연부스는 아크릴로 된 천장과 4명 정도가 앉을 수 있는 벤치 하나가 전부이다. 그나마 벤치가 있으면 괜찮은 편이고 대부분의 흡연부스는 그저 재떨이가 있는 쓰레기통 하나만 존재해서 흡연부스라고 말하기에도 애매한 실정이다. 거기다 매우 좁기 때문에 담배를 피우는 학생들을 모두 수용할 수가 없어서 이 학생들이 자꾸만 흡연구역을 이탈하게 된다. 이렇게 흡연구역과 아닌 곳의 차이가 모호한 것이 가장 큰 문제점으로 인식되고 있다. 예를 들어 앞에서 언급했던 원효관의 뒤편에 위치한 부스의 경우 출입계단 바로 왼쪽에 흡연부스로 작은 벤치가 2개 놓여 있다. 하지만 수업 전후에 수많은 학생들이 그 곳에서 담배를 피우고 자리가 부족하다보니 흡연구역을 벗어난 그 주변에서 담배를 피우며 맴도는 것이다. 그러다보니 자연스레 수업을 들으러 가는 많은 학생들과 접촉하게 되고 서로 눈살을 찌푸리게 되는 것이다.

3.2.1 흡연부스의 규모에 대한 재학생의 의견

오른쪽에 제시된 <그림 3>의 그래프는 '교내의 흡연부스의 규모에 만족하십니까?' 라는 질문에 대한 학생들의 응답결과를 나타낸 것이다. '예'라는 항목에 답한 학생들은 82명으로 응답에 참여한 학생들 중 44%에 해당한다. 여기서 흥미로운 점은 앞서 3.1.1에서 나왔던 '흡연부스의 위치에 대한 학생들의 만족도'의 조사결과와 다르게 '예'라고 대답한 학생의 수와 '아니요'라고 대답한 학생의 수가 거의 비슷하다는 것이다. 나는 이 이유를 그들이 작성한 꼬리질문의 대답에서 찾을 수 있다. '구석에 두면 규모 상관없음' '일반 학생들에게 피해가 안 가게 더 큰 규모로 먼 곳에 지어주세요.' 이처럼 대답한 학생들의 대다수가 흡연부스의 규모에 초점을 맞추기보다는 부스의 개방된 정도와 이로 인해 비흡연자가 입는 피해에 더 관심이 있기 때문이었다.

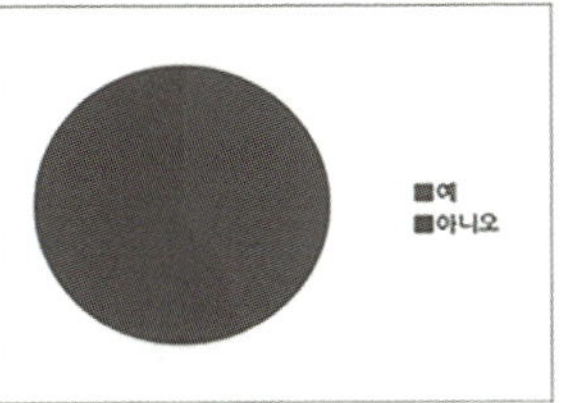

<그림 6> 흡연부스의 규모에 대한 학생들의 만족도(출처 : 네이버 폼)

4. 나가며

4.1 흡연부스의 개선방안과 그에 따른 기대효과

학생들이 가장 많이 불만을 가졌던 원인은 학생들의 동선과 흡연구역이 겹치는 것과 이로 인한 간접흡연이었다. 학생들에게 흡연부스의 개선방향으로 설문조사를 시행해본 결과 370개의 응답 중 '아크릴판 설치를 통한 공간분리' 항목에 121명이 답했다.(중복 선택 허용) 다음으로 '흡연부스의 위치 이동' 항목에 응답한 학생 수가 97명으로 두 번째로 높은 비율을 차지했다. 그리고 흡연부스의 '공간 축소'가 더 높을 것이라는 초반의 예상과는 다르게 '공간 확대'에 답한 학생의 수가 압도적으로 많았다. 그 이유는 3.2 항목에서 볼 수 있듯이 흡연부스가 작아 구역 밖으로 많은 학생들이 나가기 때문이다. 이 세 가지 의견을 종합해본다면 가장 학생들이 원하는 개선방안은 건물의 출입구에서 조금 더 떨어진 곳에 투명한 아크릴판을 이용하여 규모가 큰 흡연부스를 설치하는 것이다.

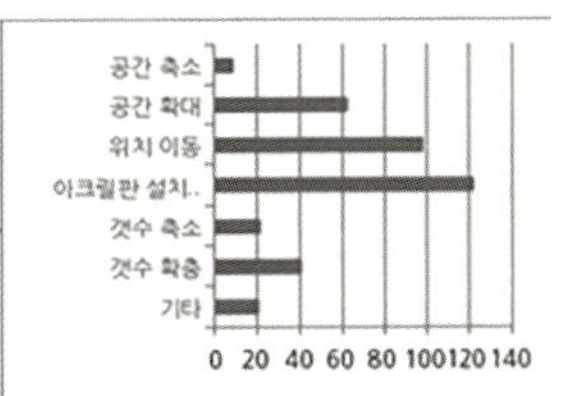

<그림 7> 흡연부스의 효과적인 개선방안 (출처 : 네이버 폼)

하지만 이 방안이 효과를 제대로 볼 수 있을지는 미지수이다. 학교의 수많은 흡연자들을 수용하기 위해서는 규모가 매우 큰 부스가 필요하고, 이 부스를 여러 구역으로 잘게 나누어서 설치한다고 하더라도 여전히 예산이 많이 필요할 것이다. 적절한 환기시설도 제대로 갖추어야하고 미관상 괜찮은 위치를 선정하는 것도 어려운 일이다. 그리고 그 어떤 것들보다 학생들의 참여 여부가 이 개선방안의 효과를 결정하는데 중요한 요인으로 작용할 것이다. 부스가 너무 멀리 떨어져있으면 그까지 가지 않고 이전의 습관대로 건물입구에서 담배를 피우는 학생도 있을 것이고 여전히 부스 밖으로 벗어나서 흡연하는 학생들도 존재할 것이다. 학생들의 자치 감시, 벌점제와 같은 규칙을 정하여 흡연자 학생들의 부스 이용률을 높인다면 교내의 공기는 더욱 쾌적해질 것이며 비흡연자들의 건강에 상당한 도움이 될 수 있을 것이다.

4.2 느낀 점

본인은 평소 교내에서 많은 흡연자들을 보며 동국대학교 경주캠퍼스 내에는 흡연부스가 많이 존재한다고 생각했었다. 하지만 직접 흡연구역이라고 명시되어있는 표지판을 찾아다니다보니 실제로 흡연구역이 아닌 곳에서도 빈번하게 담배를 피우고 있다는 것을 알게 되었다. 특히 원효관 뒤편의 흡연부스와 함께 가장 많은 학생들이 담배를 피우는 장소인 진흥관 앞의 통일광장에는 흡연구역이라는 표지판 하나 없었다. 그런데도 평소에 수많은 학생들이 쓰레기통 주위는 물론 멀리 벗어난 벤치까지 가서 담배를 피우고 있었던 것이다. 또한, 비가 오는 날(2018.06.05.)에 조사를 했을 때, 평소와 다름없이 흡연하는 학생들의 대다수가 흡연부스까지 가지 않은 채 건물의 처마 밑에서 담배를 피우고 있었다. 아마 동국대학교 건물 대부분의 외벽에는 이미 많은 양의 유해물질이 흡착되어있을 것이다. 지금 이 순간에도 벽에 기대어 있는 학생들, 벽 가까이에 차를 주차한 외부인들은 모두 3차 간접흡연을 하고 있을지도 모른다. 앞으로도 이 문제가 해결되지 않고 흡연부스와 학생들 간의 가까운 거리가 유지된다면 수많은 재학생들의 건강은 더욱 나빠질 것으로 예상한다.

이 보고서를 작성하면서 처음으로 흡연구스 구역에 서서 지나가는 사람들을 오랫동안 서서 지켜보았다. 대부분의 사람들은 그저 인상만 살짝 구기고 가는 반면, 몇몇 사람들은 담배냄새에 대한 불쾌함을 표정에 드러내고 있었다. 대놓고 들으라는 듯이 핀잔을 주는 사람도 더러 있었다. 이런 상황을 계속 지켜보면서 비흡연자도 흡연자들을 기피하지만 흡연자들도 마음 놓고 흡연구역에서 담배를 피우지는 못 할 것 같다는 생각을 했다. 하루빨리 학교에서도 흡연구역으로 인한 흡연자와 비흡연자사이의 갈등을 인지하고 이 문제를 해결할 수 있는 방안을 고안했으면 좋겠다.

5. 참고자료

이소영(2015). 끈질긴 니코틴의 그림자, 3차 흡연의 공포 . KISTI(한국과학기술정보연구원)의 과학향기 칼럼.

정우경(2018). 동국대학교 흡연부스 실태조사. 네이버폼 http://naver.me/xoNPBtBR

전수현(2018). 동국대학교 경주캠퍼스 정보공시. 동국대학교 정보공시 홈페이지 http://www.academyinfo.go.kr/UIPISA/uipnh/unt/iperch/UntUnvAcdtSrchPupInr.do?schlId=0000101&svyYr=2018

2. 학생 보고서 완성 사례

한의예과 학생들의 목적에 따른 최적의 이동경로 분석

과　목: ○○○의 이해
담당 교수: ○○○
제 출 일: 20○○. ○○. ○○.
제 출 자: ○○○

차　례

---

1. 들어가며

동국대학교 와이즈캠퍼스에는 정문에 위치한 산학협력관을 시작으로 한의학관, 원효관, 학생회관, 에너지공학관, 기숙사 등의 다양한 건물들이 위치하고 있다. 캠퍼스의 면적이 결코 작지 않기 때문에 건물들을 이동할 때에는 체력과 시간이 꽤나 요구되며 혹여 폭우, 폭설, 폭염 등 날씨가 좋지 않은 날에는 그 요구량이 배가 되기도 한다. 또한 시간이 촉박한 경우에는 무작정 급하게 뛰어가기만 했던 경험을 독자들도 한번쯤은 겪어 보았을 것이라고 짐작된다. 이러한 경험들을 생각해보면 자신이 자주 가는 건물들의 최단경로를 미리 알아 놓는 것이 절대적으로 효율적이라는 것은 동국대학교 학생들뿐만 아니라 전국에 있는 대부분의 대학생들이 동의할 것이다.

예를 들어 1교시 수업이 있는 날이라면 아침에 1~2분의 시간을 아낄 수 있는 것이 얼마만큼의 가치가 있는지는 굳이 따로 언급을 할 필요가 없을 정도이다. 하지만 필자는 캠퍼스 생활 4개월차가 되었지만 막상 늘 가던 길만 이용하게 되면서 자주 가는 이 길이 과연 최단경로인지 아닌지는 직접 시간을 내어 따로 확인해 본 바가 없다. 그렇기 때문에 앞으로 남은 대학생활을 조금이라도 더 효율적으로 보내기 위해서 이번 리포트를 통해서 동국대학교 와이즈캠퍼스 한의예과 학생들 기준으로 자주 가는 건물이나 장소들의 최단경로들을 알아보고자 한다.

조사 방법은 학생들이 가장 많이 방문하는 장소들을 선정한 후, 그 장소들을 잇는 몇몇의 경로들을 직접 걸어서 정확히 얼마의 시간이 걸리는지 초 단위로 알아보는 것이다. 조사 도중 시간을 측정할 때에는 사람마다 걸음걸이가 다르기 때문에 같은 한 사람이 모든 경로를 걷도록 하였으며, 남자와 여자의 보폭 차이가 있으므로 남자 평균과 여자 평균의 값을 따로 구하였다.

조사한 경로는 크게 3가지로 나눌 수 있는데 수업 목적의 경로, 식사 목적의 경로, 그리고 공부 목적의 경로이다. 수업 목적의 경로는 다시 전공 수업, 교양 수업으로 나누어진다. 수업 목적 관련 경로의 주요 장소에는 원효관, 한의학관, 진흥관, 에너지 공학관이 있고, 식사 목적 관련 경로의 주요 장소는 기숙사, 원효관, 세진할인마트가 있으며 공부 목적 관련 경로의 주요 장소로는 기숙사, 진흥관, 도서관이 있다. 이 리포트에서는 언급된 장소들의 각각의 최단경로들을 소개하며 각 경로별 특징들을 조사하여 최적의 이동경로를 분석하고자 한다.

2. 약도

약도는 보폭을 고려하여 남자 평균과 여자 평균 두 가지를 만들었다. 모든 경로를 그리진 않았고 학생들이 가장 많이 다니는 경로들만 넣었다. 시간을 측정하는 데에는 사람마다 차이가 있을 수 있기에 남녀 각 두 명씩 측정하여 평균값으로 하였다. 시간을 측정하는 데에는 스톱워치를 사용하여 측정하였다. 한의예과 학생들의 목적에 따른 이동경로를 분석하는 데에 이 약도를 참조하여 분석하였다.

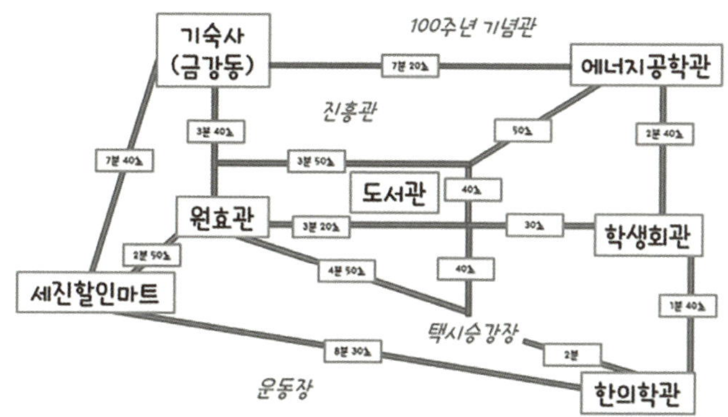

[그림 1] 약도(여자 평균값)

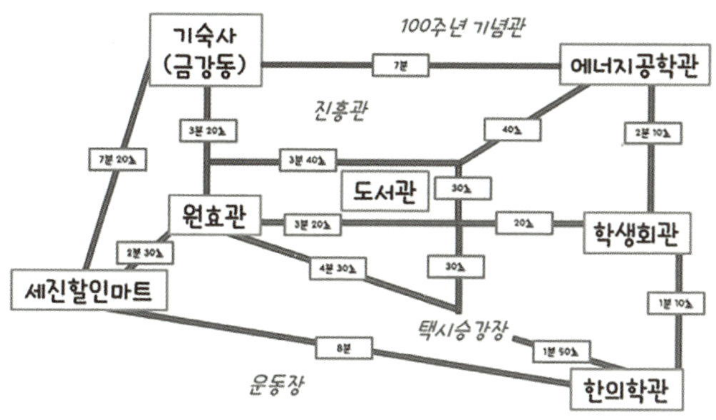

[그림 2] 약도(남자 평균값)

3. 한의예과 학생들의 목적에 따른 이동경로 분석

3.1. 수업 목적의 경로

한의예과 1학년 학생이 1학기 수업에서 필수적으로 들어야 하는 수업은 전공 수업 2개(개론1, 한문1)와 교양교육 수업 2개, 기초계열교육 수업 2개(일반화학 및 실험1, 일반생물 및 실험1) 그리고 기초공통교육 수업 2개(글쓰기1, English Communication1)이다.

전공 수업은 모두 한의학관(M)에서 이루어지며 교양교육 수업은 주로 원효관(A)에서 이루어지나 한의학관(M)에서 하는 수업도 있다. 기초계열교육 수업은 자연과학관(S)과 에너지 공학관(E)에서 이루어지고 기초공통교육 수업은 원효관(A)에서 이루어진다. 기초계열교육 수업이 오전반 오후반으로 나누어서 진행되어 나타날 수 있는 시간표 유형이 크게 4가지인데, 그중 대표적인 시간표 2개의 형상은 다음과 같다.

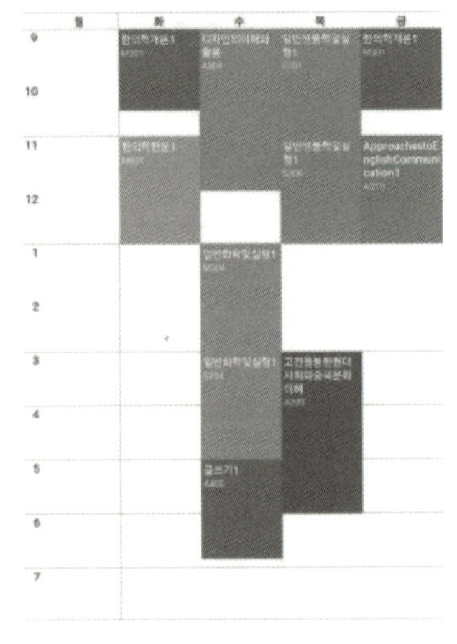

[그림 3] 시간표 유형1

[그림 4] 시간표 유형2

3.1.1. 전공 수업

전공 수업을 갈 때 기숙사에서 출발하여 가는 경우는 크게 3가지가 있다. 기숙사-원효관 통과-한의학관, 기숙사-원효관 둘레로1-택시승강장-한의학관이다 그리고 기숙사-원효관둘레로2-도서관 옆길-한의학관이다. 자취를 하는 학생의 경우 세진할인마트를 기준으로 2가지 경로가 있다. 세진할인마트는 편의상 세진이라고 표기하였다. 세진-운동장-한의학관의 경로로 가는 길과 세진-원효-택시승강장-한의학관으로 가는 길이 있다.

① 기숙사-원효관 통과-한의학관: 여자 평균-약 9분 20초, 남자 평균-약 9분

주로 내리막길로 구성되어 있다. 또한 아침을 기숙사에서 먹지 않는 학생이 많아 원효관을 들러 뚜레주르에서 빵을 사서 가는 학생도 있다. 3가지 경로 중 가장 짧은 시간이 소요된다. 그러나 두 가지 단점이 있다. 한 가지는 계단의 개수가 많다는 점이다. 다른 하나는 전공 수업이 오전 9시이기에 보통 오전 8시 55분쯤 원효관을 통과하는데 화요일에는 8개의 교양 수업이, 금요일에는 5개의 교양 수업이 9시에 시작한다. 때문에 사람이 많이 붐벼 진로를 방해받을 수 있다는 단점이 있다.

② 기숙사-원효관 둘레로1-택시승강장-한의학관: 여자 평균-약 10분 30초, 남자 평균-약 9분 40초

1번과 마찬가지로 주로 내리막길로 구성되어 있다. 그러나 1번에 비해 경사의 정도가 더 심하다. 아침에 등교할 때 시간을 넉넉하게 두고 출발하지 않아서 수업시간에 맞추기 위해 뛰어가는 학생이 종종 있다. 뛰어가기에는 경사가 급해 위험도가 높아 그런 학생에게는 이 길이 적합하지 않다. 그러나 계단이 하나도 없다는 장점이 있고 다른 과 학생들은 이 길을 지나갈 일이 별로 없기 때문에 사람들이 가장 적게 다니는 길이다.

③ 기숙사-원효관 둘레로2-도서관 옆길-한의학관: 여자 평균-약 10분 30초, 남자 평균-약 9분 50초

기숙사에서 원효관 둘레로2까지 오는 길은 내리막길이나 원효관 둘레로 2가 약한 경사가 있는 오르막길이다. 그 후는 모두 내리막길이다. 1번에 비해 사람들이 덜 붐비고 3번처럼 경사가 급한 내리막길이 있는 것도 아니라서 많은 학생들이 이용하는 길이다. 그러나 도서관 앞에서 학생회관 쪽으

로 길을 건널 때 횡단보도를 이용하지 않고 도로를 대각선으로 지나는 학생이 많다. 차가 다니는 길이기에 길을 건널 때 생각지도 못한 시간이 더 소요될 수 있다.

④ 세진-운동장-한의학관: 여자 평균-약 8분 30초, 남자 평균-약 8분

거의 대부분의 학생들이 이용하는 길이다. 통로가 넓어서 5번 방법보다 사람이 다니기에 더 편하다.

⑤ 세진-원효관-택시승강장-한의학관: 여자 평균-약 9분, 남자 평균-약 8분 50초

출발지를 세진이라고 설정하긴 하였으나 세진에서 출발하는 경우 4번 길이 더 효율적이다. 그러나 원효관 근처에 사는 학생이나 세진할인마트 뒤쪽에 사는 학생이 이용하는 길이다.

3.1.2. 교양 수업

앞서 첨부한 [그림 3] 시간표 유형1 학생의 경우 바로 거주하는 곳에서 에너지공학관(E)을 가면 되는데, 기숙사에 거주하는 학생의 경우 기숙사-원효관 둘레로2-백주년 기념관 앞길-에너지공학관의 경로와 기숙사-백상관-진흥관 옆길-백주년 기념관 앞길-에너지공학관의 경로가 있다. 자취를 하는 학생의 경우 세진-원효관 계단-도서관-에공관의 경로와 세진-운동장-에공관의 경로가 있다.

① 기숙사-원효관 둘레로2-백주년 기념관 앞길-에너지공학관: 여자 평균-약 7분 20초, 남자평균-약 6분 40초

원효관 둘레로2가 약한 경사의 오르막길이라서 올라가는데 시간이 더 소요될 수도 있다. 기숙사-백상관-진흥관 옆길-백주년 기념관 앞길-에너지공학관을 이용하는 학생보다 이 길을 이용하는 학생이 많다.

② 기숙사-백상관-진흥관 옆길-백주년 기념관 앞길-에너지공학관: 여자 평균-약 7분 40초, 남자 평균-약 7분

1번 길보다 시간이 더 소요되지만 오르막길이 하나도 없어 많은 학생들

이 이용한다. 그리고 진흥관의 그림자에 의해 그늘이 형성되어 1번 길보다 더 시원하다.

③ 세진-원효관 계단-도서관-에너지공학관: 여자 평균-약 7분, 남자 평균-약 6분 40초

원효관 계단이 좁아 빨리 가기에는 불편할 수 있다는 단점이 있다. 또한 계단이 있어 더 많은 시간이 걸릴 수 있다.

④ 세진-운동장-에너지공학관: 여자 평균-약 8분 40초, 남자 평균 약 7분 40초

계단이 없고 운동장까지 평지로 구성되었다. 운동장에서 에너지공학관으로 가는 길이 오르막길이라서 힘들지만 3번보다 가기에 더 쉽다. 그러나 세진할인마트에서 에너지공학관까지 직선거리의 길이 없어서 완벽하게 돌아가는 길이라서 시간이 더 소요된다는 단점이 있다.

[그림 4] 시간표 유형2 학생의 경우 원효관에서 에너지공학관으로 가면 되는데 도서관을 중심으로 왼쪽으로 돌아가는 길(백주년기념관 방향)과 오른쪽으로 돌아가는 길(학생회관 방향) 2개가 있다.

① 원효관-왼쪽으로 돌아가는 길(백주년 기념관 방향)-에너지공학관: 여자 평균-약 4분 50초, 남자 평균-약 4분 30초

원효관에서 진흥관까지 올라가는 길이 오르막길이다. 가는 길에 진흥관 앞길에 흡연실이 있어 담배를 피우지 않는 학생은 불쾌함을 느낄 수 있다. 진흥관 앞에서 에너지공학관으로 가는 길이 내리막길인데 경사가 급해 뛰기에는 위험하다.

② 원효관-오른쪽으로 돌아가는 길(학생회관 방향)-에너지공학관: 여자 평균-약 6분 30초, 남자 평균-약 6분 10초

도서관 앞에서 에너지공학관으로 가는 길이 약한 경사의 오르막길이다. 1번 길에 비해 시간이 더 소요된다.

3.2. 식사 목적의 경로

식사목적의 경로는 너무나 다양한 경로가 있기 때문에 기숙사에서 출발해서 세진으로 가는 길과 한의학관에서 수업이 끝난 뒤 세진으로 가는 두 가지의 경로만 분석했다. 기숙사에서 세진으로 가는 길은 기숙사-금강동 옆 계단-세진의 경로와 기숙사-원효관 옆 계단-세진 두 가지가 있다. 한의학관에서 세진을 가는 길은 운동장을 통해서 가는 길과 원효관 옆 계단을 통해 가는 두 가지의 경로가 있다.

① 기숙사-금강동 계단-세진: 여자 평균-약 7분 40초, 남자 평균-약 7분 20초

- 특징: 금강동 계단이 바로 눈앞에 있어 이 길로 다니는 학생이 많다. 그러나 원효관 계단을 이용하는 것보다 시간소요가 더 길고 비교적 계단이 많고 경사가 급하다. 또한 금강동계단-세진 경로가 사람이 잘 다니지 않은 경로라서 밤에 이용하기에는 위험성이 높다.

② 기숙사-원효관 계단-세진: 여자 평균-약 6분 30초, 남자 평균-약 5분 50초

- 특징: 기숙사-원효관 계단까지 조금 돌아가지만 원효관 계단-세진 거리는 매우 짧다. 기숙사-금강동 계단-세진보다 사람이 많이 이용하여 사람이 붐빌 수 있다.

③ 한의학관-운동장-세진: 여자 평균-약 8분 30초, 남자 평균- 약 8분

- 특징: 학생들이 주로 이용하는 경로이다. 내리막길과 평지로 구성되어 있다. 4번보다 시간은 덜 걸리지만 그늘이 하나도 없다는 단점이 있다.

④ 한의학관-택시승강장-원효계단-세진: 여자 평균-약 9분 40초, 남자 평균-약 8분 50초

- 특징: 택시 승강장-원효 계단까지의 길이 오르막길이라서 4번을 이용하는 학생은 거의 없다. 그러나 3번에 비해 그늘이 있다는 장점이 있다. 원효 계단 근처의 자취하는 학생들이 이용하기에는 적합하다.

3.3. 공부 목적의 경로

공부 목적의 경로는 기숙사에서 도서관을 가는 경로와 자취하는 학생들이 세진에서 도서관으로 가는 두 가지를 분석했다. 기숙사에서 출발하는 경로는 진흥관을 통해서 가는 것과 원효관을 통과해서 가는 두 가지가 있으며 세진에서 출발하는 경로는 원효관을 통해서 가는 것과 운동장을 통해서 가는 두 가지가 있다

① 기숙사-진흥관-도서관: 여자 평균-약 8분, 남자 평균-약 7분 30초

이 경로는 기숙사에서 생활하는 학생들이 도서관으로 공부를 하러 가는 경로 중 하나이다. 우선 기숙사에서 나온 후 진흥관 쪽으로 가면 긴 내리막길이 이어진다. 정면으로 에너지 공학관이 보이는 이 내리막길을 내려가서 우회전을 하면 도서관 입구를 마주하게 된다.

② 기숙사-원효관 통과-도서관: 여자 평균-약 7분, 남자 평균-약 6분 40초

이 경로도 기숙사 학생들의 도서관까지의 경로 중 하나이다. 자세히 설명해보자면, 우선 기숙사에서 나온 후 쭉 내려가 원효관에 들려 원효 건물을 통과한다. 그 후 짧은 계단을 내려가면 도서관 건물을 만날 수 있다. 두 경로 모두 내리막길이기 때문에 체력적 소모가 크지 않고, 시간도 비슷하게 소요된다.

③ 세진-원효 계단-원효관 통과-도서관: 여자 평균- 6분 40초, 남자 평균- 5분 50초

이 경로는 석장동에서 자취를 하는 학생들의 도서관까지의 경로 중 하나이다. 우선 세진에서 계단의 끝에 원효관이 바로 등장하는 계단을 올라가야 한다. 이때 체력적 소모가 많이 될 수 있다. 그 후는 원효관을 통과하여 도서관에 도착하면 된다.

④ 세진-운동장-도서관: 여자 평균- 9분 10초, 남자 평균-약 8분 30초

이 경로도 석장에서 자취하는 학생들을 위한 경로이다. 제일 간단한 경로로, 세진에서 쭉 직진하여 운동장을 통과하고, 통과하면 좌회전을 하여 도서관에 도착하는 방법이다. 평지로 쭉 걸어가면 되며 헷갈리는 지리가 아니라 더 편하다.

4. 나가며

동국대학교 와이즈캠퍼스에서 시간과 에너지 소모가 더 적은 길을 찾아보려는 목적을 가지고 이 조사를 진행하였다. 우선 수업 목적의 경로에서는 전공 수업은 기숙사에서 한의학관까지 가는 것과 세진에서 한의학관까지 가는 것을 분석했다. 기숙사에서 출발하는 경우 1번 경로인 원효관을 통과하는 것이 시간상으로도 효율적이며 위험하지 않아서 최적의 길이다. 세진에서 한의학관을 가는 경로는 운동장을 통해서 가는 것이 가장 편하다. 교양 수업 중 기숙사에서 에너지공학관을 가는 경로는 백주년기념관 앞길을 통해 가는 것이 빠르다. 세진에서 에너지공학관을 갈 때에는 원효관 계단을 통해 가는 것이 시간적으로 많이 효율적이기에 이 경로를 추천한다. 식사 목적의 경로는 기숙사에서 세진, 한의학관에서 세진 두 가지를 분석했다. 기숙사에서 갈 때에는 원효관 계단을 이용하는 것이 빠르고 한의학관에서 갈 때에는 운동장을 통해서 가는 것이 빠르다. 공부 목적은 기숙사와 세진에서 도서관을 가는 경로를 분석했다. 기숙사에서 갈 때에는 원효관을 통과해서 가는 것이 빠르고 세진에서 갈 때에는 원효관 계단을 통해서 가는 것이 효율적이다.

이 정보는 어떤 학생들에게는 매우 유용한 정보가 될 것이다. 하지만, 그 후 드는 의문이 있다. 물론 비교를 거쳐 선별해 내면, 가장 효율적인 길은 나올 것이고 그 길만을 이용한다면 시간도 에너지도 절약할 수 있을 것이다. 그런데 이렇게 경제적인 길만 찾아다니는 것이 좋은 방법일까? 캠퍼스를 둘러 볼 여유도 없이, 항상 정해진 길만 다니게 되는 게 좋은 방법일까?

또한, 특히 운동이 부족한 대학생들이 그나마 생활 속에서 할 수 있는 운동은 걷기일 것이다. 또한 오히려 시간을 따로 내서 격렬한 운동이나 근육 운동을 하는 것보다 걷기 운동이 더 우울감 완화에 효과적이라는 연구 결과도 있다(메디컬투데이, 2018). 날이 갈수록 '생활 속 걷기 운동'을 강조하고 있는 상황에 초를 재서 1분, 1초에 연연하는 것은 너무 편협한 시각일 수도 있겠다는 생각이 들었다. 아래의 [그림 4]와 [그림 5]에서 대학생의 운동 부족과 걷기의 중요성을 더욱 느끼게 해준다. 동국대학교 학생들이 우리 조의 효율적인 경로 조사를 참고는 하되, 바쁜 대학 생활 속에서 일부로라도 멀리 돌아가는 길을 선택하여 여유를 즐기고, 숨을 돌려가는 시간을 가져보는 것도 어떨까 추천해 본다.

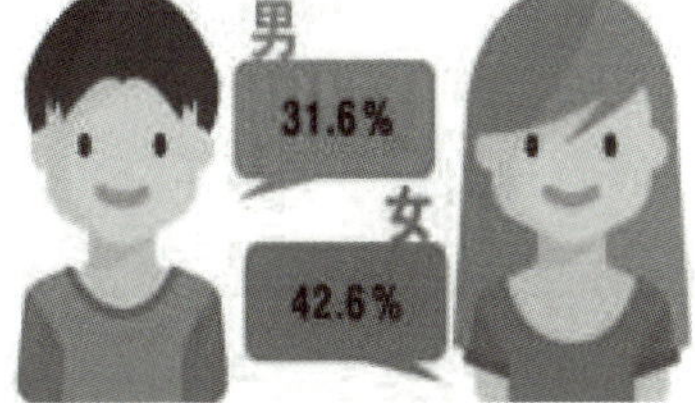

[그림 5] 운동을 하지 않는 비율

출처: 문화체육관광부, 「국민생활체육 실태조사」

[그림 6] 걷기의 운동 효과

출처: 구글 이미지

5. 참고자료

메디컬투데이(2018. 05. 03), "우울증상 완화, 격렬한 운동보다 걷기가 효과적", http://www.mdtoday.co.kr/mdtoday/index.html?no=320011

[그림 5]

https://www.google.com/search?q=%EB%8C%80%ED%95%99%EC%83%9D+%EC%9A%B4%EB%8F%99+%EB%B6%80%EC%A1%B1&prmd=ivn&source=lnms&tbm=isch&sa=X&ved=0ahUKEwjt1fHPlb_bAhXHfrwKHVaJDPAQ_AUIESgB&biw=414&bih=674#imgrc=vVaJtiGYRQRRfM:

[그림 6]

http://m.blog.koreadaily.com/myhome/myblog.html?uid=chom6677&pid=916138

제3부

글쓰기의 과정과 생성형 인공지능(AI)

13장

글쓰기의 과정

I. 핵심 이론

1. 글쓰기의 과정이란?

글쓰기는 머릿속 생각을 그대로 옮기기만 하는 활동이 아니다. 글은 일정한 목적으로 독자에게 잘 전달되어야 하기에 설득력과 완성도를 갖추어야 한다. 이를 위해서는 생각을 정리하고 내용을 조직하며 표현을 다듬는 과정이 반드시 필요하다. 글쓰기의 과정은 이러한 일련의 절차를 체계적으로 안내해 주는 틀로, 글을 더 명확하고 논리적으로 전개하도록 돕는다. 글쓰기의 과정을 의식하지 않고 글을 쓰면 내용이 산만해지거나 주제가 흐려질 위험이 크다. 따라서 글쓰기의 과정을 단계별로 이해하고 활용하는 것은 글을 효율적으로 작성하고, 필자의 의도를 독자에게 효과적으로 전달하는 데 필수적이다. 글쓰기는 일반적으로 계획하기-집필하기-고쳐 쓰기의 과정을 거친다. 이 과정을 좀 더 세분화하면, 계획 수립 → 내용 결정 → 개요 작성 → 원고 집필

→ 퇴고라는 다섯 단계로 정리할 수 있으며, 이러한 절차는 글의 완성도를 높이기 위한 기본 전략이 된다.

(1) 계획하기

계획하기 단계는 글의 주제를 구체적으로 확정하고 이를 어떻게 풀어낼지 방향을 정하는 과정이다. 이때 글의 목적과 독자에 따라 내용과 표현 방식이 달라진다. 따라서 계획하기는 주제, 목적, 독자를 함께 고려하여 글의 성격을 미리 규정하는 작업이라 할 수 있다. 주제와 관련된 자료를 탐색하거나 아이디어를 정리하는 것도 이 단계에서 함께 이루어진다.

(2) 내용 생성 및 선정하기

내용 생성 및 선정 단계는 주제를 뒷받침할 핵심 논점을 선정하고, 이를 구성할 적절한 자료를 가려내는 과정이다. 이 단계에서 수집한 여러 자료는 글 전체의 기초가 되며, 글의 논리성과 완성도를 높인다. 또한 이 과정에서는 자료의 신뢰성과 타당성을 검토하여 불필요하거나 부정확한 내용을 걸러내는 일도 필요하다. 이처럼 내용 생성 및 선정은 글의 방향을 구체화하고, 이후 단계에서 흔들리지 않도록 중심을 세우는 작업이다.

(3) 개요 작성하기

개요 작성은 글의 전체 구조를 설계하는 단계이다. 주요 논점을 논리적 순서에 따라 배열함으로써 글의 흐름을 미리 조정할 수 있다. 개요는 단어 나열식이나 문장 나열식으로 구성될 수 있으며, 이를 통해 각 문단의 중심이 될 소주제를 분명히 할 수 있다. 개요를 마련하면 글을 집필할 때 방향성을 잃지 않고, 전체적인 균형을 유지할 수 있다.

(4) 원고 집필하기

원고 집필 단계에서는 개요를 바탕으로 실제 문장을 완성해 나간다. 각 문단은 하나의 소주제를 중심으로 구성되어야 하며, 문단 간의 연결을 통해 글 전체가 유기적으로 전개되도록 한다. 이 과정에서는 독자와 목적에 적합한 어휘와 표현 방식을 선택하는 것이 중요하다. 원고 집필은 글의 초안을 형성하는 핵심 단계이므로, 지나치게 완성도를 의식하기보다는 전체 구조를 충실히 구현하는 데 중점을 두는 것이 바람직하다.

(5) 퇴고하기

퇴고는 글의 완성도를 높이는 마지막 단계이다. 내용적 측면에서는 주제가 충분히 드러나는지, 논리적 전개가 적절한지를 다시 확인해야 하고, 형식적 측면에서는 문장 표현과 어문규범의 적합성을 검토해야 한다. 필요에 따라 내용을 보완하거나 삭제하며, 표현을 다듬어 글을 정리하는 과정이 퇴고에 해당한다.

앞서 살펴본 것처럼 글쓰기를 다섯 단계로 구분하는 것은 단순한 절차 나열이 아니라, 글을 체계적이고 효과적으로 쓰기 위한 기본 전략이다. 계획하기에서 퇴고에 이르는 과정을 충실히 거치면 글의 완성도가 높아지고, 필자의 의도를 독자에게 더욱 명확하게 전달할 수 있다.[1]

II. 참고자료

1. 글쓰기의 과정에 대한 논의들

사실 글쓰기는 필자의 머릿속에서 일어나는 복잡하고 추상적인 인지 작용이다. 이러한 사고 과정이 명확하게 구분되어 존재한다고 보기는 어렵다. 글쓰기 과정을 구분한다는 것은 글쓰기의 복잡한 인지 과정을 이해하기 쉽게 임의적으로 단순화하여 나누어 보는 것을 의미한다. 글쓰기 과정을 구분하는 방식에는 크게 두 가지가 있다. 첫 번째는 시간의 흐름을 기준으로 하는 것으로 '쓰기 전 – 쓰기 – 쓰기 후'와 같이 구분하는 방식이다. 두 번째는 필자가 수행하는 기능을 기준으로 하는 것으로 '아이디어 생산하기 – 텍스트 생산하기 – 고쳐쓰기'와 같이 구분하는 방식이다. 이 중 후자의 관점에서 글쓰기 과정을 구분하는 논의들은 다음과 같다.

〈표 27〉 **글쓰기 과정을 구분하는 다양한 방식들**

<table>
<tr><td rowspan="2">Flower & Hayes(1981)</td><td colspan="3">계획하기</td><td rowspan="2">작성하기</td><td colspan="2">검토하기</td></tr>
<tr><td>생성하기</td><td>조직하기</td><td>목표설정</td><td>평가하기</td><td>고쳐쓰기</td></tr>
</table>

<table>
<tr><td rowspan="2">이재승(2002)</td><td>계획하기</td><td>생성하기</td><td>조직하기</td><td>표현하기</td><td>수정하기</td></tr>
<tr><td colspan="5">조정하기</td></tr>
</table>

<table>
<tr><td>박영목(2013)</td><td>계획하기</td><td>내용 생성하기</td><td>조직하기</td><td>표현하기</td><td>수정하기</td></tr>
</table>

<table>
<tr><td rowspan="2">이재승(2002)</td><td>과제 해석하기</td><td>계획하기</td><td>작성하기</td><td>수정/편집하기</td></tr>
<tr><td colspan="4">조정하기</td></tr>
</table>

<table>
<tr><td>박영목(2013)</td><td>계획하기</td><td>내용
생성하기</td><td>내용
조직하기</td><td>표현하기</td><td>수정하기</td><td>작품화하기</td></tr>
</table>

이 둘 중 필자가 수행하는 기능을 중심으로 구분하는 방식이 글쓰기 학습자에게 더 유용하다. 왜냐하면 필자가 글쓰기 과정에서 구체적으로 무엇을 해야 하는지를 알 수 있게 해주기 때문이다(이재승, 2002).[2] 이러한 관점에서 본 교재에서는 글쓰기의 과정을 '계획하기 - 내용 생성하기 - 내용 조직하기 - 표현하기 - 고쳐쓰기'의 다섯 단계로 구분하여 살펴보았다.

2. '조정하기' 과정의 중요성

한편, 글쓰기 과정을 이해할 때 반드시 기억해야 할 것이 바로 '조정하기' 과정이다. 이 과정은 앞서 언급한 다른 글쓰기 과정들과는 성격이 다르다. '계획하기, 내용 생성하기, 내용 조직하기, 표현하기, 고쳐쓰기'가 필자가 직접 글을 쓰는 사고 과정이라면, '조정하기'는 필자가 자신의 쓰기 과정 자체를 대상으로 점검하고 통제하는 다른 층위의 사고이다. 그래서 직접 글을 쓰는 인지과정보다 한 차원 상위에 있다는 점에서 '상위인지 과정'으로 불리기도 한다.

글쓰기 과정에서 이 과정이 중요한 이유는 글쓰기의 회귀성 때문이다. 글쓰기는 순차적으로 이루어지는 단선적인 사고가 아니라, 언제든지 이전의 과정으로 되돌아가는 특성을 갖는다. 예를 들면, 글을 작성하다가 다시 개요를 수정하는 경우, 개요를 작성하다가 새로운 내용을 더 보충해야 한다고 판단하는 경우 등과 같이 이전 단계로 돌아가는 일이 자주 발생한다.

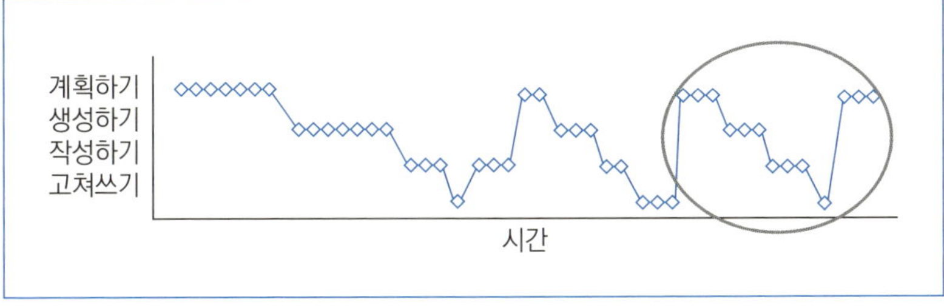

[그림 1] **글쓰기 과정의 회귀성**

출처: Flower/원진숙·황정현 역, 1998:115.

위 그림에서 원이 그려진 부분은 필자가 글을 고쳐쓰다가 다시 계획하기 과정으로 돌아가는 것을 보여준다. 즉 고쳐쓰기 과정에서 글의 주제를 변경하거나 글의 내용을 새로 추가해야 하는 문제를 인지하고 앞의 과정으로 돌아가 계획하기와 생성하기를 수정 보완하는 것이다. 이러한 회귀는 고쳐쓰기 과정에서만 일어나는 것은 아니다. 글쓰기의 모든 과정에서 문제를 발견하면 선행 과정으로 되돌아가 수정 및 보완을 반복하게 되는데, 이는 지극히 자연스러운 과정이다.

이러한 글쓰기 과정의 회귀성은 필자가 글을 쓰는 상황에서 끊임없이 자신의 글쓰기 과정을 점검하고, 평가하고, 조정하는 상위인지를 활용할 때 가능하다. 이러한 과정을 통해 필자는 글쓰기에서 발생하는 다양한 인지적 문제들을 능동적으로 해결해 나간다. 따라서 글쓰기는 일직선으로 진행되는 과정이 아니라, 각 단계와 과정의 경계를 자유롭게 넘나들면서 필자의 능동적이고 적극적인 사고가 반영되는 동시적이고 역동적인 과정으로 이해하는 것이 바람직하다.

14장

인공지능(AI)과 글쓰기

I. 인공지능(AI)를 활용한 글쓰기의 인지적 측면

1. 생성형 AI의 원리와 글쓰기, 그리고 사고력

(1) 생성형 AI와 글쓰기

오늘날 생성형 AI 기술의 발전 속도는 예상을 뛰어넘어 놀라운 수준으로 발전을 거듭하고 있다. 의료, 법률, 번역에서 음악, 미술 등의 창작 활동까지 다양한 분야에서 전문가에 버금가는 뛰어난 성과를 보여주고 있는데, 글쓰기 분야에서도 마찬가지다. 변호사 시험을 높은 성적으로 통과하고, 소설 문학상 심사를 통과하고, 시집을 내고, 드라마 대본을 작성하는 등 놀라운 수준의 결과물을 산출하고 있다.[3] 최근 업무 현장에서는 사람들의 글쓰기에 들이는 시간과 노력을 절감하고 글쓰기의 작업 생산량을 높이기 위해 생성형 AI를 적극적으로 활용하는 사례가 늘어나고 있으며,[4] 교육 분야에서도 적극적으로 AI를 활용한 글쓰기를 적극 검토 및 도입하는 추세다.[5]

생성형 AI의 글쓰기 활용에 대해 교육 분야에서는 현재 상반된 입장이 공존하고 있다. 먼저 찬성하는 입장은 글쓰기의 효율성과 접근성을 높인다는 점, 언어 장벽을 해소하고, 창의적 아이디어 생산을 지원한다는 점을 강조한다.[6] 반면 이에 반대하는 입장에서는 AI 사용이 비판적 사고를 저하시키고, 표절과 저작권 침해, 편향의 재생산, 감정과 개성의 부재, 진정한 독창성의 결여 등의 문제를 지적하고 우려한다.[7] 따라서 우리는 생성형 AI를 글쓰기에 활용할 때 장점을 살리고 한계를 극복하는 균형있는 접근이 필요하다. 이 절에서는 이를 위해 생성형 AI의 작동 원리를 이해하고, 이를 토대로 글쓰기에 적절히 활용하는 방안을 생각해 보기로 한다.

(2) 인공지능(AI)의 원리

과거 초기 AI는 '전문가 시스템'(expert system) 방식에 집중하였다. 즉 인간 전문가가 지식과 규칙을 컴퓨터에 입력하여 추론하도록 하였다. 예를 들어 AI가 고양이 사진을 구별하는 문제를 해결하기 위해 사람이 고양이의 특징을 정리하여 컴퓨터에 입력하고, 해당 기준을 적용하여 문제를 해결하도록 하였다. 그러나 이 방식은 다양한 예외 상황(예: 사고로 다리가 셋인 경우)이나 모호한 정보(예: 다른 동물과 매우 유사하게 생긴 사례)에 대해 해결력이 떨어지는 한계가 있었다. 이에 비해 오늘날의 생성형 AI는 '머신러닝'(machine learning)과 '딥러닝'(deep learning)이라는 새로운 접근법을 사용한다. 이는 컴퓨터가 스스로 문제 해결 규칙을 찾도록 하는 방식이다. 앞의 예의 경우, 15만 장의 고양이 사진을 제공하여 컴퓨터가 스스로 고양이의 특징을 파악하게 하고, '고양이의 잠재된 패턴'을 찾기 위해 수많은 시뮬레이션을 통해 1,000만 개에서 1억 개 이상의 매개변수를 포함하는 함수를 만들어내고 이를 토대로 정답을 찾도록 하는 것이다.[8]

생성형 AI 중 Chat GPT의 특징 및 작동 원리는 다음 네 가지로 요약할 수 있다. 첫째, 'Chat'은 대화형임을 의미한다. 컴퓨터 기계어가 아닌 인간의 자연어를 통해 명령을 내릴 수 있고, 단기 기억 기능이 있어 이전 대화와 연결된 명령이 가능하다. 둘째, 'G'는 생성형(Generative)임를 의미한다. 생성형 AI는 그림을 학습하면 그림을 생성하고, 동영상을 학습하면 동영상을 생성한다. 이 중 Chat GPT는 글을 생성하는 데 특화된 인공지능이다. 셋째, 'P'는 사전에 학습되었음을(Pre-trained) 의미한다. Chat GPT는 사람이 작성한 3,000억 개의 토큰과 5조 개의 문서를 사전에 학습한 거대언어모델(LLM, Large Language Model)을 사용한다. 마지막으로 'T'는 다음 단어를 예측함(Transformer)을 의미한다. Chat GPT는 어텐션(attention) 모델을 활용하여 핵심 키워드를 파악한 후, 빅데이터 문서를 근거로 주어진 문장이나 단어 다음에 어떤 단어가 적합한지 확률적으로 예측하여 응답한다.[9]

이 중 주목할 원리는 확률에 의해 답을 제공한다는 점이다. 이에 따라 Chat GPT는 두 가지 주요 장점을 제공한다. 첫째, '잠재된 패턴'이 있는 분야에서 탁월한 위력을 발휘한다. Chat GPT는 수많은 시뮬레이션과 매개변수를 통해 빅데이터에 내재된 잠재 패턴을 읽는 능력이 매우 뛰어나다. 둘째, 형식과 규칙이 크게 작동하는 분야에서 강점을 발휘한다. 짧은 시간에 방대한 학습 데이터의 통계적 패턴과 상관관계를 분석하여 주어진 형식이나 규칙에 맞게 답을 제시하는 능력은 인간의 전문가 수준의 결과를 산출하는 결과를 나타낸다. 그래서 컴퓨터 프로그래밍, 법률 사무, 언론 보도기사, 주식시장 분석 등의 분야에서 매우 우수한 성능을 보인다.

한편, 이러한 원리에 따라 Chat GPT는 다음의 두 가지 단점과 한계를 드러낸다. 첫째, 확률이나 잠재된 패턴이 없는 분야에서 매우 취약하다. 인터넷이나 웹에 없는 정보, 선행 데이터에 없는 개별적이고 고유한 상황과 맥락을 고려해야 하는 경우, 응답의 질이 현저히 떨어진다. 둘째, '아주 멀쩡한 거짓말'(Hallucination)을 하는 현상이 존재한다. GPT는 트랜스포머 모델을 이용해 주어진 말 다음에 가장 그럴듯한 단어를 찾지만, 이는 참인지 거짓인지를 배우지 않고 확률에 의거해 '가장 그럴듯한 답'을 내도록 하는 작동원리에 따라 학습하고 응답을 제공하기 때문이다.[10]

(3) 인간의 고차원적 사고력과 글쓰기

인간의 사고는 본질적으로 아이디어와 아이디어, 정보와 정보 간의 연결에서 발생한다.[11] 뇌과학 연구에 따르면 인간의 고차원적 사고는 전두엽이 활발히 움직이는 상태에서 일어나며, 복잡한 문제 해결, 추상적 사고, 창의력 등을 발휘할 때 의미 있는 정보를 연결하는 인지적 활동과 밀접한 관련이 있다.[12] 즉 전두엽에서 담당하는 서로 다른 것들을 연결하는 인간의 인지적 유연성은 문제해결 능력의 핵심 요소이다.[13] 예를 들어 문제 해결을 위해서는 상황 맥락을 정확히 판단하고, 자신이 가진 적절한 지식과 정보를 연결하여 최적의 해결 방안을 모색하는 과정이 필요하다. 창의적 사고에서도 새로운 아이디어를 떠올릴 때 서로 다른 둘 이상의 개념이나 지식을 연결하는 것이 핵심이다. 따라서 인간 사고의 본질은 단순한 정보 처리를 넘어 다양한 정보와 경험을 의미있게 연결하여 새로운 통찰을 이끌어 내는 활동에 있다고 할 수 있다.

이러한 새로운 통찰을 이끄는 주요한 두 가지 고차원적인 사고로는 다음 두 가지를 들 수 있다. 첫째, 반성적 사고(reflective thinking)다. 반성적 사고는 사물이나 자아에 대한 사고 과정을 되돌아보면서 성찰하고, 그에 대해 적극적이고 주의 깊게 고려하는 과정이다.[14] 예를 들어 우리가 자신의 삶을 반성할 때 단순히 과거를 돌아보는 것이 아니라 자신의 행동, 신념, 가치관 등을 깊이 있게 성찰하고 이해하는 능동적인 사고 과정을 수반한다. 이러한 과정에서 우리는 자신을 객관적으로 바라볼 수 있게 되고, 자신의 주체적인 경험과 깊이 있는 연결을 통해 통찰을 이끌어 낸다.

둘째, 창의적 사고(creative thinking)다. 창의적 사고는 기존 정보와 전혀 다른 연결을 통해 실현된다. 즉 기존의 통념, 틀을 깨고 서로 관련 없어 보이는 영역 사이에 새로운 연결을 짓는 과정에서 통찰이 발생한다. 창의적 사고의 핵심 구성 요소인 유창성, 융통성, 독창성은 모두 다양한 아이디어를 새로운 방식으로 연결하는 능력에서 발현된다.[15] 예를 들어 브레인스토밍, 마인드 맵 등의 창의적 사고 도구들의 핵심이 기존의 아이디어를 조합하고 발전시켜 새로운 연결고리를 찾는 것에 있는 것은 이러한 맥락에서 이해할 수 있다.

앞으로의 미래 사회에서는 기존의 지식으로 문제를 해결하는 것을 넘어 이전에 없던 새로운 해결해야 할 문제를 발견하고 새로운 통찰을 통해 해결하는 능력이 중요하게 요구되고 있다.[16] 그리고 이러한 상황에서 우리에게 유의미한 통찰이나 아이디어를 이끌어 내기 위해서 기존의 정보에서 확률을 바탕으로 한 응답만으로는 한계가 있다. 그보다는 고차원적인 사고를 통해 상황, 맥락과 의미를 통합하여 새로운 연결과 창출하는 능력이 필요하다. 글쓰기는 이러한 고차원적인 사고 능력을 계발하는 데 효과적이다. 즉, 글을 쓰는 가운데 자신의 지식과 경험을 분석하고 주제와 맥락 환경하에서 해당 정보를 새롭게 연결하고 유추하여 의미를 창출하는 과정을 통해 논리적 사고력, 문제 해결력, 창의력을 포함한 고차원적인 사고 능력을 향상시킬 수 있다.

2. 글쓰기 과정별 생성형 AI의 활용 방안

앞 절에서 우리는 생성형 AI의 작동원리와 이에 따른 장점과 단점, 그리고 이와 글쓰기와의 관련성을 살펴보았다. 이번 절에서는 구체적으로 글쓰기의 과정별로 필자가 해결해야 할 주요 인지적 과제에 비추어 AI의 활용 가능성에 대해 살펴보기로 하자.

(1) 계획하기

계획하기 단계에서 필자가 해결해야 할 주된 인지적 과제는 다음 두 가지로 요약할 수 있다. 첫째, 과제를 수행하는 상황, 맥락을 분석하는 일이다. 작성해야 하는 글의 형식과 요구 분량과 마감 기한, 과제 평가 기준을 파악하고 이에 따른 예상 소요시간 등의 점검하여 주체적으로 자신의 글쓰기 계획을 수립하는 일 등이 여기에 해당한다. 이러한 과제는 자신의 글쓰기에 대한 이해와 연결 짓는 것이 중요하므로 인간의 상위인지가 핵심적으로 요구된다. 생성형 AI는 자신에게 익숙하지 않은 장르나 글을 쓸 때 해당 장르의 글을 작성할 때 주의할 점이나 기준 등을 파악할 때 부분적으로 활용할 수 있다.[17]

둘째, 글의 세부계획을 수립하는 일이다. 필자가 쓸 화제를 선정하고, 구체적인 주제를 설정하고, 예상 독자를 파악하고, 글을 쓰는 목적을 설정하는 것 등이 여기에 해당한다. 이 때에도 글의 주제나 목적을 발전시키고 예상독자의 요구를 상정하는 것 등의 전반적인 계획을 수립하는 데 주가 되는 것은 필자의 주체적인 사고 활동이다. 다만, 주제 설정을 위해 배경지식을 확보하거나, 논제를 이해하고 관점을 확립하는 과정, 또는 해당 주제나 목적에 대한 일반적인 예상독자의 요구나 관심을 파악하기 위한 보조적인 역할로 생성형 AI는 유용한 도구로 활용할 수 있다.[18]

(2) 내용생성하기

내용생성하기 단계에서 필자가 해결해야 할 주된 인지적 과제는 크게 두 가지로 구분된다. 첫째, 필자의 머릿속에서 글을 쓰기 위한 아이디어와 글감을 떠올리는 일이다. 이를 위해서는 사고를 집중하고 생각을 확장하여 화제와 주제에 대한 자신의 경험, 아이디어, 지식을 떠올려 글감을 떠올리는 일이 필요하다. 이러한 과제는 인간의 고유한 사고가 필요한 영역이므로 생성형 AI를 활용할 부분이 그다지 많지 않다.

둘째, 외부에서 글을 쓰기 위해 자료를 수집하는 일이다. 도서관이나 인터넷 등에서 자료를 읽고, 다른 사람과의 대화를 통해 글을 쓸 아이디어나 자료를 모으는 일 등이 여기에 해당한다. 이는 생성형 AI의 장점을 가장 잘 활용할 수 있는 영역 중 하나이다. 왜냐하면 실제 외부 자료를 탐색하고 읽고 적절한 글감을 수집하는 과정에 많은 시간과 노력이 소요되는 데, 적어도 자료를 모으는 과정은 단순 반복적인 성격이 강하기 때문이다. 생성형 AI에게 자료와 정보를 직접 요구하여 수집할 수도 있고, 검색 키워드나 자료 목록을 제공받아 직접 자료를 읽고 수집할 수도 있다.[19]

다만 '그럴듯한 가짜 정보'(Hallucination)를 걸러내기 위해 직접 글에 활용하는 자료는 신뢰성을 검증할 필요가 있다. 생성형 AI가 제시하는 정보는 그럴듯해 보이지만, 실제로 확인해 보면 존재하지 않는 자료이거나 혹은 서지 정보가 잘못된 자료인 경우가 많다. 따라서 생성형 AI가 제안한 자료와 정보를 그대로 활용하지 말고, 모든 자료와 정보의 출처가 정확한지를 먼저 파악해야 한다. 또한 AI가 제시한 자료와 실제 자료와 인용 정보의 내용이 일치하는지의 여부 역시 하나하나 따져보는 것이 필요하다.

(3) 내용 조직하기

내용 조직하기 단계에서 필자가 해결해야 할 대표적인 인지적 과제는 다음 두 가지이다. 첫째, 생성 및 수집한 아이디어 중 글에 포함할 아이디어를 선택하고 정리하는 일이다. 생성한 아이디어들 간의 관계를 파악하고, 작성할 글의 주제와 목적에 비추어 글에 포함할 아이디어를 선택하고 범주화하여 정리하는 일 등이 여기에 해당한다. 글의 주제나 의도는 일반적이고 보편적인 성격보다 자신만의 고유하고 독창적인 성격이 강하기 때문에, 이와 생각을 연결하고 맥락을 고려하여 아이디어를 선택하고 배제하는 일은 AI보다 인간의 사고가 더 적합하다. 다만, 아이디어를 선택한 후 정리하는 과정에서 생성형 AI를 통해 범주화 초안을 작성한 후 검토하여 수정하는 전략을 활용하는 식으로 간접적으로 활용할 수 있다.

둘째, 선택한 내용을 글의 성격에 맞게 논리적, 체계적으로 배열하는 일이다. 글의 주제나 의도, 목적에 맞게 내용을 체계적으로 배열하여 문단 작성을 구체적으로 계획하는 일 등이 여기에 해당한다. 글의 주제나 의도는 글쓴이의 고유한 사고가 많이 반영되기 때문에, 그것이 잘 드러나게 개요를 생성형 AI에게 직접 작성을 요구하는 것은 그다지 만족스러운 결과를 제공하지 않는다.[20] 그 대신 개요 구성에 필요한 부가적인 정보와 아이디어를 얻거나(일반적인 수준의 글 구조나 목차를 요구하기, 개요 구성에 필요한 다양한 아이디어와 견해를 요구하기), 자신의 개요의 완성도를 높이기 위해 생성형 AI가 작성한 개요를 토대로 검토, 비교, 수정하는 것 등과 같이 보조적으로 활용하는 것이 보다 효과적이다.[21]

(4) 표현하기

표현하기 단계에서 필자가 해결해야 할 인지적 과제는 다음 두 가지이다. 첫째, 조직한 내용을 완성된 문자 언어로 표현하는 일이다. 이때, 기초적인 수준에서 적합한 단어를 활용하여 자연스러운 문장으로 완성하는 일은 생성형 AI가 썩 괜찮은 결과를 제공한다.[22] 왜냐하면 수

많은 언어자료를 토대로 가장 자연스럽고 그럴듯한 답을 내도록 만들어졌기 때문이다. 하지만 조금 더 깊은 수준, 예를 들면 자신의 문체와 개성이 잘 드러나는 문장으로 표현하는 일은 그다지 만족스러운 결과를 내지 못한다.[23] 기존에 많이 활용된 보편적인 단어와 표현만으로는 글쓴이의 고유한 개성과 뉘앙스를 드러내는 데 한계가 있기 때문이다.

둘째, 글의 상황, 맥락을 고려하여 글의 목적과 의도가 잘 드러나게 표현하는 일이다. 논리적인 구조를 풀어내는 과정에서 맥락에 부합하게 조직한 내용과 구성을 조정 및 변형하거나, 추가적으로 포함해야 할 내용을 찾아 정리하여 보충하거나, 글의 전체 상과 흐름에 부합하게 내용을 조절하여 표현하는 일 등이 이에 해당한다. 이러한 과정에서 AI가 생성한 글은 대체로 만족할 만한 결과를 내지 못한다. 실제 활용한 결과 서술의 구체성과 명료성이 결여되거나, 내용이 유기적이지 않고 통일성이 부족하다는 등의 문제점이 많이 제기되었다.[24] 이를 보완하기 위해 생성형 AI가 쓴 글을 검토하여 수정하거나, 필자가 원하는 초점을 재서술하기 위해 내용 정교화를 요구하는 질문을 통해 보완하는 방법 등 필자의 주체적인 사고를 활용하여 AI를 활용하는 방법 등이 제안된다.[25]

(5) 고쳐쓰기

고쳐쓰기 단계에서는 크게 글 수준, 문단 수준, 어휘 및 표기 수준에서 글의 완성도를 점검하고 수정한다. 각 단계별로 주로 점검해야 할 대상은 다음과 같다. 첫째, 글 수준에서는 주제가 잘 구현되었는지, 구성이 적합한지 등에 대해 둘째, 문단 수준에서는 소주제가 잘 구현되었는지, 내용과 구성이 적합한지, 또 문장의 완결, 호응, 연결은 자연스러운지 등에 대해 셋째, 어휘 및 표기 수준에서는 어휘가 적절한지, 맞춤법과 표기상의 오류는 없는지 등을 검토해야 한다.

생성형 AI는 이 과정에서 일반적인 검토 평가 기준을 제공하고, 그에 대한 평가 의견을 제시하고, 맞춤법과 표기상의 오류를 직접 수정하는 등의 여러 지점에서 유용한 장점을 제공한다. 예를 들면, 글이 수사적 맥락에 부합하는지, 문단의 통일성과 일관성을 검토하고 문장의 오류는 없는지 등에 대해 검토를 요청하거나, 또는 어휘나 문법적 오류 맞춤법에 대해 검토하고 직접 수정을 요청하여 글을 보완할 수 있다.[26]

다만 생성형 AI가 직접 수정해서 고쳐달라는 요청에 대한 결과에 대해서는 질과 유용성 측면에서 크게 만족스럽지 않다고 보고되고 있다. 글 수준에 대한 학생들의 사용 경험을 분석한 결과에서 답변이 비일관적이고 부정확한 피드백이 있으며, 제시하는 수정에 대한 아이디어가 적합하지 않은 경우가 많음이 지적되었다.[27] 문장 이하 수준의 첨삭에 대한 피드백을 분석한 결과에서도, 오탈자 등의 문법적 오류를 수정하거나 문장 성분의 보충 등의 지엽적인 수준에서는 비교적 적절한 결과를 제공하였으나, 주제가 관념적일 경우 글의 맥락이나 주제와 관련하여 문장의 미묘한 뉘앙스를 적절히 포착하고 수정하는 능력이 크게 떨어지는 한계가 확인되었다.[28] 따라서 생성형 AI를 고쳐쓰기에 활용할 때는 이러한 장단점을 고려하여 필자가 스스로 판단하고 주체적으로 활용할 필요가 있다.

(6) 점검하기

점검하기는 글의 상황과 맥락에 비추어 자신의 글을 돌아보고, 반성, 점검, 평가하여 글쓰기의 단계를 조정하고 수정하는 상위인지에 해당한다. 이는 과정 중심 글쓰기의 전반에 걸쳐 글쓰기의 회귀성과 역동성을 결정짓는 중요한 사고로, 주로 인간의 고차원적인 사고가 필요한 영역이다. 반면 AI가 도울 수 있는 여지가 적으며, 이를 위해 스스로 목표와 맥락, 담론의 의미를 고민하고 자신만의 질문을 수행하는 능력을 키우는 것이 중요하다. 예를 들면, 작성 중인 글을 메타적으로 성찰하고 과제의 목표와 수사적 맥락에 비추어 그 도달 정도를 따져보는 것, 담론에 내포된 의미를 찾고 수사적 맥락에 부합하는 적절한 질문을 수행하는 것, 지속적이고 능동적으로 자신의 글을 살피고 다듬는 능력, 자신의 의도대로 글이 작성되고 있는지를 판단하는 것 등과 같은 주체적인 사고 활동을 개발하고 발달시킬 필요가 있다.[29]

정리하면, 생성형 AI는 잘 활용하면 글쓰기의 효율성과 생산성을 높여주는 도구이지만, 반드시 신뢰성 검증, 창의력과 메타인지, 즉 고유한 맥락을 반영한 주체적인 사고가 병행되어야 제대로 된 결과물을 낼 수 있다. 따라서 우리는 AI의 장단점을 이해하고 자신만의 사고력과 함께 키우는 균형잡힌 글쓰기 습관을 가질 필요가 있다.

II. 인공지능(AI)을 활용한 글쓰기의 정의적 측면

1. 생성형 AI와 글쓰기 윤리

인간이 홀로 글쓰기를 하기 위해서는 시간과 노력을 쏟아야 한다. 그러나 AI는 이러한 인간의 글쓰기 과정을 보다 빠르고 쉽게 만들어 준다. 때문에 많은 학생들이 과제나 보고서에서 AI를 한 번쯤 사용해 본 경험이 있을 것이다. 하지만 AI 사용의 편리함 뒤에는 반드시 생각해 보아야 할 윤리적 문제가 존재한다. 글쓰기 윤리는 표절을 피하는 기술적 방법이나 학계의 규범뿐만 아니라, 학문과 글쓰기를 대하는 우리의 태도와 연결되어 있다. 따라서 AI 시대에 글쓰기 윤리를 논의할 때는 "무엇을 하면 안 된다."라는 방법이나 규범을 단순하게 암기하는 것보다는, "왜 그것이 문제가 되는가."를 고찰하는 것이 중요하다.

(1) 학문적 정직성과 표절 문제

첫째, 학문적 정직성과 표절의 문제를 들 수 있다. 표절이란 남의 생각이나 표현을 자기 것처럼 사용하는 것을 말한다. 생성형 AI가 만든 글은 엄밀히 말하면 특정 저자의 글을 그대로 베낀 것은 아니지만, 그럼에도 불구하고 이를 자신의 성과로 제출하면 학문적 정직성을 해치는 결과를 낳는다. 왜냐하면 글쓰기는 한 편의 글이라는 결과물 생성만 중요한 것이 아니기 때문이다. 글쓰기를 하면서 인간의 사고는 다양하고 활발하게 자극되고 그 결과 인간은 성장하게 된다. 그러나 AI가 대신 쓴 글은 이러한 과정을 건너뛰게 만든다.

또한, 생성형 AI가 만든 글은 기존의 빅데이터를 기반으로 생성된 것이므로, 특정 저자의 글을 베낀 것은 아니라 할지라도 불특정 저자의 다양한 글을 데이터로 활용하게 된다. 이러한 과정을 통해 AI가 생성한 글을 우리가 그대로 사용하게 된다면, 결국 자신의 생각이나 표현이 아닌, 남의 생각이나 표현을 자기 것처럼 사용하는 표절에 해당하는 행위를 하는 것으로 간주될 수도 있다. 실제로 대학 현장에서는 'AI 활용 사실을 숨기는 것'을 표절이나 부정행위로 규정하는 사례가 늘고 있다.[30] 따라서 앞으로 학생들에게는 "AI를 쓰지 말라."는 지침이 아니라, "AI를 썼다면 반드시 밝혀야 한다."는 원칙이 강조될 것이다.[31]

(2) 글쓰기 과정의 본질적 가치 폄하 문제

둘째, AI에 의존하는 글쓰기는 놀이로서의 글쓰기, 또는 다양한 사고의 연결과 확장을 통해 인간이 자기 자신, 또는 타인과 소통해 나가는 글쓰기 과정 자체가 지니는 본연의 가치와 장점을 간과하고, 결과물로서의 '글'로만 글쓰기를 국한시키는 문제를 야기한다. 글쓰기가 익숙하지 않은 이에게 글쓰기의 과정은 힘든 과제가 될 수도 있다. 그러나 글을 써 나가는 과정 속에서 자신의 생각을 다듬고 펼치면서, 자신의 생각을 깊이 있게 들여다보는 시간과 이를 통해 결과적으로 하나의 글을 완성해 나가는 경험은 자신을 돌아보고 정리하는, 깊이 있는 성찰 과정이 될 수 있다. 또 글쓰기의 과정은 성찰뿐만 아니라 타인, 더 나아가 사회와 소통하는 즐거운 활동이 될 수 있다. 그런데 AI에 지나치게 의존하여 글이라는 하나의 결과물 도출만을 목적으로 글쓰기를 바라보게 되면, 글쓰기 과정에서 생성되는 다양한 의미와 가치가 폄하될 수 있다.

일기 쓰기를 생각해 보자. 일기는 완성도가 뛰어난 글을 만드는 것이 목적이 아니라, 하루를 돌아보고 자기 마음을 표현하는 것이 핵심이다. 만약 AI에게 일기를 대신 써 달라고 한다면, 글쓰기 과정에서 글쓴이가 있었던 일들에 대해 다시 돌아보고, 이를 정리하면서 다시 생각하는 과정을 통해 자기 자신과 주변에 대해 다양하게 생각해 볼 수 있는 기회는 사라지게 된다. 또한 글쓴이가 일기를 쓰면서 강화할 수 있는 기억 능력이나 사고 체계 확장 등의 의미는 사라지고 단지 형식적인 기록만 남게 될 것이다. 따라서 학생들은 AI를 활용하더라도 글쓰기에서 반드시 자신의 경험과 목소리를 반드시 담아내야 한다.

(3) AI 의존성 강화에 따른 인간 역량 저하 문제

셋째, AI 의존성 강화에 따른 인간의 역량 저하 문제가 있다. AI는 글의 구조를 정리하거나 문장을 매끄럽게 하는 데 도움을 준다. 하지만 지나치게 사용하면 스스로 사고하고 표현하는 능력이 떨어질 수 있다. 실제 조사에서 많은 대학생들이 "AI가 편리하다."라고 응답하면서도, 동시에 "너무 의존하면 사고력이 약해질 수 있다."는 불안감을 표현했다[32]. 이는 곧 대학생들이 AI를 활용할 때 '편리함'만 중요한 기준으로 보는 것이 아니라, '자기 생각을 잃지 않는 것' 역시 중요한 기준으로 인식하고 있음을 보여준다. 예를 들어 학생이 AI가 쓴 초안을 자신의 글쓰기에서 활용하려 한다면, 학생은 반드시 AI가 작성한 글 비판적, 분석적으로 꼼꼼히 읽고, 자신의 주장과 경험을 적재적소에 덧붙이거나 수정, 보완하여야 한다. 그렇게 하지 않으면 일견 매끄러워 보이는 글이 쉽게 완성될 수 있지만 전체적 내용의 논리가 허술하거나, 사실로 확인되지 않은 근거가 뒤섞인 문제가 발생할 수 있다.

2. AI 시대에 맞는 글쓰기 윤리의 필요성과 앞으로의 교육 방향

이러한 문제점의 개선과 해결을 위해 생성형 AI와 글쓰기 윤리에 대한 사회적·제도적 차원의 논의가 지속, 확산될 필요가 있다. 이미 여러 해외 대학은 AI 사용 지침을 내놓았고, 'AI 활용 사실 공개'와 '프롬프트 기록'을 요구하는 곳도 있다. 국내 대학 역시 표절 방지와 학문적 정직성을 위해 AI 활용을 투명하게 밝히도록 권장하고 있다. 이처럼 대학과 사회는 AI 활용을 막을 수는 없지만, 책임 있게 사용해야 한다라는 방향으로 가고 있다.

따라서 AI 시대의 글쓰기 윤리는 인간이 AI를 활용했다고 표기하는 규정을 지키는 것을 넘어서서, 인간이 글을 써나가는 과정에서 인간다운 글쓰기 태도를 잃지 않는 것에 더 가깝다고 볼 수 있다. 학생들이 글쓰기에서 경험하는 놀이적 즐거움, 자기 성찰, 비판적 사고는 AI가 대신할 수 없다. 따라서 앞으로의 글쓰기 교육은 AI를 활용하더라도 그 중심에 인간다운 글쓰기가 기반이 되는 방향으로 나아가야 한다.

3. 생성형 AI 활용 시 인용 방법

생성형 AI를 글쓰기에 활용할 때 인용 문제는 형식적인 표기의 문제에 그치지만은 않는다. 인용은 학문적 정직성과 글쓰기 윤리에 직결되는 중요한 과제이다. 그동안 글쓰기에서 인용은 저자, 발행 연도, 출처가 명확한 자료를 대상으로 발전해 왔지만, Chat GPT, Gemini 등과 같은 생성형 AI는 저자가 특정되지 않고, 언제나 동일한 결과를 보장하지 않으며, 회수 불가능한 경우가 많다는 점에서 전통적 인용 체계에 딱 들어맞지 않는 문제점이 있다. 따라서 단순히 기존 인용 형식을 그대로 적용하는 것이 아니라, AI 활용의 특성을 고려한 새로운 인용 방식에 대한 접근이 필요하다.

(1) 학문적 글쓰기에서 요구되는 인용: 투명성과 책임

학문적 글쓰기는 다양한 전문 자료를 분석하는 것을 기반으로 하기 때문에 타인의 지식과 정보를 필수적으로 빌려 쓰게 된다. 이러한 과정에서 인용의 투명성과 책임이 다른 글에 비해 더 강력하게 요구된다. 그런데 학문적 글쓰기를 할 때 AI 활용 사실을 숨기면 마치 자신의 고유한 사고와 표현으로 오해받을 수 있다. 따라서 독자가 글의 신뢰성을 검증할 수 있도록 학문적 글쓰기에서는 AI 활용이나 인용 내용에 대해 명확히 밝혀야 한다. 특히 대학 신입생과 같은 학문적 글쓰기의 초보 학습자일수록 AI 도구에 의존하는 경향이 강하기 때문에, 반드시 인용을 하여 본인이 직접 쓴 내용과 AI를 활용한 내용에 대한 명확한 구분을 하는 능력과 동시에 학문 공동체에 대한 책임감을 강화하는 훈련이 필요하다. 인용은 단순히 출처를 적는 기술이 아니라, 지식 생산 과정에서 자신의 위치를 드러내고 학문 공동체에 참여하는 행위이기 때문이다.

(2) AI 인용의 윤리적 의미와 책임

AI 인용을 둘러싼 논의에는 윤리적 의미도 포함된다. 인용은 표절 방지의 기능을 넘어, 지식 생산에 참여한 모든 주체를 존중하는 의미를 지닌다. 다시 말해, AI 인용은 '기계에 대한 기술적 표기'가 아니라, 글쓰기 과정에서 도움을 받은 주체를 공개함으로써 글에 대한 책임을 드러내는 행위이다. 예를 들어 과제 보고서에서 '서론 초안은 ChatGPT의 제안을 참고하여 수정·재구성하였다.'라고 밝히는 것은 학생이 자신의 글쓰기 주체성을 포기한 것이 아니라, 오히려 비판적 활용 과정을 독자에게 투명하게 보여주는 것이라 할 수 있다.

따라서 학생들은 AI를 활용한 후, AI가 생성한 결과물을 그대로 제출하지 않고, AI를 어떻게 활용했는지, 어떤 판단과 수정 과정을 거쳤는지를 기록하는 방식으로 과제를 완성해 나가는 습관을 길러야 한다. 이를 통해 학생들은 AI가 작성한 글의 수용자나 전달자가 아니라 AI가 작성한 글에 대한 능동적 비판자가 될 수 있으며, 인용은 그 과정을 드러내는 도구가 된다. 일부 대학에서는 과제 부록에 AI와의 대화 기록을 첨부하도록 권장하는데, 이는 글의 생성 과정 자체를 공개함으로써 학문적 정직성을 확보하는 하나의 실천적 방안이다.

이와 같이 AI를 활용한 과정과 결과에 대한 인용은 기술적 표기에 그치지 않고, 글쓰기 문화 전반에 새로운 관행을 정착시키는 과정으로 이해할 수 있다. 투명한 인용은 신뢰를 낳고, 신뢰는 다시 학문 공동체를 지탱하는 힘이 된다. 앞으로 AI 활용이 점점 보편화되는 시대에는 이러한 원칙이 더욱 강조될 것이다. 학생들은 AI를 단순한 '지름길'로 오해하기보다는 새로운 학문적 대화의 한 축으로 이해하고, 인용을 통해 책임과 정직의 태도를 실천해야 한다.

4. 학술 지침 및 인용 예시

현재 국제 학술 기관과 출판사들은 AI 인용에 대한 가이드라인을 제시하고 있으며, 공통적으로 강조하는 원칙은 투명성과 재현 가능성이다. 예컨대 APA, MLA, Chicago 스타일은 모두 본문과 참고문헌, 혹은 각주에서 AI 활용 사실을 드러내도록 권장한다. 이는 AI가 작성한 문장이 특정 저자의 소유가 아님을 분명히 하고, 독자가 해당 글이 어떤 방식으로 만들어졌는지 추적할 수 있도록 하기 위함이다. 단순히 "Chat GPT를 사용했다."라고 언급하는 수준에서 멈추지 않고, 어떤 프롬프트를 입력했는지, 어떤 버전의 모델을 활용했는지, 응답이 생성된 날짜는 언제인지를 기록하는 것이 바람직하다. 이렇게 할 때 독자는 글쓴이의 창의적 기여와 AI의 기여를 구분할 수 있다.

생성형 AI의 학술적 활용과 관련해 인용 방식은 학술 출판사 및 표준기관마다 지침이 계속 보완되고 있다. 2025년을 기준으로 각 기관의 규정 및 특징을 살펴보면 다음과 같다.

(1) APA(미국심리학회) 7th Edition

① 작성 순서	저자. (사용 연, 월 일). 제목. 형식 및 설명. 접근 url(순서로 작성)
② 참고문헌 작성 예시	text OpenAI. (2025, 11월 7일). AI 도구 인용에 대한 사용자 쿼리에 대한 답변 [Large language model]. https://chat.openai.com

③ 본문 인용 예시	(OpenAI, 2025)
- 저자	'OpenAI' (혹은 해당 AI 도구 이름)
- 날짜	출력 생성 날짜 (연, 월, 일)
- 제목	간결한 설명문 ("AI 도구 인용에 대한 사용자 쿼리에 대한 답변" 등, 대괄호 사용 가능)
- 형식 및 설명	AI 모델·버전 등 필요시 명시
- 접근 URL	생성 플랫폼 주소(예: https://chat.openai.com)
④ 특징	AI는 '저자가 없음'으로 취급하거나, OpenAI 등 공급자명을 표기. 가능한 자세히 버전, 생성일, URL을 포함. 개인적 커뮤니케이션처럼 참고문헌 대신 본문 인용만 하는 경우도 있으니 기관 지침 확인 필요.

(2) MLA(Modern Language Association) 9th Edition

① 작성 순서	"프롬프트" prompt. ChatGPT, Day Month version, OpenAI, Day Month Year, URL.
② 참고문헌 작성 예시	text "햄릿에서 셰익스피어의 은유 사용에 대한 토론." ChatGPT, 13 Feb. version, OpenAI, 12 Apr. 2023, chat.openai.com/chat.
③ 본문 인용 예시	("셰익스피어에 대한 토론")
④ 본문 인용 방식	텍스트 내 인용(내주) 처리 방식 활용, ("프롬프트 요약") 으로 표시
- 저자	'OpenAI' (혹은 해당 AI 도구 이름)
- 날짜	출력 생성 날짜 (연, 월, 일)
- 제목	간결한 설명문 ("AI 도구 인용에 대한 사용자 쿼리에 대한 답변" 등, 대괄호 사용 가능)
- 형식 및 설명	AI 모델·버전 등 필요시 명시
- 접근 URL	생성 플랫폼 주소(예: https://chat.openai.com)
⑤ 특징	ChatGPT 등 AI를 저자로 취급하지 않고, 프롬프트를 제목 자리에. 버전, 날짜, URL 등 모두 명기. Works Cited(참고문헌)에 AI 프롬프트, 대화 일자 등 포함

(3) Chicago(시카고 매뉴얼) 17th Edition

① 작성 순서	ChatGPT, "프롬프트 설명"에 대한 응답, OpenAI, 월, 일, 연도, URL. 또는 프롬프트를 본문에 썼다면, 각주에 "ChatGPT, OpenAI, 월 일, 연도, URL에서 생성된 텍스트." 등 간결 표시
② 참고문헌 작성 예시	공개적으로 접근 가능한 링크 외에는 참고문헌에 포함하지 않음. 대부분 주석에만 기입. 대화 링크가 있으면 참고문헌 포함 허용
③ 본문 인용 예시	(ChatGPT, 2023)
④ 본문 인용 방식	저자-날짜: (ChatGPT, 2023)처럼 본문에 간단 표시
- 저자	'OpenAI'(혹은 해당 AI 도구 이름)
- 날짜	출력 생성 날짜(연, 월, 일)
- 제목	간결한 설명문("AI 도구 인용에 대한 사용자 쿼리에 대한 답변" 등, 대괄호 사용 가능)
- 형식 및 설명	AI 모델·버전 등 필요시 명시
- 접근 URL	생성 플랫폼 주소(예: https://chat.openai.com)
⑤ 특징	AI 출력이 '복구 불가 개인적 커뮤니케이션'에 해당한다는 점을 반영. 기관, 논문 목적에 따라 다르게 적용할 수 있음. 편집 시 "edited for style" 등 언급 필요

(4) 그 외 권장 방식

- 프롬프트와 생성 날짜를 명시
- 모델 버전 기록
- 필요할 경우 본문 뒤에 부록을 별첨하고, 부록에 전체 대화를 첨부

이처럼 각 인용 방식은 AI 도구의 특성(저자 불명확, 개인 대화성, 접근 가능성 등)이나 학술 기관의 지침에 따라 세부 양식이 다르다. 그러나 AI 활용 사실 및 세부 메타데이터(생성날짜, 버전, URL 등)를 구체적

으로 밝히는 것이 필수라는 점은 공통된다. 논문, 보고서 등에서 AI 활용 결과를 포함할 때는 반드시 최신 지침을 기관/저널 별로 별도 확인해야 하며, 인용 자동화 도구, 표절 검사 프로그램(카피킬러 등) 등을 이용하여 출처의 오류를 최소화하는 것이 권장된다.

AI 인용 시 체크 포인트

① 투명성: AI(생성형 AI 등)의 활용을 반드시 논문, 보고서 내에서 명확히 밝힐 것
② 맥락 제공: 왜, 어떻게 AI를 사용했는지 명확히 기술할 것
③ 비판적 사용: 무비판적 수용이 아닌, AI 생성 결과를 자체적으로 평가할 것
④ 기관/출판사 지침: 소속 기관, 투고 학술지 공식 가이드라인 반드시 확인
⑤ 기술적 지원: AI 표절 검사 도구 활용

참고문헌

1장 자기소개서의 이해

김명우, 외(2013), 『사고와 표현』, 역락.

동국대학교 파라미타칼리지 글쓰기 교재 편찬 위원회(2012), 『글쓰기1』, 동국대학교 출판부.

유시민(2015), 『유시민의 글쓰기 특강』, 도서출판 아름다운 사람들.

이정찬(2017), "자기표현 글쓰기 교육의 비판적 검토 -수사(修辭)와 탐구 그리고 정체성-." 『작문연구』 33, 한국작문학회, pp. 65-94.

정미경(2014), "표현적 글쓰기 지도 방안 연구", 『청람어문교육』 51, 청람어문교육학회, pp. 177-197.

최숙기(2007), "자기 표현적 글쓰기(expressive writing)의 교육적 함의", 『작문연구』 5, 한국작문학회, pp. 205-240.

Baikie, K. A., & Wilhelm, K.(2005), "Emotional and physical health benefits of expressive writing", *Advances in Psychiatric Treatment*, 11(5), pp. 338–346.

Modern Recovery Editorial Team(2023), "Expressive writing therapy: Definition, Benefits, and Techniques", https://modernrecoveryservices.com/wellness/coping/skills/emotional/expressive-writing/

Pennebaker, J.(2024), "Expressive writing can help your mental health", *American Psychological Association*, *Speaking of Psychology,* ep. 277, https://www.apa.org/news/podcasts/speaking-of-psychology/expressive-writing

Smyth J. M. (1998), "Written emotional expression: effect sizes, outcome types, and moderating variables", *Journal of consulting and clinical psychology*, 66(1), pp. 174–184.

Walters, J.(2018), "Writing is self-expression", National Day on Writing, https://blogs.millersville.edu/dayonwriting/why-i-write-fall-2018/writing-is-self-

expression-by-julia-walters/
York, S.(2025), “Expressive writing: What it is and how to do it”, Revoloon, https://revoloon.com/sarah-york/expressive-writing-what-it-is-and-how-to-do-it

2장 계획하기

건국대학교 글로컬캠퍼스 글쓰기교재편찬위원회(2022), 『글쓰기』, 역락.
경희대학교 후마니타스 칼리지 기초교과 글쓰기 교재 편찬위원회(2011), 『나를 위한 글쓰기』, 경희대학교 출판문화원.
김명우 외(2013), 『사고와 표현』, 역락.
동국대학교 경주캠퍼스 글쓰기 교재 편찬 위원회(2012), 『글쓰기1』, 동국대학교 출판부.
동국대학교 경주캠퍼스 글쓰기 교재 편찬 위원회(2014), 『글쓰기1』, 보명.
동국대학교 경주캠퍼스 글쓰기교육센터(2012), 『첨삭 모델1』, 동국대학교 경주캠퍼스 글쓰기교육센터.
동국대학교 경주캠퍼스 글쓰기교육센터(2013), 『첨삭 모델2』, 동국대학교 경주캠퍼스 글쓰기교육센터.
동국대학교 교양교육센터(2009), 『글쓰기』, 박이정.
동국대학교 파라미타칼리지 글쓰기 교재 편찬 위원회(2016), 『통통글쓰기1』, 동국대학교 출판부.
해리슨, 샘(2009), 정연희 역, 『아이디어의 발견』, 비즈니스 맵.

3장 내용 생성하기

고려대 사고와 표현 편찬위원회(2014), 『학문의 통섭과 대학 글쓰기』, 고려대학교 출판부.
남영신(2002), 『나의 한국어 바로 쓰기 노트』, 까치.
동국대학교 교양교육센터(2009), 『글쓰기』, 박이정.
동국대학교 파라미타칼리지 글쓰기 교재 편찬 위원회(2016), 『통통글쓰기1』, 동국대학교 출판부.
서울대학교 대학국어편찬위원회(2009), 『대학국어, 글읽기와 글쓰기』, 서울대학교출판부.
서울대학교 대학글쓰기1 교재편찬위원회(2019), 『대학 글쓰기1』, 서울대학교출판문화원.
전남대학교 기초교육원(2012), 『글쓰기』, 전남대학교출판부.
차봉준, 한래희, 손민달, 박소영(2021), 『대학글쓰기』, 박이정.
한국출판마케팅연구소(2005), 『글쓰기의 힘』, 한국출판마케팅연구소.
한철우 외(2003), 『사고와 표현 -작문 워크숍과 글쓰기』, 교학사.

4장 개요 작성하기

권순희 외(2018), 『작문교육론』, 사회평론아카데미.
김명우 외(2013), 『사고와 표현』, 역락.
나가타 도요시(2010), 정지영 역, 『생각정리기술 도해사고력』, 스펙트럼북스.
동국대학교 파라미타칼리지 글쓰기 교재 편찬 위원회(2014), 『글쓰기1』, 보명.
이수현, 양미란(2011), 『사고와 표현』, 동아방송예술대학출판사.
전남대학교 기초교육원(2012), 『글쓰기』, 전남대학교출판부.
전대석(2020), 『비판적 사고에 근거한 대학 글쓰기』, 북코리아.
정희모, 이재성(2011), 『글쓰기의 전략』, 들녘.
한철우 외(2003), 『사고와 표현 -작문 워크숍과 글쓰기』, 교학사.
Flower, L., 원진숙 · 황정현 역(1998), 『글쓰기의 문제 해결전략』, 동문선.
Flower, L. & Hayes, J. R.(1981), "A Cognitive Process Theory of Writing", *College Composition and Communication*, 32(4), pp. 356-387.

5장 초고쓰기

강원국(2019), 『강원국의 글쓰기』, 메디치미디어.
김명우 외(2013), 『사고와 표현』, 역락.
김성수 외(2018), 『생각하고 소통하는 글쓰기』, 삼인.
박덕유(1998), 『작문 교육의 이론과 실제』, 한국문화사.
이상원(2011), 『서울대 인문학 글쓰기 강의』, 황소자리.
이청 외(2020), 『단계 단계 배우는 글쓰기』, 푸른사상.
한철우 외(2013), 『사고와 표현 -작문 워크숍과 글쓰기』, 역락.

Kathleen E. Sullivan(1993), 최현섭 외 역(2000), 『작문, 문단쓰기로 익히기』, 삼영사.
Writing Lab(2009), "PARAGRAPH UNITY AND COHERENCE", American University, Academic Support Center, https://www.american.edu/provost/academic-access/upload/paragraph-unity-and-coherence.pdf

6장 고쳐쓰기

나은미(2020), "동료 피드백을 활용한 소통과 협력을 위한 글쓰기 교육 방안 연구", 『리터러시연구』 11(6), 한국리터러시학회, pp. 373-403.
박주용(2020), 『생각은 어떻게 글이 되는가』, 쌤앤파커스.
윌리엄 진서(2006), 이한중 역, 『글쓰기 생각쓰기』, 돌베개.
윤경훈, 김혜연(2024), "중학생 동료 피드백의 수신과 발신이 글 수정에 미치는 영향 -쓰기 효능감의 조절 효과를 중심으로", 『국어교육학연구』 59(2), 국어교육학회, pp. 109-138.
정미경(2013), "자기 평가 전략을 활용한 고쳐쓰기 양상 분석", 『작문연구』 17, 한국작문학회, pp. 69-100.
한철우 외(2013), 『사고와 표현 -작문 워크숍과 글쓰기』, 역락.
황혜영, 한혜령(2020), "한 단락 글쓰기에서의 자기평가, 동료평가, 교수자평가 비교 연구", 『교양교육연구』 14(1), 한국교양교육학회, pp. 107-130.
Dan-Okereke. S.(2024), Effective Revision Strategies: Polishing Your Writing for Clarity and Impact. The Writing Center. https://www.aun.edu.ng/wc/effective-revision-strategies-polishing-your-writing-for-clarity-and-impact/
Horning A.(n.d.), Professional Writers and Revision, https://wac.colostate.edu/books/horning_revision/chapter8.pdf
Scoot M.(2017), "Writing Mantra: Writing is rewriting", Medium, https://gointothestory.blcklst.com/writing-mantra-writing-is-rewriting-f97f43cbdb95
Steve L.(2024), "Today Is a Great Day to (re)Write", The Steve Laube Agency, https://stevelaube.com/today-is-a-great-day-to-rewrite/

Sachar, C.(2020), "Revising with Metacognition to Promote Writing Achievement", *Journal of the Scholarship of Teaching and Learning,* 20, pp. 49-63.

University Writing & Speaking Center(2025), "Editing & proofreading techniques", https://www.unr.edu/writing-speaking-center/writing-speaking-resources/editing-and-proofreading-techniques

Wu, Y., & Schunn, C. D. (2020), "The Effects of Providing and Receiving Peer Feedback on Writing Performance and Learning of Secondary School Students", *American Educational Research Journal*, 58(3), pp. 492-526.

7장 보고서의 이해

강경호 외(2010), 『교사작문』, 박이정.

김선호(2009), "북유럽 공공도서관의 난독인 서비스에 관한 연구", 『사회과학연구』 15(1), 대구대학교 사회과학연구소, pp. 123-151.

동국대학교 경주캠퍼스 글쓰기 교육센터(2014), 『2014 글쓰기 캠프 자료집』.

동국대학교 경주캠퍼스 글쓰기 교재개발위원회(2012), 『글쓰기1』, 동국대학교 출판부.

동국대학교 파라미타칼리지 글쓰기 교재 편찬 위원회(2016), 『통통글쓰기1』, 동국대학교 출판부.

박정제(2024), 『인간의 시대에 오신 것을 애도합니다』, 21세기북스.

우리 시대의 글쓰기 편찬 위원회(2006), 『우리 시대의 글쓰기-이론편』, 국민대학교 출판부.

원만희 외(2021), 『학술적 글쓰기』, 성균관대학교 출판부.

웨인 부스 외(1995), 양기석·신숙옥 공역(2017), 『학술 논문 작성법』, 휴먼싸이언스.

윤정은(2011), "유럽 도서관 탐방 보고서: 대학도서관 및 국립도서관을 돌아보고", 『사대도협회지』 12, 한국사립대학교도서관협의회, pp. 233-257.

이동신(2022), 『SF 시대정신이 되다』, 21세기북스.

임용웅(1997), 『리포트 조사보고서 작성법』, 예문당.

8장 계획하기

강경호 외(2010), 『교사작문』, 박이정.

경희대학교 후마니타스 칼리지 기초교과 글쓰기 교재 편찬위원회(2011), 『나를 위한 글쓰기』, 경희대학교 출판문화원.

우리 시대의 글쓰기 편찬 위원회(2006), 『우리 시대의 글쓰기-이론편』, 국민대학교 출판부.

원만희 외(2021), 『학술적 글쓰기』, 성균관대학교 출판부.

웨인 부스 외(1995), 양기석·신숙옥 공역(2017), 『학술 논문 작성법』, 휴먼싸이언스.

임융웅(1997), 『리포트 조사보고서 작성법』, 예문당.

9장 내용 수집 및 분석하기

강경호 외(2010), 『교사작문』, 박이정.

경희대학교 후마니타스 칼리지 기초교과 글쓰기 교재 편찬위원회(2011), 『나를 위한 글쓰기』, 경희대학교 출판문화원.

우리 시대의 글쓰기 편찬 위원회(2006), 『우리 시대의 글쓰기-이론편』, 국민대학교 출판부.

원만희 외(2021), 『학술적 글쓰기』, 성균관대학교 출판부,.

웨인 부스 외(1995), 양기석·신숙옥 공역(2017), 『학술 논문 작성법』, 휴먼싸이언스.

임융웅(1997), 『리포트 조사보고서 작성법』, 예문당.

10장 내용 조직하기

경희대학교 후마니타스 칼리지 기초교과 글쓰기 교재 편찬위원회(2020), 『주제 연구』, 경희대학교 출판문화원.

남기택 외 3인(2022), 『학술적 글쓰기와 발표』, 삼경문화사.

동국대학교 경주캠퍼스 글쓰기 교재 편찬 위원회(2012), 『글쓰기1』, 동국대학교 출판부.

동국대학교 경주캠퍼스 글쓰기 교재 편찬 위원회(2014), 『글쓰기1』, 보명.

동국대학교 파라미타칼리지 글쓰기 교재 편찬 위원회(2016), 『통통글쓰기1』, 동국대학교 출판부.

서울과학기술대학교 논리적 글쓰기 교재편찬위원회(2024), 『논리적 글쓰기』, 태학사.

원만희 외 6인(2021), 『학술적 글쓰기』, 성균관대학교출판부.

이지니(2024), 『에세이 글쓰기 수업』, 세나북스.

이철구 외 3인(2018), 『과학탐구보고서 소논문 쓰기』, 상상아카데미.

임영균(2025), 『잘 통하는 보고서 작성의 비밀』, 한빛미디어.

전대석(2023), 『학술적 글쓰기』, 북코리아.

최규수(2017), 『고치고 더한 대학 시절의 글쓰기 1: 학술적 글쓰기와 친해지기 편』, 명지대학교출판부.

홍진호(2019), 『문학작품 감상문 및 보고서 쓰기』, 서울대학교출판문화원.

11장 초고쓰기

경희대학교 후마니타스 칼리지 기초교과 글쓰기 교재 편찬위원회(2020), 『주제 연구』, 경희대학교 출판문화원.

남기택 외 3인(2022), 『학술적 글쓰기와 발표』, 삼경문화사.

동국대학교 경주캠퍼스 글쓰기 교재 편찬 위원회(2012), 『글쓰기1』, 동국대학교 출판부.

동국대학교 경주캠퍼스 글쓰기 교재 편찬 위원회(2014), 『글쓰기1』, 보명.

동국대학교 파라미타칼리지 글쓰기 교재 편찬 위원회(2016), 『통통글쓰기1』, 동국대학교 출판부.

서울과학기술대학교 논리적 글쓰기 교재편찬위원회(2024), 『논리적 글쓰기』, 태학사.

원만희 외 6인(2021), 『학술적 글쓰기』, 성균관대학교출판부.

이지니(2024), 『에세이 글쓰기 수업』, 세나북스.

이철구 외 3인(2018), 『과학탐구보고서 소논문 쓰기』, 상상아카데미.

임영균(2025), 『잘 통하는 보고서 작성의 비밀』, 한빛미디어.

전대석(2023), 『학술적 글쓰기』, 북코리아.

최규수(2017), 『고치고 더한 대학 시절의 글쓰기 1: 학술적 글쓰기와 친해지기 편』,

명지대학교출판부.
홍진호(2019), 『문학작품 감상문 및 보고서 쓰기』, 서울대학교출판문화원.

12장 고쳐쓰기와 편집하기

경희대학교 후마니타스 칼리지 기초교과 글쓰기 교재 편찬위원회(2020), 『주제 연구』, 경희대학교 출판문화원.
남기택 외 3인(2022), 『학술적 글쓰기와 발표』, 삼경문화사.
동국대학교 경주캠퍼스 글쓰기 교재 편찬 위원회(2012), 『글쓰기1』, 동국대학교 출판부.
동국대학교 경주캠퍼스 글쓰기 교재 편찬 위원회(2014), 『글쓰기1』, 보명.
동국대학교 파라미타칼리지 글쓰기 교재 편찬 위원회(2016), 『통통글쓰기1』, 동국대학교 출판부.
서울과학기술대학교 논리적 글쓰기 교재편찬위원회(2024), 『논리적 글쓰기』, 태학사.
원만희 외 6인(2021), 『학술적 글쓰기』, 성균관대학교출판부.
이지니(2024), 『에세이 글쓰기 수업』, 세나북스.
이철구 외 3인(2018), 『과학탐구보고서 소논문 쓰기』, 상상아카데미.
임영균(2025), 『잘 통하는 보고서 작성의 비밀』, 한빛미디어.
전대석(2023), 『학술적 글쓰기』, 북코리아.
제르마노 지음, 김미정 옮김(2023), 『고쳐쓰기, 좋은 글에서 더 나은 글로 : 논문에서 대중서까지 공부하는 작가를 위한 글쓰기, 편집, 출판 가이드』, 지금이책.
최규수(2017), 『고치고 더한 대학 시절의 글쓰기 1: 학술적 글쓰기와 친해지기 편』, 명지대학교출판부.
홍진호(2019), 『문학작품 감상문 및 보고서 쓰기』, 서울대학교출판문화원.

13장 글쓰기의 과정

권순희 외(2018), 『작문교육론』, 사회평론아카데미.
동국대학교 경주캠퍼스 글쓰기 교재 편찬 위원회(2012), 『글쓰기1』, 동국대학교 출판부.
동국대학교 경주캠퍼스 글쓰기 교재 편찬 위원회(2014), 『글쓰기1』, 보명.

동국대학교 파라미타칼리지 글쓰기 교재 편찬 위원회(2016), 『통통글쓰기1』, 동국대학교 출판부.
박영목(2013), 『작문의 원리와 전략』, 강현출판사.
박영민 외(2016), 『작문교육론』, 역락.
이재승(2002), 『글쓰기 교육의 원리와 방법: 과정 중심 접근』, 교육과학사.
정혜승(2013), 『독자와 대화하는 글쓰기』, 사회평론아카데미.
Flower, L. & Hayers J. R.(1981), "A Cognitive Process Theory of Writing", *College Composition and Communication*, 32(4), pp. 365-387.
Flower, L., 원진숙·황정현 역(1998), 『글쓰기의 문제 해결전략』, 동문선.

14장 인공지능(AI)과 글쓰기

강정구(2023), "GPT를 활용한 성찰적 글쓰기 수업 가이드라인 개발 연구", 『실천공학교육논문지』 15(3), 한국실천공학교육학회, pp. 581-588.
권순희 외(2018), 『작문교육론』, 사회평론아카데미.
기혜선(2023), "대학생의 챗GPT 활용 글쓰기 경험 탐색", 『문화와융합』 45(9), 인문사회예술융합학회, pp. 853-868.
김규훈(2024), "생성형 AI 시대의 대학 글쓰기 교육 방향 -논증적 글쓰기에서 생성형 AI 사용을 중심으로", 『우리말글』 101, 우리말글학회, pp. 63-86.
김민지(2024), "챗GPT를 활용한 대학 교양 글쓰기 수업 방안 -'비교학습'을 중심으로", 『리터러시연구』 15(2), 한국리터러시학회, pp. 181-207.
김철수(2023), 『챗GPT와 글쓰기: ChatGPT와 함께하는 AI 글쓰기 실전』, 위키북스.
김화선(2024), "GPT-휴먼' 하이브리드 주체와 협력적 글쓰기", 『어문연구』 119, 어문연구학회, pp. 373-392.
박상석(2023), "챗GPT 시대 대학 글쓰기 교육의 대응 방안 연구 - 과정중심 글쓰기의 가치 재인식과 내실화를 중심으로", 『리터러시연구』 14(6), 한국리터러시학회, pp. 259-292.
박소영(2024), "챗(Chat) GPT를 활용한 대학 교양 읽기-쓰기의 운영 방안 탐색 -한국외국어대학교 사례를 중심으로", 『이화어문논집』 62, 이화어문학회, pp. 5-22.

박숙자(2024), “챗GPT와 대학 글쓰기: 학습자 중심의 AI 피드백 -문장 첨삭을 중심으로”, 『교양학연구』 27, 다빈치미래교양연구소, pp. 101-141.
박영민 외(2016), 『작문교육론』, 역락.
박태웅(2024), 『박태웅의 AI강의 2025』, 한빛비즈.
안예림(2024), “대학 글쓰기 수업에서 생성형 인공지능의 비판적 활용을 위한 연구 : 자기소개서의 장점과 단점 항목을 중심으로”, 『교양학연구』 27, 다빈치미래교양연구소, pp. 143-173.
오선경 외(2024), “대학 글쓰기에서의 생성형 AI 활용 윤리에 대한 학부생 인식 연구”, 『리터러시연구』, 14(4), 한국리터러시학회, pp. 69-96.
오선경(2023), “대학 교양 글쓰기에서의 챗GPT 활용 사례와 학습자 인식 연구”, 『교양교육연구』 17(3), 한국교양교육학회, pp. 11-23.
이슬기(2024), “생성 인공지능 활용 글쓰기에서 클러스터링을 적용한 학생 필자의 질문 유형 분석”, 『국어교육연구』 84, 국어교육학회, pp. 69-105.
이윤빈(2024), “대학생 필자의 글쓰기에서 챗GPT 답변의 활용 유형 및 양상 연구”, 『교양교육연구』 18(4), 한국교양교육학회, pp. 59-79.
이재승(2002), 『글쓰기 교육의 원리와 방법: 과정 중심 접근』, 교육과학사.
이지영(2023), “ChatGPT를 활용한 대학 교양교육에서의 자기소개서 쓰기 사례 연구”, 『문화와융합』 45(9), 인문사회예술융합학회, pp. 193-208.
장성민(2023). “챗GPT가 바꾸어 놓은 작문교육의 미래 - 인공지능 시대, 작문교육의 대응을 중심으로”, 『작문연구』 56, 한국작문학회, pp. 7-34.
정민제(2023), 『ChatGPT 글쓰기 테크닉 : 현시점, 가장 현실적인 ChatGPT 글쓰기 기술서』, 선비북스.
정영진(2014), “글쓰기와 윤리 -타자성, “문제제기”로서의 수사학, 정치성”, 『작문연구』 21, 한국작문학회, pp. 263-290.
진시, 민정호(2023), “대학원 유학생을 위한 디지털 리터러시 활용 방안 설계 - 학술적 글쓰기 계획하기에서 ChatGPT와 Wiki 활용을 중심으로”. 『사고와표현』 16(3), 한국사고와표현학회, pp. 309-336.
최상민(2023), “대학생 글쓰기 교육에서 ‘생성형 AI’ 활용방안에 대한 시론 -조선대 〈열린사고와 표현〉 교과목에서의 활용 사례를 중심으로”, 『리터러시연구』 14(5), 한국리터러시학회, pp. 269-293.
한양하(2025), “글쓰기 윤리 실천을 위한 디지털 기반 대학 글쓰기 수업 사례 연구

-생성형 AI 활용에 대한 인식과 작성물 비교를 중심으로”, 『리터러시연구』 16(1), 한국리터러시학회, pp. 179-208.

홍진옥, 전기화(2023), “글쓰기 수업 내 챗GPT의 활용 가능성 -서평 쓰기 수업을 중심으로”, 『작문연구』 59, 한국작문학회, pp. 7-35.

미주

1부

1 https://study.com/academy/lesson/what-is-expressive-writingdenition-types-examples.html
2 https://blogs.millersville.edu/dayonwriting/why-i-write-fall-2018/writing-is-self-expression-by-julia-walters/
3 정미경(2014), "표현적 글쓰기 지도 방안 연구", 『청람어문교육』 51, 청람어문교육학회, pp. 177-197.
4 https://revoloon.com/sarah-york/expressive-writing-what-it-is-andhow-to-do-it
5 https://modernrecoveryservices.com/wellness/coping/skills/emotional/expressive-writing/
6 발췌 후 수정: 출처-유시민(2015), 『유시민의 글쓰기 특강』, 아름다운 사람들, pp. 70~73.
7 발췌 후 수정: 학생 글
8 발췌 후 수정: 김대국(2019. 11. 28) "김대국의 나의 역사, 자서전을 쓰다", 파이낸셜리뷰 오피니언 칼럼.http://www.financialreview.co.kr/news/articleView.html?idxno=17698
9 김별아(2011), 『최초의 기억: 이 또한 지나가리라』, 에코의서재, pp. 25~38.
10 김하영(2024. 7. 8.), "감정 일기의 작성법과 예", 심리지원, 참조 후 수정. https://intojungle.tistory.com/entry/%EA%B0%90%EC%A0%95-%EC%9D%BC%EA%B8%B0-%EC%93%B0%EA%B8%B0-%EB%AA%A9%EC%A0%81-%E3%85%A3-%EA%B0%90%EC%A0%95-%EC%9D%BC%EA%B8%B0-%EA%B8%B0%EB%8C%80%ED%9A%A8%EA%B3%BC-%E3%85%A3-%EA%B0%90%EC%A0%95-%EC%9D%BC%EA%

B8%B0%EC%9D%98-%EC%9E%91%EC%84%B1%EB%B2%95%EA%B3%BC-%EC%98%88

11 안네프랑크(1947), 김욱동 해설/붉은여우 역(2013), 『[세계문학산책 12] 안네의 일기』, 지식의 숲.

12 학생 글 출처: 김명우 외(2013), 『사고와 표현』, 역락, pp. 173~174.

13 학생 글 출처: 김명우 외(2013), 『사고와 표현』, 역락, pp. 174~175.

14 학생 글 출처: 김명우 외(2013), 『사고와 표현』, 역락, p. 175.

15 학생 글 출처: 김명우 외(2013), 『사고와 표현』, 역락, p. 176.

16 발췌 후 수정: 출처-동국대학교 파라미타 칼리지 글쓰기 교재 편찬 위원회(2012), 『글쓰기1』, 동국대학교 출판부, pp. 197~198.

17 발췌 후 수정: 출처-동국대학교 파라미타 칼리지 글쓰기 교재 편찬 위원회(2012), 『글쓰기1』, 동국대학교 출판부, pp. 199~201.

18 Flower, L. & Hayers J. R.(1981), "A Cognitive Process theory of Writing", *College Composition and Communication*, 32(4), 365-387.

19 발췌 후 수정: 한철우 외(2003), 『사고와 표현-작문 워크숍과 글쓰기』, 교학사, pp. 19~20.

20 Elbow, P. & Belanoff, P.(2000), *A Community of Writers: A Workshop Course in Writing*(3rd ed.). McGraw-Hill Companies, Inc.

21 발췌 후 수정: 출처-동국대학교 파라미타 칼리지 글쓰기 교재 편찬 위원회(2014), 『글쓰기1』, 보명.

22 발췌 후 수정: 한철우 외(2003), 『사고와 표현-작문 워크숍과 글쓰기』, 교학사, p. 78.

2부

1 김선호(2009), "북유럽 공공도서관의 난독인 서비스에 관한 연구", 『사회과학연구』 15(1), 대구대학교 사회과학연구소, p.149.

2 윤정은(2011), "유럽 도서관 탐방 보고서_대학도서관 및 국립도서관을 돌아보고", 『사대도협회지』 12, 한국사립대학교도서관협의회, p.233.

3 박용수(2014), "금속현미경 관찰보고서", 『한국화재감식학회 학회지』 5(1), 한국화재감식학회. pp. 73-76.

4 학생 글 출처: 동국대학교 경주캠퍼스 글쓰기 교육센터(2014), 『2014 글쓰

기 캠프 자료집』.

5 출처: http://www.knews.net 에서 신수연 기자에 의해 보도된 신문자료.

6 출처: http://blog.naver.com/ladyhell/12141195

7 출처: http://blog.naver.com/molab_suda/30134940516

8 출처: 발췌 후 수정, 학생 글.

9 동국대학교 경주캠퍼스 글쓰기 교재개발위원회(2012), 『글쓰기1』, 동국대학교 출판부, p.159.

10 동국대학교 파라미타칼리지 글쓰기교재개발위원회(2018), 『통합적 의사소통 능력을 키우는 글쓰기1』, 책연, p. 125.

11 발췌 후 수정: 경희대학교 후마니타스 칼리지 기초교과 글쓰기 교재 편찬위원회(2011), 『나를 위한 글쓰기』, 경희대학교 출판문화원, p. 204.

12 김대진(2020), 『청소년 스마트폰 디톡스』, 생각속의집.

13 참고: 경희대학교 후마니타스 칼리지 기초교과 글쓰기 교재 편찬위원회(2011), 『나를 위한 글쓰기』, 에쎄, pp. 218~219.

14 발췌 후 수정: 경희대학교 후마니타스 칼리지 기초교과 글쓰기 교재 편찬위원회(2011), 『나를 위한 글쓰기』, 경희대학교 출판문화원, p. 212.

3부

1 동국대 글쓰기 교재 편찬 위원회(2014), 『글쓰기1』, 도서출판 보명 참조 및 수정.

2 이재승(2002), 『글쓰기 교육의 원리와 방법: 과정 중심 접근』, 교육과학사.

3 한겨레신문(2023. 3. 15.), "더 똑똑해진 챗GPT-4, 미국 변호사시험 보게 했더니……상위 10% 성적", 한겨레신문.

조선일보(2023. 3. 16.), "챗GPT 더 똑똑해졌다……美변호사시험 재수 4개월만에 통과", 조선일보.

매일경제(2016, 3. 22.), "소설도 쓰는 인공지능……日문학상 1차 심사 통과", 매일경제.

연합뉴스(2017, 6. 1.), "시까지 쓰는 AI"……MS 인공지능 '샤오빙' 중국서 시집 출간", 연합뉴스.

한겨레신문(2023. 5. 15.), "챗GPT 막장드라마 대본도 순식간에……작가가 보조로 전락하나", 한겨레신문.

4 동아사이언스(2023. 7. 14.), "챗GPT, 글쓰기능력 40% 향상……"업무생산성 높여"", 동아사이언스.
CIO Korea(2023. 7. 18.), "MIT의 챗GPT 생산성 연구 "작업시간 40% 단축, 품질 18% 증가"", CIO Korea.

5 연합뉴스(2023. 2. 27.), "국제바칼로레아 학생 에세이에 챗GPT 활용 허용", 연합뉴스.
연합뉴스(2023. 10. 6.), "호주, 공립학교에서도 챗GPT 학습도구로 사용 허용키로", 연합뉴스.
매일신문(2023. 2. 1.), "국내 대학 수업서 챗GPT 전면 허용……"과제마다 쓰도록……안 쓰면 감점"", 매일신문.
중앙일보(2023. 9. 15.), ""챗GPT 안 쓰면, 학점 깎아요"……'표절'걱정했던 대학이 바뀐다", 중앙일보.

6 MBS Faculty Research(2024), "Key findings on AI at work and in education", *MBS Faculty and Research*. (https://mbs.edu/faculty-andresearch/trust-and-ai/key-ndings-on-ai-at-work-and-in-education)
Song, C., & Song, Y.(2023), "Enhancing academic writing skills and motivation: Assessing the efficacy of ChatGPT in AI-assisted language learning for EFL students", *Frontiers in Psychology*, 14, pp. 1-14.

7 Artsmart AI.(2025), "AI plagiarism statistics 2025: Transforming academic integrity". (https://artsmart.ai/blog/ai-plagiarism-statistics/)
MIT Sloan Executive Education(2025), "When AI gets it wrong: Addressing AI hallucinations and bias". (https://mitsloanedtech.mit.edu/ai/basics/addressing-ai-hallucinations-and-bias/)
Soora Nitich(2025. 8. 10.), "AI vs human creativity: Why authenticity wins". Linked In. (https://www.linkedin.com/pulse/ai-vs-humancreativity-debate-why-authenticity-still-wins-nitish-m716f)

8 Goorm_player(2025. 3. 7.), "케라스 창시자에게 배우는 딥러닝 따라하기", 위키독스(https://wikidocs.net/277734)

9 박태웅(2024), 『박태웅의 AI강의 2025』, 한빛비즈.

10 박태웅(2024), 『박태웅의 AI강의 2025』, 한빛비즈.
조선일보(2024. 2. 7.), "[시사체크! 키워드 / 할루시네이션(Hallucination)]

인공지능의 거짓말", 조선일보.
11 Dewey, J. (1933), *How we think*, D.C. Heath.
12 Frith, C., & Dolan, R.(1996), "The role of the prefrontal cortex in higher cognitive functions", *Cognitive Brain Research*, 5(1-2), pp. 175-181.
13 Miller, E. K., & Cummings, J. L.(2007), *The human frontal lobes: Function, disorder, and repair*, Guilford Press.
14 Rodges, C.(2002), "Defining Reflection: Another Look at John Dewey and Reective inking", *Teachers College Record*, 104(4), pp. 842-866.
15 김윤경(2009), "창의적 문제해결 프로그램이 간호대학생의 리더십, 창의성 및 문제해결능력에 미치는 효과" 전남대학교 대학원 박사학위논문.
16 김지영(2017), 『다섯가지 미래 교육 코드』, 소울하우스.
17 진시, 민정호(2023), "대학원 유학생을 위한 디지털 리터러시 활용 방안 설계-학술적 글쓰기 계획하기에서 ChatGPT와 Wiki 활용을 중심으로-". 『사고와표현』 16(3), 한국사고와표현학회, pp. 309-336.
18 〈주제 설정을 위한 배경지식의 확보〉
진시, 민정호(2023), "대학원 유학생을 위한 디지털 리터러시 활용 방안 설계-학술적 글쓰기 계획하기에서 ChatGPT와 Wiki 활용을 중심으로-". 『사고와표현』 16(3), 한국사고와표현학회, pp. 309-336.
박소영(2024), "챗(Chat) GPT를 활용한 대학 교양 읽기-쓰기의 운영 방안 탐색-한국외국어대학교 사례를 중심으로", 『이화어문논집』 62, 이화어문학회, pp. 5-22.
〈논제를 이해하고 관점을 확립하기 위해 활용〉
기혜선(2023), "대학생의 챗GPT 활용 글쓰기 경험 탐색", 『문화와융합』 45(9), 인문사회예술융합학회, pp. 853-868.
홍진옥, 전기화(2023), "글쓰기 수업 내 챗GPT의 활용 가능성-서평 쓰기 수업을 중심으로", 『작문연구』 59, 한국작문학회, pp. 7-35.
이슬기(2024), "생성 인공지능 활용 글쓰기에서 클러스터링을 적용한 학생 필자의 질문 유형 분석", 『국어교육연구』 84, 국어교육학회, pp. 69-105.
〈예상독자의 요구, 관심 파악〉
이지영(2023), "ChatGPT를 활용한 대학 교양교육에서의 자기소개서 쓰기 사례 연구", 『문화와융합』 45(9), 인문사회예술융합학회, pp. 193-208.
19 〈생성형 AI에게 자료와 정보를 요구하여 수집하기〉

홍진옥, 전기화(2023), "글쓰기 수업 내 챗GPT의 활용 가능성-서평 쓰기 수업을 중심으로", 『작문연구』 59, 한국작문학회, pp. 7-35.
이슬기(2024), "생성 인공지능 활용 글쓰기에서 클러스터링을 적용한 학생 필자의 질문 유형 분석", 『국어교육연구』 84, 국어교육학회, pp. 69-105.
기혜선(2023), "대학생의 챗GPT 활용 글쓰기 경험 탐색", 『문화와융합』 45(9), 인문사회예술융합학회, pp. 853-868.
〈자료 수집 방향 및 계획 수립: 검색 키워드나 자료 목록을 제공받아 직접 읽고 수집하기〉
진시, 민정호(2023), "대학원 유학생을 위한 디지털 리터러시 활용 방안 설계-학술적 글쓰기 계획하기에서 ChatGPT와 Wiki 활용을 중심으로-". 『사고와표현』 16(3), 한국사고와표현학회, pp. 309-336.
김규훈(2024), "생성형 AI 시대의 대학 글쓰기 교육 방향-논증적 글쓰기에서 생성형 AI 사용을 중심으로", 『우리말글』 101, 우리말글학회, pp. 63-86.

20 기혜선(2023), "대학생의 챗GPT 활용 글쓰기 경험 탐색", 『문화와융합』 45(9), 인문사회예술융합학회, pp. 853-868.
오선경(2023), "대학 교양 글쓰기에서의 챗GPT 활용 사례와 학습자 인식 연구", 『교양교육연구』 17(3), 한국교양교육학회, pp. 11-23.

21 〈일반적인 수준의 글 구조나 목차 제시를 요구하기〉
박소영(2024), "챗(Chat) GPT를 활용한 대학 교양 읽기-쓰기의 운영 방안 탐색-한국외국어대학교 사례를 중심으로", 『이화어문논집』 62, 이화어문학회, pp. 5-22.
〈개요 구성에 필요한 다양한 아이디어나 의견 얻기〉
이지영(2023), "ChatGPT를 활용한 대학 교양교육에서의 자기소개서 쓰기 사례 연구", 『문화와융합』 45(9), 인문사회예술융합학회, pp. 193-208.
홍진옥, 전기화(2023), "글쓰기 수업 내 챗GPT의 활용 가능성-서평 쓰기 수업을 중심으로", 『작문연구』 59, 한국작문학회, pp. 7-35.
〈개요를 작성하도록 요구하고 자신의 개요와 비교 수정, 검토하기〉
강정구(2023), "GPT를 활용한 성찰적 글쓰기 수업 가이드라인 개발 연구". 『실천공학교육논문지』 15(3), 한국실천공학교육학회, pp. 581-588.
김민지(2024), "챗GPT를 활용한 대학 교양 글쓰기 수업 방안-'비교학습'을 중심으로", 『리터러시연구』 15(2), 한국리터러시학회, pp. 181-207.

진시, 민정호(2023), "대학원 유학생을 위한 디지털 리터러시 활용 방안 설계 - 학술적 글쓰기 계획하기에서 ChatGPT와 Wiki 활용을 중심으로". 『사고와표현』 16(3), 한국사고와표현학회, pp. 309-336.
이윤빈(2024), "대학생 필자의 글쓰기에서 챗GPT 답변의 활용 유형 및 양상 연구", 『교양교육연구』 18(4), 한국교양교육학회, pp. 59-79.

22 기혜선(2023), "대학생의 챗GPT 활용 글쓰기 경험 탐색", 『문화와융합』 45(9), 인문사회예술융합학회, pp. 853-868.
안예림(2024), "대학 글쓰기 수업에서 생성형 인공지능의 비판적 활용을 위한 연구: 자기소개서의 장점과 단점 항목을 중심으로", 『교양학연구』 27, 다빈치미래교양연구소, pp. 143-173.

23 안예림(2024), "대학 글쓰기 수업에서 생성형 인공지능의 비판적 활용을 위한 연구: 자기소개서의 장점과 단점 항목을 중심으로", 『교양학연구』 27, 다빈치미래교양연구소, pp. 143-173.

24 홍진옥, 전기화(2023), "글쓰기 수업 내 챗GPT의 활용 가능성-서평 쓰기 수업을 중심으로", 『작문연구』 59, 한국작문학회, pp. 7-35.
기혜선(2023), "대학생의 챗GPT 활용 글쓰기 경험 탐색", 『문화와융합』 45(9), 인문사회예술융합학회, pp. 853-868.
안예림(2024), "대학 글쓰기 수업에서 생성형 인공지능의 비판적 활용을 위한 연구: 자기소개서의 장점과 단점 항목을 중심으로", 『교양학연구』 27, 다빈치미래교양연구소, pp. 143-173.

25 강정구(2023), "GPT를 활용한 성찰적 글쓰기 수업 가이드라인 개발 연구". 『실천공학교육논문지』 15(3), 한국실천공학교육학회, pp. 581-588.
이슬기(2024), "생성 인공지능 활용 글쓰기에서 클러스터링을 적용한 학생 필자의 질문 유형 분석", 『국어교육연구』 84, 국어교육학회, pp. 69-105.

26 〈글이 수사적 맥락에 부합하는지 여부를 검토하기〉
기혜선(2023), "대학생의 챗GPT 활용 글쓰기 경험 탐색", 『문화와융합』 45(9), 인문사회예술융합학회, pp. 853-868.
이윤빈(2024), "대학생 필자의 글쓰기에서 챗GPT 답변의 활용 유형 및 양상 연구", 『교양교육연구』 18(4), 한국교양교육학회, pp. 59-79.
이지영(2023), "ChatGPT를 활용한 대학 교양교육에서의 자기소개서 쓰기 사례 연구", 『문화와융합』 45(9), 인문사회예술융합학회, pp. 193-208.
〈문단의 통일성과 일관성, 문장의 오류에 대해 검토하기〉

기혜선(2023), "대학생의 챗GPT 활용 글쓰기 경험 탐색", 『문화와융합』 45(9), 인문사회예술융합학회, pp. 853-868.
김민지(2024), "챗GPT를 활용한 대학 교양 글쓰기 수업 방안-'비교학습'을 중심으로", 『리터러시연구』 15(2), 한국리터러시학회, pp. 181-207.
오선경(2023), "대학 교양 글쓰기에서의 챗GPT 활용 사례와 학습자 인식 연구", 『교양교육연구』 17(3), 한국교양교육학회, pp. 11-23.
〈어휘, 문법적 오류, 맞춤법에 대한 수정 요구하기〉
오선경(2023), "대학 교양 글쓰기에서의 챗GPT 활용 사례와 학습자 인식 연구", 『교양교육연구』 17(3), 한국교양교육학회, pp. 11-23.
이슬기(2024), "생성 인공지능 활용 글쓰기에서 클러스터링을 적용한 학생 필자의 질문 유형 분석", 『국어교육연구』 84, 국어교육학회, pp. 69-105.
강정구(2023), "GPT를 활용한 성찰적 글쓰기 수업 가이드라인 개발 연구". 『실천공학교육논문지』 15(3), 한국실천공학교육학회, pp. 581-588.

27 오선경(2023), "대학 교양 글쓰기에서의 챗GPT 활용 사례와 학습자 인식 연구", 『교양교육연구』 17(3), 한국교양교육학회, pp. 11-23.
이윤빈(2024), "대학생 필자의 글쓰기에서 챗GPT 답변의 활용 유형 및 양상 연구", 『교양교육연구』 18(4), 한국교양교육학회, pp. 59-79.

28 박숙자(2024), "챗GPT와 대학 글쓰기: 학습자 중심의 AI 피드백-문장 첨삭을 중심으로", 『교양학연구』 27, 다빈치미래교양연구소, pp. 101-141.

29 장성민(2023). "챗GPT가 바꾸어 놓은 작문교육의 미래-인공지능 시대, 작문교육의 대응을 중심으로", 『작문연구』 56, 한국작문학회, pp. 7-34.
김화선(2024), "GPT-휴먼' 하이브리드 주체와 협력적 글쓰기", 『어문연구』 119, 어문연구학회, pp. 373-392.
박상석(2023), "챗GPT 시대 대학 글쓰기 교육의 대응 방안 연구-과정중심 글쓰기의 가치 재인식과 내실화를 중심으로", 『리터러시연구』 14(6), 한국리터러시학회, pp. 259-292.
이윤빈(2024), "대학생 필자의 글쓰기에서 챗GPT 답변의 활용 유형 및 양상 연구", 『교양교육연구』 18(4), 한국교양교육학회, pp. 59-79.

30 오선경 외(2024), "대학 글쓰기에서의 생성형 AI 활용 윤리에 대한 학부생 인식 연구", 『리터러시연구』, 14(4), 한국리터러시학회, pp. 69-96.

31 한양하(2025), "글쓰기 윤리 실천을 위한 디지털 기반 대학 글쓰기 수업 사례 연구-생성형 AI 활용에 대한 인식과 작성물 비교를 중심으로", 『리터러

시연구』 16(1), 한국리터러시학회, pp. 179-208.

32 최상민(2023), "대학생 글쓰기 교육에서 '생성형 AI' 활용방안에 대한 시론-조선대 〈열린사고와 표현〉 교과목에서의 활용 사례를 중심으로", 『리터러시연구』 14(5), 한국리터러시학회, pp. 269-293.

저자 소개

임택균

한국교원대학교 교육학 박사, 동국대학교 WISE캠퍼스 교수

국어교육을 전공하였고 의사소통 교육(독서, 작문, 화법)을 전문으로 하며, 학생의 대인관계, 사고력 발달과 표현력 향상에 초점을 맞춘 연구와 교육에 힘쓰고 있다. 주요 저서로는 『소통:협력적인 의사소통의 방법』(2015), 『국어교육 연구방법론』(2012), 『인간관계와 의사소통』(2023) 등이 있다.

김영철

독일 할레대학교 철학박사, 동국대학교 WISE캠퍼스 교수

철학과 사회학, 그리고 정치학을 전공하였고, 형식논리학(진리론) 연구로 철학박사 학위를 받았다. 서양고중세철학과 동학 그리고 의사소통 교육(글쓰기,독서) 관련 연구와 교육에 힘쓰고 있다. 주요 저서로는 『처음 읽는 중세철학』(2021), 『교수 학습자 의사소통 강화를 위한 피드백, 튜터링』(2022), 『아우구스티누스의 사유와 진리로의 길』(2025) 등이 있다.

이채영

중앙대학교 문학박사, 동국대학교 WISE캠퍼스 교수

국어국문학을 전공하였으며, 고전문학과 문화콘텐츠 스토리텔링 연구를 진행하고 있다. 특히 대학 현장에서 학생들의 창의적 사고력 발달과 표현력 향상을 돕는 융복합 의사소통 교육에 힘쓰고 있다. 주요 저서로는 『더 알아보는 고전 소설1』(2009), 『한국문화를 말하다』(2013), 『고전 서사와 웹툰 스토리텔링』(2021), 『창의적 사고와 코딩』(2023) 등이 있다.

최천집

경북대학교 문학박사, 동국대학교 WISE캠퍼스 교수

국어국문학을 전공하였으며, 지방학 및 고전문학 작품에 관한 연구를 진행하고 있다. 학생들의 사고력 확장과 표현력 향상에 도움을 주는 의사소통 교육에 힘쓰고 있다. 주요 저서로는 『연행록 연구총서4:문학』(2006), 『조선후기 진·가 확인형 소설의 형성 기반과 서사 세계』(2008), 『글쓰기 1"(2012), 『통통 글쓰기 2』(2016) 등이 있다.

동국대학교 저서출판 지원사업 선정도서

이 저서는 2024년도 동국대학교 연구비지원을 받아 수행된 연구결과물임.
This work was supported by the Dongguk University Research Fund of 2024

생각하는 힘, 글쓰기

2026년 1월 16일 초판 1쇄 발행
2026년 3월 12일 초판 2쇄 발행

지은이 임택균 · 김영철 · 이채영 · 최천집
발행인 박기련
발행처 동국대학교출판부

출판등록 제1973-000004호(1973.6.28)
주소 04626 서울시 중구 퇴계로36길2 신관1층 105호
전화 02-2264-4714
팩스 02-2268-7851
Homepage http://dgpress.dongguk.edu
E-mail abook@jeongjincorp.com

디자인 ㈜성지이디피
인쇄처 네오프린텍

ISBN 978-89-7801-787-9 13700

값 15,000원